석가

석가

이기영

한국불교연구원

머리말

지난 이천 수백 년에 걸쳐 널리 인류의 스승으로서 많은 사람들을 깨우쳐 주었고, 불교의 개조로서 받들려 온 고타마 붓다 샤캬무니(석가세존)가 실제로 어떠한 생애를 보냈으며, 또 그의 가르침이 무엇이었던가 하는 것을 가능한 한 정확히 밝혀 보려는 것이 이 책의 목적이다. 그러므로 이 책은 불전(佛傳)도 아니고, 또 불전의 연구서도 아니다. 모든 불전 속에는 신화적인 요소가 많고, 또 석존이 가르쳤다는 설법 속에도 후세 사람들의 가필 윤색이 매우 많다. 저자는 이와 같은 후대의 요소들을 될 수 있는 한 배제하고, 역사적 인물로서 석존의 생애와 그의 교설을 가능한 한 사실에 가깝게 제시하려는 것이다.

그러면 신화적인 석존이 아니라, 역사적인 인물로서의 고타마 붓다의 생애를 우리는 어떻게 하면 알 수 있을까? 그 목적을 위해서 우리는 다음과 같은 사실에 유의하지 않으면 안 된다.

첫째로 우리는 근대 학문의 원전비판 방법을 채택해야 한다. 우리는 종교의 성전이라 할지라도 역사적 소산임을 인정하고, 그것이 사상의 발전에 기초하여 성립한 것임을 생각할 때, 후대의 전적보다도 오래된 전적에 의지하는 편이 더욱 좋을 것이다. 그리고 오래된 전적 중에서도 가장 오래된 부분에 의거하지 않으면 안 된다. 그렇다면 다른 모든 불전보다도 원시불교 성전 중에 경(經)으로서 팔리어로 된 것, 혹은 그 한역본(漢譯本)을 재료로 삼지 않으면 안 될 것이다. 또 원시경전들

중에서도 가장 오래된 『숫타니파타』의 마지막 두 장과 많은 운문(韻文, gāthā)을 특히 중요시해야 한다.

둘째로 우리는 고고학적 자료에 의거하여 확실한 증거를 찾도록 노력해야 한다. 성전 중의 가장 오래된 부분에는 비교적 신화적 요소나 석존의 초인화, 신격화가 적은 것이 사실이지만, 그래도 그런 점이 전무한 것은 아니다. 그러므로 문헌에 근거하는 한, 신화적이 아닌 석존의 이야기를 듣는다는 것은 거의 불가능한 일이다. 그러므로 이러한 묘사를 꿰뚫고, 역사적 면모를 그려내기 위해서는 확실한 증거, 즉 고고학적 자료에 의존하지 않으면 안 되는 것이다.

셋째로 우리는 불교경전 중의 가장 오래된 것과 거의 동시대의 다른 종교의 성전을 비교해서 그 사상의 이동(異同)을 밝히는 것이 역사적 인간으로서의 석가의 교설이 지니는 의의를 밝히는 데에 도움이 될 것이다.

무릇 한 역사적 인물을 있는 그대로 전한다는 것은 거의 불가능한 일이라 하겠다. 그러나 이상과 같은 방법을 적용함으로써 우리는 가능한 한 역사적 사실에 가까운 석존의 면모를 그릴 수 있지 않을까 생각된다.

그리하여 이 책에서는 먼저 그와 같은 역사적 붓다(佛陀)에 관한 서술을 정확히 한 다음, 장을 전개해 감에 따라서는 신격화되고 전설화된 불전의 내용을 첨가하기로 하겠다.

저자의 둔필(鈍筆)이 지고한 존재이신 석존의 발자취와 그 가르침에 누를 끼칠까 저어하는 바이다.

1965년 5월

저자

차례

※ 일러두기

• 이 책은 1965년에 처음 출판된 불연 선생의 첫 저서인 『석가』의 두 번째 개정 증보판이다. 1999년에 나온 원 개정판에서는 초판에서 한글·한자 병용이었던 것을 한글 위주로 바꾸었으며, 인도의 인명과 지명 등도 괄호 안에 한자로 병기되어 있던 것을 대부분 인도 원어 표기로 바꾸었다. 또한 이해를 돕기 위하여 미술에 나오는 불전 도해(圖解)들을 해당 부분에 삽입한 바 있다. 본 두 번째 개정판에서는 전 판의 오자와 어색한 표현들을 바로잡고 사진을 증보하였다.

• 이 책의 초판에서 인도의 인명과 지명 등 고유명사들은 대부분 팔리어로 제시되어 있는데, 이것을 본 판에서도 거의 그대로 따라서 되도록 팔리어 발음으로 통일하고자 하였다. 그러나 산스크리트어로 더 잘 알려져 있는 것은 팔리어 발음이 오히려 어색하고, 저자도 산스크리트어로 제시하고 있어서, 산스크리트 발음 그대로 두었다. 그러나 혼란스러움이 있을 것 같아서 산스크리트와 팔리어 표기, 대표적인 한자 음사(音寫)를 대조해서 찾아볼 수 있도록 책의 말미에 「인명 및 지명 일람표」를 참고로 붙여 두었다.

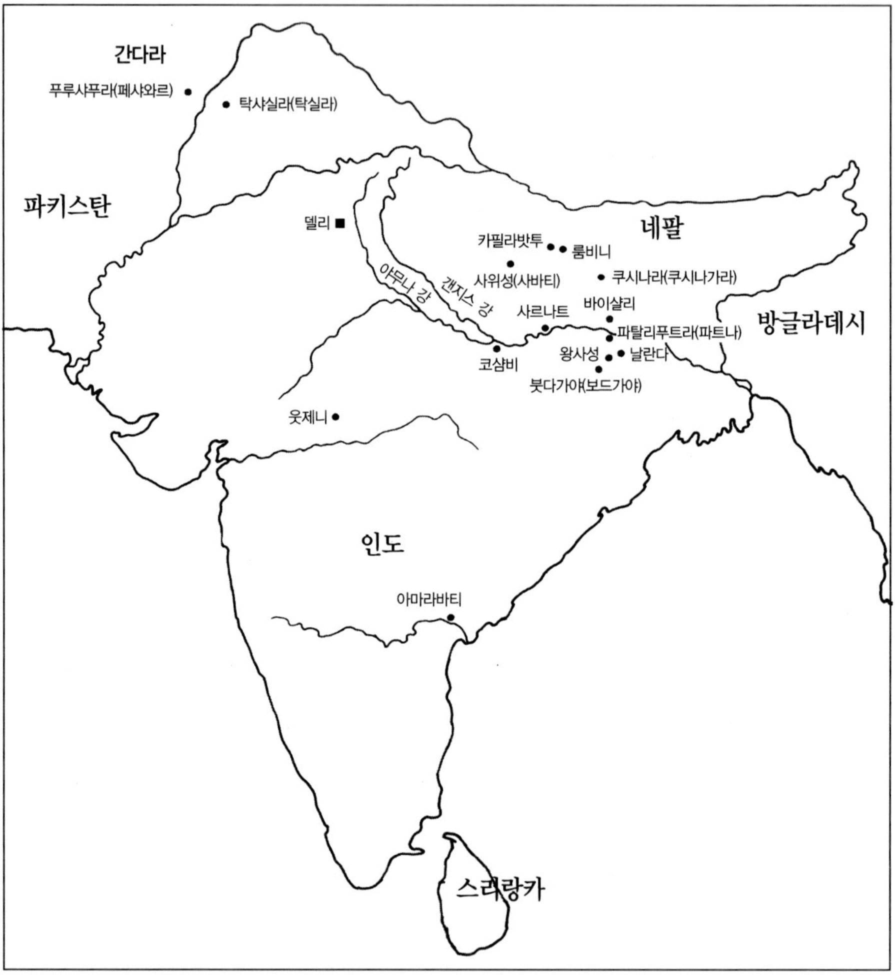
간다라
푸루샤푸라(페샤와르)
탁샤실라(탁실라)
파키스탄
델리
카필라밧투
룸비니
네팔
사위성(사바티)
쿠시나라(쿠시나가라)
야무나 강
갠지스 강
바이샬리
사르나트
파탈리푸트라(파트나)
방글라데시
왕사성
날란다
코샴비
붓다가야(보드가야)
웃제니
인도
아마라바티
스리랑카

인도 불적(佛蹟) 지도

제1장

석가의 탄생

1. 샤캬족의 기원에 관한 전설

석가가 샤캬족 출신의 성자라는 데 대해서는 오래된 경전이 분명히 말해 주고 있다.

> 왕사성(王舍城)의 빔비사라 왕이 출가한 왕자에게 "어디 분이십니까?" 이렇게 물었을 때, 태자는 "히말라야 산 기슭에 있는 나라의 사람인데, 씨(氏)로 말하면 아딧차이고, 성(姓)으로 말하면 사캬족의 사람입니다"라고 하였다 한다.
>
> 『숫타니파타』

이 족속의 이름은 인도말로 여러 가지로 기록되어 있는데, 그 중에는 샤캬(Śākya), 사캬(Sākya), 사키야(Sākiya), 삭카(Sakkā) 등이 있고, 그것을 중국에서는 석가(釋迦)라고 음사(音寫)했던 것이다. 이 종족은 히말라야 산 남쪽, 지금의 네팔 남쪽 국경에 나라를 세우고 있었다.

이 종족은 인도-아리안(혹은 아리아人) 계통의 한 지족(支族)이었던 모양인데, 한편에서는 아리안이 아니라 스키타이족에 속한다고 하는 설도 있다. 이와 같은 주장을 한 것은 영국의 역사학자 빈센트 스미스(Vincent Smith)였는데, 아직 이에 대해서는 가부를 결정할 만큼 충분한 증거가 박약한 형편이다. 그러나 설사 인종적으로는 몽고 계통이었다 할지라도, 문화적으로는 다분히 인도-아리안적이었던 것을 짐작할 수가 있다. 그리고 불경에 나타난 기록에 의하면, 샤캬족은 자기네 종족의 계보를 무척 자랑하고 있는데, 그러한 계보에 관한 신화를 믿는다면 샤캬족은 아리안이어야 하는 것이다. 석가를 앙기랏사(Aṅgirasa, 신 또는 옛날 선인〔仙人〕의 이름인데, 사지에서 빛을 발한다는 뜻이 있다)라고 불렀던 사실이 경전에 나타나 있고, 또 그 씨족의 이름이 아딧차(Ādicca, 태양을 의미한다)였던 것을 관련지어 생각해 보면, 샤캬족은 아리아인들 중의 태양씨족(Sūryavaṃśa)임을 자부했던 사실을 짐작케 한다. 실제로 아리안족의 태양씨족은 갠지스 강 북안(北岸)에 위치해 있었고, 달씨족(月種系, Candravaṃśa)이 그 남안(南岸)을 점하고 있었다는 사실이 드러나 있으므로, 위의 추측은 있음직한 일이다.

전설에 의하면, 옛날에 익슈바쿠(Ikṣvāku, 甘蔗王)라는 왕이 있었다. 그는 아리안족의 태양계 씨족의 첫 왕인데, 그에게는 4남 5녀가 있었다. 그런데 그 후 다시 젊은 왕비가 왕자를 낳자, 이 왕비는 자기가 낳은 아들에게 왕위를 계승시키고 싶은 생각으로 왕의 환심을 사서, 그 네 왕자를 국외로 추방하는 데 성공하였다. 이 네 왕자들은 다섯 왕녀들과 함께 북쪽 히말라야 산 기슭까지 가서, 카필라(Kapila)라는 선인(仙人)이 수도하고 있던 근처에 정착하였다. 거기서 그들은 혈통을 존중하는 생각에서 장녀를 어머니로 삼고, 네 왕자, 네 왕녀가 서로 혼인하여 나라를 세웠다. 익슈바쿠 왕은 뒤에 왕자들이 어디로 갔는지 그 행방을 찾아다니다가 이러한 소식을 듣고 크게 기뻐하여 "나라 일을 잘 시작했다"고 말했다는 것이다. 그때부터 '잘했다'는 뜻을 가진 '샤캬' 또는 '사카'라는 말이 이 네 왕자의 나라의 이름이 되었다고 한다. 그리고 그 서울이 카필라 선인의 암자 가까이에 있었으므로, 그 서울을 카필라밧투(Kapilavatthu, 혹은 Kapilavastu)라고 부르게 되었다.

이와 같은 전설은 『장아함(長阿含)』 제20경 「아마주경(阿摩晝經)」을 비롯해서 불전(佛傳) 관계의 경전에서는 거의 다 수록하고 있는 것이다. 그 진실 여부는 아직 해명되어 있지 않지만, 하여튼 샤캬족은 스스로 이웃 나라 코살라(Kosalā)나 마가다(Magadha) 등에 비해 오랜 전통 있는 나라라는 자부심을 가지고 있었던 것은 틀림없는 것 같다.

2. 샤캬족의 정체(政體)와 도시

샤캬족의 나라는 인구 백만 정도의 작은 나라였다. 이 종족의 일부는 로히니 강을 사이에 두고 다른 집단을 이루어 살고 있었는데, 그 이름을 콜리야(Koliya, 拘利)족이라고 불렀다. 샤캬족은 서울을 카필라성에 두었고, 콜리야족은 그들의 서울을 천비성(天臂城)이라고 했다. 이 두 종족은 서로 혼인관계를 맺고, 대체로 친밀한 관계를 지키고 있었던 것 같다.

샤캬족의 정치체제는 일종의 귀족적 공화정체(共和政體)였고, 소수의 지배계급의 합의에 의하여 통치되고 있었던 모양이다. 불전에 공회당의 건설 및 낙성식 같은 이야기가 있는 것을 보면 그런 사정을 알 수가 있다.

그러나 당시 인도의 일반적인 정세는 점차 강력한 전제정치가 대두되는 기운이 농후하였다. 석가 당시에는 이미 네 개의 대전제(大專制) 왕국이 그 세력을 확대해 가기 시작하고 있었다. 마가다 왕국은 빔비사라 왕의 영도 아래 앙가(Aṅga)를 비롯한 밧지(Vajjī), 말라(Mallā) 등의 군소국을 정복해 가는 기세였으며, 코살라 왕국은 카시(Kāsi)국을 점령하고 샤캬족의 나라를 보호령으로 하고 있었다. 샤캬족은 그러한 상태에서 마가다국과 혼인관계를 맺고 있었던 덕택에 간신히 평화를 유지할 정도였던 것이다. 이 마가다와 코살라, 두 나라 외에 두 강국은 우전왕(于顚王, Udena 혹은 Udyana) 치하의 밤사(Vaṃsā)국과 찬다팟조타(Caṇḍapajjota) 왕 치하의 아반티(Avanti)국이었다. 석가의 말 가운데 "정복하고 정복당하고 그런 일 없이 나라를 다스려 갈 수는 없는 일일까?"라는 것이 있는데, 이 말로 미루어 당시의 사회는 극히 불안한 상태에 있었던 것으로 생각된다.

콜리야족의 기원에 관하여는 다음과 같은 전설이 전해지고 있다. 샤캬족의 조상이 된 네 왕자, 다섯 왕녀 중 가장 맏이인 왕녀의 이름을 피야(Piyā, 숫다 공주라고 한 데도 있다)라고 하는데, 나병을 앓고 혼자서 쓸쓸히 살고 있던 터에, 같은 병을 앓고 있던 베나레스의 왕 라마(Rāma)가 유랑해 와서 서로 도우면서 같이 살게 된 것이 그 기원이라 한다. 그때 이곳에는 호랑이가 많아 그 해가 심했으므로, 호랑이를 막기 위해 대추나무(콜라 나무)를 쭉 줄지어 심었다고 한다. 그래서 대추나무의 마을이라고 하여 그 종족을 콜리야라고 불렀다는 것이다.

샤캬족과 콜리야족이 살던 지대는 히말라야 남쪽 기슭으로 로히니 강을 비롯해 하천이 많고, 지미(地味)도 비옥하고, 목축에도 적당하여 사람들이 참으로 평화롭게 살 수 있는 곳이었다. 석가 일족의 가문 이름을 고타마(Gotama)라고 했는데, 그 뜻은 '가장 훌륭한 소' 또는 '소를 제일 소중히 여기는 자'란 의미이므로, 이 이름도 역시 샤캬족이 농업과 목축을 주로 하는 종족이었다는 것을 가르쳐 주는 것이라고 생각하게 한다.

샤캬족의 나라에 관해서 후대의 중국 순례자 현장(玄奘)은 『대당서역기(大唐西域記)』 가운데서 다음과 같이 쓰고 있다.

❀ 네팔의 틸로라 콧. 붓다의 고향인 카필라성인 것으로 추정된다.

> 토지는 비옥한 편이고, 농사를 짓되 때맞추어 파종을 한다. 사계의 운행은 규칙적이고, 풍속은 화창(和暢)하다.

이 지방에서는 지금도 벼농사를 하고 있는데, 석가 당시에도 논농사를 지을 줄 알았다. 석가의 부왕의 이름을 숫도다나(Suddhodana, 깨끗한 쌀밥)라고 하는 점으로 미루어 보아도 그 사정은 짐작이 간다.

카필라밧투는 앞서 말한 바와 같이 샤캬족의 서울이다. 사위성(舍衛城)에서 동남쪽으로 약 50~60리 떨어져 있었던 모양이다. 때로는 카필라푸라(Kapilapura)라고 적혀 있고, 또 카필라흐바야(Kapilāhvaya)라고 한 곳도 있다. 모두 카필라 선인과 관련지어서 말한 이름이다. 그러나 이 카필라 선인은 전설적인 인물이지 그 역사성을 알 수는 없다. 카필라라는 이름을 가진 사람에 관한 이야기는 한두 개가 아니고 또 일정하지 않으므로 어느 설명이 꼭 맞는 것인지 말하기 어려운 점이 있다.

하여튼 카필라 성 근처에는 로히니(Rohiṇī)라는 강이 흐르는 것은 사실이며, 이 로히니라는 이름이 '빨갛다'는 인도말(rohita)과 비슷하므로 그 강물이 빨갛다는 등의 설명이 있으나, 그것은 말의 수식상 그렇게 이야기한 정도로 알아두어야 될 것이다. 카필라 성의 크기는 주위가 약 2리 반 정도로 그렇게 큰 도시는 아니었던 모양이다. 이 도시의 성 밖에는 니그로다라마(Nigrodhārāma, 尼拘律園)와 마하바나(Mahāvana, 大林)라는 숲이 있었다. 이곳은 석가가 나중에 즐겨 머무른 곳이다. 학자들은 카필라 성을 현재 네팔의 탈라이 지방의 틸로라콧(Tilaura Kot)으로 비정(比定)하고 있다.

3. 석가의 탄생

석가의 아버지를 숫도다나, 정반왕(淨飯王)이라고 한다. 그는 샤캬족의 왕이었다. 그리고 그 부왕, 즉 석가의 할아버지를 싱하하누(Siṃhahanu, 師子頰王)라고 한다. 경전에서는 숫도다나를 왕이라고 부르기는 하나, 결코 대왕이라고 부른 적이 없다. 아마 이 지방의 지배자였던 것은 틀림없으나, 대국의 왕이라고 부를 정도는 아니었던 모양이다. 정반대왕이라고 불리게 된 것은 후세 사람들이 그를 이상화한 데서 생긴 호칭인 것 같다.

어머니의 이름을 마야(Māyā, 摩耶)부인이라고 부른다. 그녀는 같은 샤캬족의 별계(別系)인 콜리야족의 공주였던 것이 틀림없다. 때로는 마하마야(Mahāmāyā)라고도 부르고 있는데, 그것은 존칭일 것이다.

〈붓다의 탄생〉, 간다라. 마야 부인의 오른쪽에서 아기 붓다가 나오고, 아기를 제석천이 받고 있다.

정반왕에게는 오랫동안 아들이 없었는데, 석가를 낳은 것은 아마 왕이 마흔을 넘었을 때의 일인 것 같다. 석가의 탄생이 이 가문에 얼마나 큰 경사였을까 하는 것은 짐작하고도 남음이 있다.

마야부인은 임신을 했을 때 흰 코끼리가 뱃속으로 들어가는 길징(吉徵)의 꿈을 꾸었다는 등 여러 가지 전설이 있다. 마야부인은 임기(姙期)가 차서 고향인 천비성으로 돌아가던 도중 룸비니라는 꽃동산에 이르러, 갑자기 산기(産氣)가 있어 사방에 만막(縵幕)을 둘렀다. 부인이 꽃이 만발한 무우수(無憂樹)의 가지를 쥐려고 하는 순간에 아기를 해산했다고 한다.

4. 룸비니

석가의 탄생지가 룸비니(Lumbinī)인 것은 여러 가지 사실이 확실하게 증거하므로 틀림없는 사실로 판명되었다. 오랜 시구에는 석가가 '샤캬족의 마을 룸비니 지방에서 태어났다'고 쓰고 있다.

또 지금 네팔 바스티(Basti) 지방의 둘하 동북방 8km, 네팔 국경에 가까운 곳에는 파다리아(Padaria)라는 마을이 있고, 거기에 룸민디(Rummindei)라는 사원이 있다. 그곳을 발굴한 결과 한 석주(石柱)가 발견되었는데, 그것은 석가가 죽은 지 100년 뒤에 그곳을 순례한 아쇼카(Aśoka) 왕이 세운 것이 틀림없음이 판명되었다. 그 비문에는 다음과 같이 씌어 있다.

> 신들로부터 사랑 받는 온용(溫容) 있는 왕(아쇼카)은 즉위 관정(灌頂) 후 20년에 스스로 여기에 와서 제사를 드렸다. 여기서 붓다 샤캬무니가 탄생하셨기 때문이다. 그리고 돌담을 만들고 돌기둥을 세우게 했다. 세존께서 탄생하신 룸비니 마을은 세금을 면제받고 또 생산의 팔분의 일만을 지불하게 된다.

다소 편찬 시대가 내려가는 경전들 속에서 우리는 룸비니로 순례하는 것을 권장하는 말들을 볼 수 있는데, 아쇼카 왕도 고승 우파굽타(Upagupta)의 권고로 이곳을 찾은 것이라고 전한다.

중국 당나라의 현장도 이곳을 찾았는데, 그는 『대당서역기』에서 이렇게 쓰고 있다.

> 전천(箭泉)의 동쪽으로 80~90리를 가면 룸비니 숲에 다다른다. 샤캬족의

룸비니의 붓다 탄생지에 아쇼카 왕이 세운 석주 아랫부분만 남아 있다.

> 연못이 있다. 맑고 깨끗하기가 거울과 같으며, 여러 가지 화초가 만발해 있다. 그 북쪽으로 스물다섯 걸음쯤 가면 무우화(無憂華) 나무가 있는데, 지금은 말라죽어 있다. 보살(미래의 부처님)께서 탄생하신 곳이다. …… 사천왕이 받드는 태자의 탑 옆 멀지 않은 곳에 큰 석주가 있는데, 그 위에 말의 상을 만들어 놓았다. 무우왕(즉 아쇼카 왕)이 세운 것이다. 뒤에 악룡(惡龍)의 벽력(霹靂) 때문에 그 기둥의 중간이 부러져 땅에 넘어져 있다.

이 아쇼카 왕의 석주가 발견된 것은 20세기 초 퓌레르(Alois Führer)에 의해서이다.

5. 탄생 연대

석가의 탄생 연대에 관해서는 아직 확실히 단정할 만한 확증을 못하고 있는 실정이다. 모든 자료들 사이에 공통된 사실은 석가가 80년 동안 생존해 있었다는 것인데, 그 연대 산출에 있어서 가장 유력한 근거 자료가 되는 것은 아쇼카 왕의 즉위연대이다. 아쇼카 왕의 즉위연대는 물적 증거로 남아 있는 그 비명(碑銘)의 검토를 통해 대개 서력기원전 268~267년으로 추정되고 있다.

현존하는 가장 오래된 문헌 중에는 석가의 열반(涅槃, 入滅이라고도 한다)이 아쇼카 왕 즉위 전 218년이라는 설과, 100년이라는 설의 두 가지로 나뉜다. 전자에 속하는 문헌에는 『디파밤사(Dīpavaṃsa, 島史)』, 『마하밤사(Mahāvaṃsa, 大史)』, 『선견율(善見律)』(梵本) 등이 있다. 후자에 속하는 문헌에는 여러 가지가 있는데, 『잡아함경』, 『아육왕전(阿育王傳)』, 『승가나찰소집경(僧伽羅刹所集經)』, 『중경찬잡비유(衆經撰雜譬喩)』, 『현우경(賢愚經)』, 『근본설일체유부비나야약사(根本說一切有部毘奈耶藥事)』, 『대지도론(大智度論)』, 그 밖에 몇몇 산스크리트 경전이 있다.

전자에 의하면 불멸(佛滅) 연대는 서기전 486년이 되고, 후자에 의하면 서기전 368년이 된다. 따라서 전자에 의하면 석가 탄생 연대가 서기전 566년이 되고, 또 후자에 의하면 서기전 448년이 되는 셈이다. 1956년부터 1957년에 걸쳐서 스리랑카, 타일랜드, 버마, 캄보디아, 라오스 등 남방아시아의 여러 나라에서는 석존(釋尊) 입멸 2500년 기념식전을 성대히 거행한 바 있다. 그것은 남방불교의 전설에 따라 석존의 입멸을 서기전 544년으로 잡고, 그 입멸 2500년을 기념하기 위해서 열렸던 것이다. 그들의 계산법에 의하면 석가의 탄생은 서기전 624년에 있었던 사실로 된다. 그러나 이 연대는 서양이나 인도의 역사가들로부터 한결같이 인정받지 못하고 있다. 그것은 앞서 말한 바와 같은 아쇼카 왕 즉위의 사실과 많은 거리가 생기기 때문이다.

인도 승 상가바드라(Saṅghabhadra)는 서기 489년 중국 광동(廣東)에 머물러 있었는데, 그때까지 그가 서사본(書寫本) 위에 찍어 온 석존 열반 후의 햇수를 기록한 점(點)이 975년에 달했다 한다. 이것에 기초해서 석존의 입멸 시기를 환산하면 불멸 연대가 서기전 486년이 된다. 이 서사본을 「중성점기(衆聖點記)」라고 하며, 일본의 불교학 개척자 다카쿠스 준지로(高楠順次郎)는 이에 근거하여 석가의 탄생 연대를 서기전 566년으로 정했다. 이것은 앞서 말한 팔리어 경전들의 연대와 일치하는 것이다.

그러나 여러 학자들은 각기 여러 가지 자료들을 검토하여, 불멸 연대에 관해 서기전 544년, 484년, 483년, 482년, 478년, 477년, 388년, 386년, 383년, 380년, 370년, 368년 등 다양한 의견을 내놓았다.

우리나라에서도 독특한 전통적 견지를 지켜 금년(1965년)에 불탄(佛誕) 2991년 축제를 지냈다. 이와 같은 계산법에 의하면 불탄 연대는 서기전 1026년이 된다.*

* 〔편자 주〕 현재 우리나라에서는 남방불교의 전통에 따라 세계불교도우의회에서 채택한 서기전 544년을 불멸 연대로 하여 불기(佛紀)를 계산하고 있다. 이에 따르면 올해(2007년)는 불기 2551년이 된다.

6. 탄생에 관한 옛 전설

현재 남아 있는 가장 오래된 경전인 『숫타니파타(Suttanipata)』에 의하면, 석가는 투시타천(도솔천, 기쁨의 천상계)에서 내려와 마야부인의 태중에 잉태하였다고 다음과 같이 쓰고 있다.

> 존자(尊者, 부처님의 제자를 존칭해서 부르는 말) 사리풋타(舍利子)는 말했다. "그와 같이 말씀이 아름답고, 뭇 사람들의 주(主)이신 스승이 투시타천에서부터 내려오셨다는 사실을 나는 일찍이 본 적도 들은 적도 없다."

이 경전은 내려오신 석가를 보디삿타(bodhisatta, 팔리어. 산스크리트어로는 bodhisattva. 菩薩이라고 音譯하며, 깨달음을 얻고자 노력하는 자라는 뜻)라고 부르고 있으며, 이 보디삿타는 여섯 개의 상아를 가진 흰 코끼리를 타고 왔다는 것이다.

석가가 탄생하자 아시타(Asita)라는 선인(仙人, 브라흐만)이 어린 태자의 장래에 관한 예언을 하였는데, 이 경은 다음과 같은 말로 표현하고 있다.

> 기쁜 마음으로 즐거이, 깨끗한 옷을 입은 서른 명(서른셋이어야 함)의 신들이 옷을 붙잡고, 공손히 제석천을 극구 찬양하는 모습을 아시타 선인은 식후의 휴식 중에 보았다.
>
> 기쁨에 뛰노는 신들을 보고 선인은 공손히 이렇게 물었다.
>
> "신들께서 몹시 만족하시고, 기뻐하시는 이유는 무엇입니까? 어째서 옷을 붙잡고, 흔들며 기뻐하시는 것입니까? 아수라와의 싸움에서 신들이 이기고 아수라가 졌다 할지라도 이렇게까지 기뻐하시지는 않을 겁니다.

무슨 희귀한 일을 보시고 신들은 이렇게 기뻐하시는 겁니까? ……"

이에 대해 신들은 대답해 말했다.

"비할 수 없이 훌륭한 보배이신 보디삿타가 모든 사람의 이익과 안락을 위해 인간세계에 태어나신 겁니다. 샤캬족의 마을에, 룸비니의 지방에. 그래서 우리는 만족하고, 기쁨에 가득 차 있는 것입니다.

〈붓다의 관상을 보는 아시타 선인〉, 중국의 운강(雲岡)석굴.

일체 중생(생명 있는 모든 것)의 가장 윗자리에 계신 분, 가장 높으신 분, 황소 같으신 분, 살아 있는 모든 것 중 가장 훌륭하신 분은 머지않아 '선인의 집합소'라는 이름의 숲에서 법륜을 돌리실 겁니다. 사나운 사자가 백 가지 야수를 물리치고 으르렁대는 것과 같이."

아시타 선인은 그 소리를 듣고 급히 인간세계로 내려왔다. 그리고 정반왕의 궁전에 가까이 가서, 그곳에 앉아 다음과 같이 말했다.

"왕자가 어디 계십니까? 저도 뵙기를 원하옵니다."

그러자 샤캬족 사람들은 재간 좋은 대장장이가 용로(鎔爐)에서 단련한 황금과 같이 빛나고, 행복한 빛을 발하는 귀한 얼굴을 가진 아기를 아시타 선인에게 보여주었다. 화염과 같이 빛나고, 하늘을 가는 별들의 왕(달)과 같이 맑고, 구름 한 점 없는 가을 하늘의 태양처럼 빛나는 아기를 보고, 아시타 선인은 저절로 기뻐 어쩔 줄을 몰랐다.

신들은 많은 살로 받쳐진, 천 개나 되는 원륜(圓輪)이 있는 산개(傘蓋)를 공중에 받쳤다. 그리고 황금의 손잡이로 된 불자(拂子)로써 아래위로 부채질을 하였다. 그러나 불자나 산개를 붙들고 있는 신들의 모습은 보이지 않았다.

칸하시리(kaṇhasirī, 黑妙)라는 결발(結髮)을 한 선인은, 머리 위로 흰 양산이 덮여 있어 마치 불그스레한 모포 속에 있는 황금의 장신구와도 같은 이 아기를 그냥 기쁨에 넘쳐 안았다. 상호(相好, 훌륭한 얼굴과 몸의 특징)와 신주(神呪)에 통효(通曉)한 그 선인은 샤캬족의 황소처럼 훌륭한 아기를 받아 안고 보더니, 마음으로부터 탄성을 올리며 이렇게 말했다.

"비할 바 없이 높으신 분입니다. 사람 중에 제일 높으신 분입니다."

그때에 선인은 자기 자신의 장래를 생각하며, 슬픈 마음이 생겨 눈물을 흘렸다. 선인이 우는 것을 보자 샤캬족의 사람은 말했다.

"우리 왕자님께서 무슨 지장(支障)이 있는 것일까요?"

샤캬족이 걱정하고 있는 것을 본 선인은 말했다.

"저는 왕자님께 불길한 상(相)이 있다고 생각하고 있는 것이 아닙니다. 왕자님께는 지장이 없을 것입니다. 이 분은 범용(凡庸)한 사람이 아닙니다. 주의해 주십시오.

이 왕자님은 정각(正覺, 부처님이 되는 것)의 절정에 이를 것입니다. 이 분은 비할 바 없이 훌륭한 청정(淸淨)을 보시고, 많은 사람들의 이익을 도모하고, (그들을) 불쌍히 생각하는 까닭에 법륜(진리의 수레바퀴)을 돌릴 것입니다. 그의 청정한 뜻과 행동이 널리 퍼질 것입니다. 그런데 이 세상에서의 제 수명은 길지 않습니다. 중도에 저에게 죽음이 찾아올 것입니다. 저는 이 비할 바 없이 강한 힘을 가진 분의 교법(敎法)을 듣지 못할 것입니다. 그 때문에 저는 스스로 한탄하여 괴로워하는 것입니다."

이 청정행의 소유자(아시타 선인)는 샤캬족에게 커다란 기쁨을 불러일으키고 궁정에서 물러갔다.

그는 자기의 조카(날라카 또는 나라다)를 불쌍히 여겨, 이 무비(無比)의 힘 있는 분의 교법에 따를 것을 종용하였다.

"만일 네가 나중에 '부처님이 정각을 이룩하고 진리의 길을 걷고 계시다'는 소문을 듣거든, 그때 거기에 가서 그의 가르침을 받고, 그 세존 밑에서 청정행을 행하라."

이 이야기에도 적지 않은 신화적 수식이 있기는 하나, 후세의 불전에서 보는 바와 같이 극단적인 분식(粉飾)은 없다. 일본의 나카무라 하지메(中村元)는 그런 관점에서 『숫타니파타』의 이 전설이 후대의 불전에 보이는 많은 전설들의 원형이거나 선구가 되는 것이 아닌가 보고 있다.

후세의 전설들에 의하면, 특히 한역(漢譯) 경전들에 의하면, 태자가 탄생하자 많은 신들이 하늘에서 내려와, 그 손으로 태자를 받들었다고 한다. 그때에 하늘에서 두 줄기의 온수가 쏟아져 태자의 몸을 씻어 드렸고, 그러자 태자는 선뜻 대지에 일어서서 사방을 둘러보며, 북쪽으로 일곱 걸음을 내딛고서 오른손으로 위를 가리키고, 왼손으로는 땅을 가리키면서, '천상천하 유아독존(天上天下 唯我獨尊)'이라고 사자후(獅子吼) 하였다고 되어 있다. 이 말이 이른바 「탄생게(誕生偈)」라는 것이나, 여기에는 여러 가지 이설(異說)이 있으므로 그대로 믿기 어려운 점들이 많다. 그러나 이렇게 해서라도 상징하지 않을 수 없었던, 인류의 스승 석가에 대한 후세인들의 흠모의 정을 우리는 충분히 이해할 수가 있다.

전설에는 태자의 장래에 관한 점복(占卜)에 있어서도, 두 가지 복상

〈붓다의 목욕〉, 간다라. 갓 태어난 아기 붓다를 범천과 제석천이 목욕시키고 있다.

(卜相)을 드는 일이 있다. 이 갓난 태자가 꼭 부처님이 되리라 하는 것은 앞서 인용한 『숫타니파타』의 설이다. 또 하나는 왕자가 속세에 그대로 머무른다면 전륜왕(轉輪王, 강력한 대군주)이 될 것이고, 출가한다면 부처님이 될 것이란 설이다. 하지만 학자들은 이와 같은 예언이 다분히 후세의 착색 같은 느낌이 든다고 말하는데, 그 이유로는 붓다, 즉 '각자(覺者)'란 개념이 석가의 성도(成道) 전에 어떻게 알려질 수 있었겠는가 하는 것이다. 그러므로 관상(觀相)예언이란 사실도 전하는 바와 같이 그렇게 구체적이었을까 하는 것이 의문으로 남는다.

위에 언급한 것과 다른 다음과 같은 몇몇 이설(異說)이 있다.

보디삿타가 여섯 개의 상아를 가진 흰 코끼리 모양으로 어머니 태중에 들어왔다고 하는 것이 있는가 하면, 흰 코끼리가 아니라, 여섯 달된 유아의 모습으로 들어왔다는 기록이 있다. 또 보디삿타가 태중에 있었던 것이 아니라 한 보석함에 들어 있었고, 연꽃 속에서 생긴 선약(仙

藥)의 물방울로 키워졌는데, 이 선약의 물방울은 범천(梵天) 자신이 받아서 주었다는 것이다. 또 불전에 따라서는 열 달 동안의 잉태기간 동안 어머니 마야부인에게는 도덕적으로나 육신상으로나 일체의 결함이 없었고, 따라서 부정(不淨)한 욕정의 대상이 될 수가 없었다고 강조하고 있는 것도 있다.

그리고 석가가 탄생한 바로 그날, 보디삿타의 미래의 배필과 미래의 마부, 미래에 그가 쓸 말, 그리고 그와 동시대인인 많은 왕들이 꼭 같이 이 세상에 태어난 것처럼 기록하고 있는데, 그것도 믿을 수는 없는 일이다.

또 관상예언을 한 선인의 이름을 다른 팔리어 경전에서는 칼라데발라(Kāḷadevala)라고 하고 있어, 그 점에 대해서도 앞으로 해명이 필요하다.

태자가 탄생한 지 닷새 만에 그 아버지는 싯다르타(Siddhārtha, 팔리어로는 Siddhattha, 悉達多)라는 이름을 지어 주었다고 한다. 그 뜻은 '목적을 달성한', '일체의 의(義), 미덕, 성격이 성취된'이란 뜻이다. 그러나 이 이름은 원시경전에는 나타나 있지 않으므로, 후대 사람의 가탁(假託)이 아닌가 하는 의심을 품어 볼 수도 있다. 그렇다고 다른 이름이 전해지고 있는 것도 아니므로, 그 전설을 부정할 만한 적극적인 자료도 적다.

또 후세의 불전에 의하면 그의 생모 마야부인은 산후 이레 만에 세상을 떠났다고 한다. 이러한 사실도 원시경전에는 적혀 있지 않으므로 확실치는 않으나, 다른 부정적인 근거도 없으므로 사실로 보는 것이 좋을 것이다.

제2장

석가 탄생 이전의 인도

1. 종교의 두 가지 조류

인도의 종교가 『베다』에서부터 발전한 사실은 누구든지 다 아는 일이지만, 그 기원이 서기전 1300년경에 있었던 일이고 보면, 석가가 탄생한 서기전 6세기경에 와서는 많은 변화 발전이 생겼으리라는 것은 짐작할 수 있는 일이다.

학자들은 이 인도의 종교가 다른 고대민족의 경우와 마찬가지로 애니미즘적인 성격을 그 밑바닥에 가지고 있었다고 믿고 있다. 고대의 인도인들은 자기네들의 생활이 위협을 받거나 또는 혜택을 입을 때, 그러한 자연현상을 마치 살아 있는 것으로 보고 그것을 신으로서 존숭(尊崇)하며, 또 자기들 안에도 무슨 영묘(靈妙)한 존재가 숨어 있는 것이라고 생각하기를 예사로 했다. 그러한 사람들 중에서도 특히 생각하는 능력이 강한 사람들은 이렇게 신을 존숭하는 태도에서 더 나아가 이러한 신비로운 힘을 우주의 최고 원리인 브라흐만(Brahman, 梵)이라고 부르고, 또 사람들 각자 속의 영묘한 힘에 대해서는 이를 아트만(Ātman, 我, 또는 實我)이라고 이름지어 브라흐만과 아트만 사이의 관계를 깊이 생각해 보기에까지 이르렀다. 그리하여 브라흐만은 아트만의 근거이고, 아트만은 브라흐만의 현현(顯現)이라고 하여 '범아일여(梵我一如)'란 깊은 사상이 제시되기까지 하였다. 이와 같은 생각은 사람들의 심성과 우주의 신비의 문을 열어 헤치는 것 같은 느낌이 있어, 오늘날에 이르기까지 모든 인도 사람들이 기꺼이 신봉하는 사상이 되

브라흐만 수행자, 간다라.

었다. 인도 사람들의 전통적인 종교적 태도는 모두 범아일여를 실현하기 위한 수행으로 쏠렸다.

그와 같은 수행의 길은 대체로 두 가지 큰 조류로 나타나 석가의 시대에까지 이르렀던 것이다. 그 양대 조류의 하나는 선정(禪定)을 닦는 길이요, 또 다른 하나는 고행(苦行)을 일삼는 길이었다. 외면적인 것으로 산란하기 쉬운 우리의 마음을 그대로 내버려두면, 눈으로 보고 귀로 듣는 감각의 세계에 끌려들어 좀처럼 거기서 헤어나기 어렵다. 그러므로 마음을 억눌러 뛰쳐나가지 못하게 하고, 조용히 자기 자신을 반성해 간다. 그리하여 자기 안에서 신을 보고, 신에 접하는 기쁨을 느낀다. 이와 같이 하여 인도의 소위 요가선정은 시작되었다. 인도의 직업적 종교가였던 브라흐만 승려들은 흔히 뜨거운 태양빛을 피해 숲 속에 앉아 이와 같은 선정에 종사하기를 좋아한 사람들이었다.

신을 보고, 신에 접하는 또 하나 다른 길로서 고행이 행해졌다. 원래 고행의 원어는 타파스(tapas)라고 하여 열을 의미하는 말이다. 열에 의해 물건이 생기므로, 물건을 생성하는 힘을 이렇게 불렀던 것인데, 나중에 열로써 죄를 태워 없애 버리는 뜻으로 쓰여 그것이 고행의 뜻이 된 것이다. 이와 같은 열의 작용을 신이 하는 일이라고 생각한 것이 베다 종교의 고전인 『우파니샤드』 같은 데에 나타나 있다. 『우파니샤드』에서는 고행이 신을 보고 신에 접하는, 해탈을 얻는 행위라고 적혀 있다. 인도에는 이와 같은 고행주의자가 매우 많았는데, 석존시대의 소위 육사외도(六師外道)라는 여섯 사람의 이단적 사상가들 가운데 네 사람이 고행주의자였다는 것을 보면 그때 사정을 잘 알 수가 있다.

고행주의에 관해서 지적해 두어야 할 두 가지 사상이 있는데, 그 첫째는 고행주의자들이 죄를 물질처럼 생각했다는 것이다. 즉 죄를 고행으로써 태워 없앤다는 것이다. 처음에는 이와 같이 태워 없앤다고 생각했던 사람들이 나중에는 물로 씻어 없애도 좋다고 생각하기에 이르렀다. 그리하여 하루에 세 번씩 거룩한 물로 목욕을 해서 죄를 씻어 버린다는 의식도 행해졌다.

둘째로는 고행을 통해 육체와 싸운다는 생각이 있었다. 앞서도 말한 바와 같이 인도 사람들에게는 애니미즘적인 생각이 있었으므로, 영혼과 육체는 별개의 것이라고 흔히들 생각했다. 영혼은 자유로운 것, 육체는 부자유한 것, 또 영혼은 깨끗한 것, 육체는 더러운 것, 이렇게 대척(對蹠)적인 것으로 생각하는 경향이 있었다. 그런 까닭에 그들은 영혼을 육체에서 해방시켜야 된다고 생각했고, 따라서 육체에 고통을 주는 일이 종교적으로 중요한 것이라고 생각하는 기풍이 생겼다. 그런 고행에는 여러 가지 종류가 있었는데, 어떤 때는 개처럼, 소처럼, 또 박쥐처럼 살아가는 그런 식의 방법도 고안되었다.

이리하여 흔히 선정을 일삼는 사람들은 그 선정으로 생기는 일종의 황홀한 경지를 깨달은 천지(天地)라고 생각하게 되었다. 또 고행을 일삼는 사람들은 고행으로써도 영혼의 자유가 얻어지지 않으니까, 목표를 미래에 두고 그냥 부지런히 고행을 계속하든가, 또 그렇지 않으면 사람들이 흔히 하지 못하는 일을 해서 사람들을 놀라게 하여 명리(名利)를 얻어 보려고 하는 등 옆길로 쏠리는 일이 많았다.

2. 선정과 고행의 내용

불경 중에는 『범망경(梵網經)』 또는 『범망육십이견경(梵網六十二見經)』이란 경전이 있다. 이것은 석가 시대의 이학이견(異學異見)을 전부 망라한 것으로 그 당시의 여러 가지 사고방식이나 가르침을 포함하고 있다고 할 수 있다. 그 경전에서는 선정에서 생긴 그릇된 견해가 열일곱 가지나 된다고 하였다. 그것을 대별하면 다음의 다섯 가지가 된다.

(1) 상견(常見)이라는 것. 즉 선정에 들어가서 지나간 전생의 일들을 생각하고, 그처럼 긴 기간을 살아 왔으니 '나'도 '세계'도 다 상주(常住)하는 것이라는 주장을 내세우는 것.

(2) 반상반무상(半常半無常)을 주장하는 것. 역시 선정 속에서 과거생을 생각하고, 천상계 중의 대범천(大梵天), 불희소천(不戱笑天), 불로심천(不勞心天)은 상주하지만, 그 밑에 있는 '나'나 희소천(戱笑天), 노심천(勞心天)은 무상(無常)하다고 주장하는 것.*

(3) 무인론(無因論)이라는 것. 이것은 선정에 들어가 과거생을 회상하고 '나'도 '세계'도 다 원인 없이 생겨난 것이라고 주장하는 것.

(4) 단견(斷見)이라고 불리는 것. 육신이나 마음이 다 언젠가는 없어진다는 생각인데, 그 없어지는 장소에 따라 다섯 가지 종류가 있다. 인간이 태어나 머무는 세계를 당시의 인도 사람들은 욕계(欲界, 욕

* 여기서 희소천이라는 것은 희소(戱笑)함으로써 남녀가 서로 정을 통할 뿐인 천상세계란 뜻이며 화락천(化樂天)이라고도 한다. 따라서 불희소천이란 그렇지도 않은 윗세계를 말한다. 또 노심천이라는 것은 생각만으로 서로 정을 통하는 천상계로서, 사왕천(四王天)을 말하는 것이다. 따라서 불로심천이란 그렇지도 않은 더 위의 천상을 말한다.

심의 세계), 색계(色界, 형태의 세계, 물질의 세계), 무색계(無色界, 의식의 세계, 정신의 세계)의 삼계(三界)라고 생각하는 경향이 있었는데, 이 셋 중 어느 한 곳에서 육신과 마음이 없어지는 것이라는 주장이다. 그 후 선정하는 사람들 사이에서는 다시 무색계를 네 단계로 구분하여 소위 '사무색처(四無色處)'니 또는 '사공처(四空處)'라고 하고, 사람에 따라 그 중 어느 한 곳에서 육신과 마음이 단멸(斷滅)하는 것이라고 주장하는 경향들이 나타났다. 그 사무색처를 ① 공무변처(空無邊處), ② 식무변처(識無邊處), ③ 무소유처(無所有處), ④ 비상비비상처(非想非非想處)라고 부른다. 요컨대 이러한 생각을 하는 사람들은 허무주의적 견해를 가진 사람들이었다고 볼 수 있다.

(5) 이른바 선정(禪定)의 네 가지 단계, 제1선(禪) 또는 초선(初禪), 제2선, 제3선, 제4선을 각각 현생에서 얻는 열반의 경지라고 생각하는 것이다.

석가가 처음으로 사사(師事)했던 두 스승 중 한 사람은 선정으로 '무소유처'에 태어나는 것을 그 목표로 삼고 있었고, 또 다른 한 사람은 그보다 한 자리 위라고 볼 수 있는 '비상비비상처'에 태어나는 것을 선정의 목표로 삼고 있었던 것이다. 그러나 석가는 이와 같은 방법이 결코 진정한 지혜를 얻고 해탈하기 위해 도움이 되는 것이 아니라고 말한 바가 있다(팔리어 『中니카야』 26 「聖求經」). 석가가 당시의 이와 같은 사상 가운데 사선(四禪)이나 사무색정(四無色定)을 자기의 학설 안에 받아들여 선정의 단계로서 합리화시킨 것은 사실이지만, 석가가 생각한 해탈이나 열반의 목표는 그와 같은 선정의 여러 단계에 도달해서, 거기에서 무(無)로 돌아가는 것과 같은 일은 결코 아니었다. 말하자면 당시의 그릇된 사상가들은 선정을 얻는 것 자체가 열반이나 해탈이기나 한 듯, 수단을 목적으로 오인한 느낌이 없지 않았다.

선정과 고행은 서로 뗄 수 없는 것처럼 밀접한 관계를 가지고 있는 것이라는 생각이 당시의 인도 사람들 사이에는 농후하였다. 다만 어느 편을 더 표면적으로 내세우느냐가 달랐을 뿐이다. 앞서 말한 바와 같이 육사외도 중에 네 사람까지는 스스로 고행주의를 내세운 사람들이었는데, 그 밖에도 다수의 고행자들이 200명 또는 300명씩 도중(徒衆)을 이끌고 도시나 촌락 주변의 숲 속에서 고행을 하고 있었다.

막칼리 고살라(Makkhali-Gosala)라는 사람은 육사외도 중의 한 사람인데, 선정(禪定) 상으로는 무인론(無因論)을 주장하였다. 사람의 운명은 다만 원인 없이 정해진 업(業, 과거부터 내려오는 잠재적 행동력)의 지배를 받고 있으므로, 다만 그 업이 다할 때까지 고행을 할 뿐이라고 생각하고 있었다.

푸라나 캇사파(Purāṇa-Kassapa)도 육사외도 중의 한 사람이며, 역시 무인론을 주장하고 숙명론적인 견해를 가지고 있었다. 그는 무척 위험한 소리를 하고 다닌 모양으로 경전에는 그가 이런 말을 했다고 한다.

> 무슨 일을 하든지 악이 행해진 것이 아니다. 사람이나 그 밖의 생물을 칼로 자르건, 괴롭히건, 또는 죽이건, 무엇을 하든 그것을 악이라고 할 수는 없다. 땅 위의 모든 생물을 날카로운 칼로 죽여 고기 덩어리로 만든다 해도 악이 아니고, 따라서 악보(惡報)도 없다. 갠지스 강의 남안(南岸)에서 살생을 해도 죄가 아니고, 또 죄보(罪報)가 없고, 그렇다고 갠지스 강의 북안(北岸)에서 보시를 하거나 제사를 해도 선이 아니고, 또 선보(善報)가 있는 것이 아니다. 보시를 하건, 금욕을 하건, 바른 말을 하건, 모두 선이

생기는 것이 아니고, 또 그 보답도 없다.

사람의 운명이 이와 같이 결정되어 있으니, 다만 그렇게 사람을 결정짓고 있는 업이 다하기를 기다려 그 동안은 고행을 하는 것밖에 할 일이 없다는 것이다.

파쿠다 캇차야나(Pakudha-Kaccāyana)도 대체로 위의 두 사람과 같은 계통의 사상을 가진 육사외도 중의 한 사람이었다. 그도 인간의 운명이 그 구성요소인 지(地)·수(水)·화(火)·풍(風)의 네 가지와 영혼에 의해서 이미 결정된 것이라는 주장을 하였다. 지·수·화·풍의 네 가지 구성요소를 말하는 것은 벌써 『베다』의 문헌 속에 존재하는 사실이며, 이것이 불교 이론 안에도 도입되어 한문으로는 사대(四大)라 불리고 있다. 물론 이 사람은 사대가 불변부동의 것이라고 보고, 또 영혼이라는 것마저 물질시하고 있는 듯하다. 이런 물질적 요소들에 의해서 사람의 업이 결정되었다고 보는 것이다. 그리하여 이 업, 즉 숙명적인 힘이 다할 때까지 고행을 하면서 산다는 주장을 내세운 것이다.

위의 세 사람이 대표하는 사상은 대개 같은 경향을 가진 것이라고 할 수가 있다. 현존하는 자료가 부족한 까닭에 여러 가지 점에 관하여 많은 의심이 풀리지 않는 것도 사실이다. 그러나 불경 안에 기록되기를 그들을 '사명외도(邪命外道)'라 하였고, 그 뜻이 '생활을 영위하기 위한 방편으로써 수행하는 자'이고 보면, 실제 면에서도 종교적 동기가 희박했거나 왜곡되었던 것임을 짐작할 수가 있다.

자이나교의 개조(開祖) 니간타 나타풋타(Nigaṇṭha Nātaputta)란 사람도 철저한 고행주의자였는데, 그는 모든 것이 영혼과 물질로 구성되어 있다고 주장하였고, 영혼을 속박하고 있는 육체를 쇠약하게 하기 위해 고행을 실천해야 한다고 주장하고 있었다.

3. 나(我)에 관한 사상

인도 사람들에게는 일찍부터 '나'라는 것이 무엇인가에 관해 깊이 생각하는 풍조가 있었다. '움직이는 나', '형태로서의 나', 무엇이 진실한 '나'이냐 하는 것이 그들의 의문이었다. 그리하여 '형태로서의 나'보다도 그 형태로서의 나를 움직이게끔 하는 '나'를 진실한 '나'라고 생각하고, 그것을 아트만(Ātman, 我)이라고 불렀던 것이다. 그 말의 어원에 관해서는 여러 가지 설이 있으나, '숨쉰다'는 뜻을 가진 말에서 나온 것이라는 설이 가장 유력하다. 그래서 호흡 → 생기(生氣) → 영적인 생기, 이것이 진실한 '나'인 양 생각하기에 이른 것일 것이다. 베다시대에 이어, 이와 같은 것이 사람의 심장 안에 머물러 있으면서 매우 활발한 움직임을 하고 있는 것이라는 생각이 있었다. 이와 같은 것이 우주에도 있다고 생각하고 그것을 브라흐만(Brahman, 梵)이라고 불렀던 것이다. 그리하여 이 아트만과 브라흐만의 관계를 더 깊이 파고 들어가 설명하기에 이르렀던 것이다.

이와 같은 사상은 석가가 탄생하기 1~2세기 전에 성립한 『우파니샤드』들의 중심사상이 되었다. 물론 그와 같은 사상은 체계적으로 전개된 것이 아니고 산발적으로 피력된 의견이지만, 그 사상에서는 상당히 깊은 신비주의적 사유의 일단을 엿볼 수 있다.

『타이티리야 우파니샤드(Taittirīya Upaniṣad)』에 의하면, 아트만은 '미세한 어떤 것보다도 미세하고, 거대한 어떤 것보다도 거대한 것'이며, '청정하여 시간과 공간을 초월하고, 위대하여 생함도 멸함도 없고, 노쇠함도 없는 것'이며, '거기에는 일륜(日輪)도 달도 빛을 발함이 없고, 별도 반짝이지 못하며, 일체의 광명도 역시 위력을 잃고, 그만이 빛나 일체가 그로 인하여 빛을 발하며, 만물이 그로 인하여 환해지는

로마쉬 리시 석굴, 인도의 보드가야 근방. 육사외도 가운데 한 파인 사명외도의 수행처였다.

것'이라고 했다. 또 그 『우파니샤드』에 의하면, 일체의 업을 행하고, 일체의 원(願)을 충족시키며, 일체의 향(香)을 맡으며, 일체의 맛을 맛보고, 일체를 포용하고, 적묵(寂默)하여 근심이 없는 이것이 곧 브라흐만이다. "나는 여기에 죽어 거기에서 사는 것이다"라고 하고 있다. 이것은 아트만과 브라흐만에 관한 많은 신비적 설명들 중 일부를 소개한 것이다.

이와 같은 『우파니샤드』의 사상은 확실히 인간과 우주에 관한 깊은 내면적 성찰의 결과를 보여주는 것으로서 인류의 사상사에 위대한 공헌을 한 것은 부정할 수가 없다. 그러나 이와 같은 사유의 요점은 애니미즘적인 사고방식의 범위를 벗어나지 못했다고 하겠으며, 아직도 많은 세밀한 이론적 보완이 기대되는 것이다.

앞서 인용한 『범망경』에 의하면 석가 당시에는 위에 언급한 『우파니샤드』나 자이나교 이외에도 '나'의 항구한 실재(實在)를 주장하는 사람들이 많았던 것을 알 수 있다. 그들은 한결같이 항상 하나인 진실한 '나'(아트만)가 육체에서 육체로 전이(轉移)하면서 영원히 존재하는 것이란 공통된 주장을 가지고 있었다. 이 '나'가 후세에 어떻게 되느냐 하는 데 대하여 그 경에는 서른세 가지나 되는 설이 실려 있을 정도다. 그것을 사후(死後)의 의식(意識)의 유무와 관련하여 대별하면, 죽은 뒤의 '나'에게 의식이 있다는 주장과 없다는 주장, 그리고 있는 것도 아니고 없는 것도 아니라는 주장의 셋으로 나눌 수 있다. 또 그 '나'라는 것이 형태를 가진 것이냐 아니냐, 또 끝이 있느냐(有邊) 없느냐(無邊), 그리고 그 '나'라는 것의 감정은 고(苦)냐 낙(樂)이냐 하는 데 대해 여러 가지 주장이 생긴 것이다.

4. 윤회설과 업설

앞서 말한 바 있는 영혼과 육체에 관한 인도 사람들의 생각은 윤회설(輪廻說)과 업설(業說)을 낳게 하였다. 윤회란 인도말로 '삼사라(saṃsāra)'라고 하는데, 일찍이 베다시대에는 그런 말도 없었으며, 그와 같은 뚜렷한 사상도 없었다. 그러나 그 후 서기전 8세기 내지 7세기경에 성립된 『브라흐마나』 문헌에서부터 사후의 세계에 관한 반성이 생기면서, 윤회사상도 점점 그 윤곽이 잡히기 시작했다. 현세에서 어떻게 사느냐에 따라서, 죽은 후 천국으로 갈 수도 있고, 지옥에 떨어질 수도 있다는 생각이 나타난 것이다. 『우파니샤드』에서는 사후의 세계를 '신들의 길'(天道), '조상들의 길'(祖道), '제3의 길'(第三道)의 셋으로 나누어서 말하고, 그 사이를 모든 생물들이 사후에 윤회하는 것이라고 말했다. 이와 같은 생각은 꼭 인도에만 있었던 것은 아니지만, 인도의 윤회설은 아트만이 발달해 있었고 또 업설이 생김으로 해서 더 복잡하고 심각한 의미를 가지게끔 되었던 것이다.

업(카르마, karma, kamma)에 관한 이야기가 운위되는 것은 우파니샤드시대다. 어떤 사람이 야즈냐발키야(Yājñavalkya) 선인에게 묻기를, "사람이 죽으면 말은 불 속으로, 숨은 바람 속으로, 눈은 해로, 생각은 달로, 귀는 방위로, 몸은 땅으로, 아트만은 공중으로, 털은 풀로, 머리카락은 나무로, 피와 그 밖의 체내의 물은 물 속으로 갑니다. 그러면 사람은 어디로 가는 것입니까?"라고 하였다. 그때 이 선인은 "내 손을 쥐게. 이것은 많은 사람들 속에서 이야기할 수 없어. 단 둘 사이에서만 전해야 하는 것일세" 하고 숲 속에 들어가, 업에 관한 설명을 하고 그 이론을 찬미했다는 것이다. 그 내용인즉 "실로 선은 선업(善業)에 의하고, 악은 악업(惡業)에 의하는 것"이라는 것이었다고 한다(『브리하다라니야카 우파니샤드』 3.2.13).

육사외도들이 모두 다 업을 말했다. 어떤 사람은 업의 속박을 심각하게 강조했고, 어떤 사람은 그것을 의식하면서도 고의적으로 극구 업의 속박을 부정하는 어색한 태도를 나타냈다. 자이나교의 니간타 나타풋타는 업을 세 가지로 구분하여 몸으로 하는 업(身業), 입으로 하는 업(口業), 뜻으로 하는 업(意業)을 구별하였는데, 이것은 석가의 가르침과 다름이 없으나, 신업과 구업에 비해 의업을 경시한 것은 불교와

전연 반대의 입장이라고 하겠다.

5. 신에 대한 신앙

인도 사람들이 베다시대부터 수많은 신들을 신봉해 온 것은 주지의 사실이다. 그러한 전통은 석가 당시에 와서 더욱 복잡해졌다. 팔리어 경전에 나타난 신들의 이름은 200이 넘는데, 이것만 보더라도 석가 당시 일반 민중 사이에서 신봉되던 유신론적 경향의 복잡성을 알 수 있다. 그 이름들을 자세히 검토해 보면, 그 중에는 신이라기보다는 괴물이라고 하는 편이 더 적당한, 용(龍)과 같은 것이 있고, 또 베다시대부터 내려오는 신이 있는가 하면, 새로 나타난 신도 있다. 제석천(帝釋天)이나 범천(梵天) 같은 신은 브라흐만교 자체에서도 중요한 신이었는데, 제석천은 정복의 신 인드라(Indra)의 이명(異名)이고, 범천은 우주의 근본원리 브라흐만이 신격화된 것이다. '천(天)'이라는 한자는 신(神)을 의미하는 데바(deva)란 인도말의 한역어(漢譯語)다. 시바(Śiva), 비슈누(Viṣṇu), 슈리(Śrī) 등은 후세에 가서 인도의 민중들 사이에서 매우 중요시된 신들이고, 해의 신, 달의 신이 있는가 하면, 지 · 수 · 화 · 풍이 신격화된 것도 있고, 또 앞서 언급한 바 있는 희소천, 노심천 같은 신, 그리고 사왕천(四王天), 도리천(忉利天), 화락천(化樂天), 정거천(淨居天)과 같은 신의 이름도 나온다.

그러나 서기전 5~6세기경에 인도 민중들과 가장 밀접한 관계를 가지고 있던 신이 무엇이냐 하면, 그 첫째는 범천이라고 할 수가 있다. 범천(Brahmā)은 앞서도 말한 바와 같이 『우파니샤드』 속에서 중요시

〈시비왕 본생〉, 간다라. 전생의 붓다인 시비 왕의 자비심을 시험하는 이 장면의 오른쪽에 제석천(두 번째)과 범천(끝)이 보인다.

된 브라흐만이 신격화된 것으로서 사람들로부터 최고신으로 떠받들리게 되었는데, 후세에 이르러서는 시바신 및 비슈누신과 더불어 가장 중요한 삼신(三神)이 된 것이다. 인도 사람들은 그 수많은 신들이 각각 자기 세계(하늘)를 가지고 있는 것으로 믿었는데, 당시 인도의 민중들은 일반적으로 이 범천의 세계에 태어나기를 무척 갈망했던 것 같다. 제사를 드리는 것도, 다른 하위의 신을 신봉하는 것도 모두 이 범천의 세계에 태어나기 위해서라는 말을 하고 있는 곳이 많다. 이 범천의 수는 하나가 아니라 많았던 것 같다. 경전에는 바카(Baka) 범천, 사낭쿠마라(Sanaṅkumāra) 범천 등의 이름이 보이기도 한다.

범천 다음에 사람들의 신앙을 모았던 것은 제석천과 그 배하(配下)의 사왕천 중의 비사문천(毘沙門天)일 것이다. 제석천은 앞서 말한 바와 같이 『베다』의 인드라인데 지금은 그 지위가 떨어져 욕계천의 낮은 신이 되었지만, 삼십삼천, 즉 도리천('도리'란 말은 '삼십삼'이란 인도 말의 첫 부분을 옮긴 것이다)의 주인공이다. 그 밑의 사왕천은 수미산(須彌山)의 사변(四邊)을 지배하고 돌아다니며 인간의 일상생활을 감시하는 것이라고 믿고 있었다. 제석천은 당시 정의의 신으로 생각되어 민중생활과 밀접한 관련이 있었던 모양이며, 나중에 불교에서는 이 신을 불법수호의 신으로 믿게 되었다. 비사문천은 사왕천의 하나로 수미산의 북쪽을 지키고 그 부하로 모든 야차(夜叉)를 이끌고 있으며, 재부(財富)의 신이라고 생각되었다.

야차는 지위는 낮지만 수가 대단히 많고 어디에든지 살고 있어, 당시의 인도 민중 사이에서는 가장 인기가 높은 신이었다. 사람들은 그를 무서워도 하고 존경도 하였다. 팔리어 경전에 나오는 신의 리스트 중에서 태반은 이 야차이며, 산이나 개울, 나무나 집, 성문, 창고 등 어디에든지 살고 있는 것이라 했다. 어떤 야차에게는 어린애가 달려 있어 그 어린애가 울어서 곤란했다는 이야기도 있다. 야차들은 무서운 위력을 가지고 있고 성을 잘 내기 때문에, 사람들은 그 분노를 사지 않으려고 제물을 바치곤 하였다. 야차도 물론 윤회계에 있는데, 승려가 절간의 물건을 훔쳤기 때문에 죽어서 야차가 되

나가(龍), 인도의 바르후트 불탑. 불교의 수호신으로 탑의 문 기둥에 새겨져 있다.

었다는 이야기도 기록에 보인다. 인육을 먹는 야차도 있어서 마을 사람들이 산 사람을 갖다 바치는 일도 있었다고 불경은 말해 주고 있다. 부처님이 그 마을 사람들을 불쌍히 여겨 야차와 힘겨루기를 하여 이김으로써 사람을 살려냈다는 이야기도 있다.

또 신과 같은 성질을 가진 것에 나가(nāga), 즉 용(龍)이 있고, 가루다(garuḍa, 迦樓羅), 간다르바(gandharva, 乾闥婆), 쿰반다(kumbhāṇḍa, 鳩槃茶), 피샤차(piśāca, 毘舍闍), 락샤사(rākṣasa, 羅刹) 같은 것이 있어, 때때로 야차라고 불리는 경우가 있다. 나무귀신도 일종의 야차이다.

나무귀신에 관해서는 재미있는 이야기들이 많은데, 그 몇 가지를 소개하면 이런 것들이 있다. 어떤 숲 속에 나무귀신이 있었는데, 그 숲 속에서 사람을 죽인 도적이 나무귀신에게 제사를 드려 제발 그 비밀을 지켜 달라고 했다는 것이다. 또 어떤 곳에 나무귀신이 있었는데, 승려가 집을 지으려고 그 나무를 자르려 했더니, 나무의 귀신이 애를 데리고 나와 자기네들 살림집이 되고 있는 그 나무를 자르지 말아 달라고 부탁했다. 그러나 승려는 듣지 않고 나무를 잘라 버렸고, 잘못하여 그 야차의 아들의 가슴을 찔렀다. 나무귀신은 분개하여 그 승려를 죽이려 했으나, 다시 마음을 가라앉히고 부처님에게 가서 그 말을 하였더니, 부처님은 다른 곳에 그들이 살 만한 나무를 가리켜 주었다는 것이다.

6. 그 밖의 다른 속신(俗信)과 사회상

불교 문헌들을 통해서 알 수 있는 민간신앙들 가운데에는 방위에 관한 것이 있다. 화(禍)나 복(福)이 방위로부터 온다고 믿고 그 방위를 예배하는 습관이 있었다. 『육방예경(六方禮經)』이란 불경에 의하면, 선생(善生)이라는 사람은 아침 일찍 머리카락과 옷을 물로 적시고 집을 나가 네거리에 서서, 사방상하(四方上下)의 여섯 방향으로 예배를 했다고 한다. 또 덮어놓고 동쪽을 숭배하라, 동쪽으로 돌진하라, 산이든 개울이든 계곡이든 무엇이 가로놓여 있든 간에 동쪽으로만 가면 된다, 그렇게 하고 죽으면 하늘에 오를 수 있다는 신앙도 있었던 모양이다.

모두 공덕을 물질시한 것은 『베다』 이래로 별로 다름이 없으나, 그러한 물질적인 관점에서 자기가 닦은 고행을 물질과 바꾸는 일 같은 것도 기록에 나타나 있다.

그 밖에 여러 가지 종류의 관상, 점복(占卜), 예언과 같은 술(術)이 유행하고 있었고, 또 주문을 외우고 화를 면한다거나 복을 초래하는 등의 일은 비일비재였던 모양이다.

지금까지 설명해 온 모든 사실로 미루어 우리는 인도인들이 매우 종교적인 사람들이었다고 생각할 수 있다. 그러나 사실 그것이 참된 의미에서 종교적인가 하면, 반드시 그렇다고 말할 수는 없다. 참으로 진실한 종교가 지극히 요망되고 있었다고 하는 편이 훨씬 타당한 말이 될 것이다.

그러한 환경의 인도 사회에서도 극단으로 비종교적인 태도를 취하는 사람들이 적지 않았던 것도 잊어서는 안 될 것이다. 로카야타(Lokāyata, 順世外道)라는 일파의 사람들은 당시 지식계급에 속하는 사람들로서 종교적인 일체의 것에 반기를 든 사람들이었다. 그들의 주장은 한 마디로 말해서 유물론이었으며, 이 세상의 모든 것은 지 · 수 · 화 · 풍이라는 사대(四大)의 집적(集積) 이외에 아무 것도 아니라는 것이었다. 신도 아트만도 없다, 더러움도 깨끗함도 없고, 원인도 없고 업도 없다, 그러니 살아 있는 동안 마음껏 쾌락을 누리라는 것이 그들의 주장이었다. 그들은 극단적인 유물론자이며 쾌락론자였던 것이다. 학자들의 견해에 의하면, 나중에 불교에서도 채택한 것이지만, 큰 인물의 육체적 특징을 망라한다는 소위 삼십이상(三十二相)이라는 것도 사실은 이 순세외도파가 처음으로 궁리해낸 것이 아니었던가 하리만큼 생리학적 견식도 탁월했던 모양이다. 이를테면 그 당시의 과학주의자들이다.

그리고 그 당시 또 하나의 사회적 특징은 하층계급의 대두이다. 다 아는 바와 같이 인도에는 고래로 카스트 제도라는 것이 있었다. 브라흐만이란 승려계급의 발호는 거의 전제적인 것이었다. 그러나 우파니샤드시대부터 점차 크샤트리야라는 왕족 · 무인계급이 세력을 얻기 시작하고, 그 중에서 탁월한 사상가들이 배출되기에까지 이르렀다. 사실은 자이나교의 니간타 나타풋타나 불교의 고타마 붓다도 이 크샤트리야족 출신인 것이다.

이와 함께 제3계급인 바이샤, 즉 상업이나 농업에 종사하는 평민들의 세력도 커져, 그들은 많은 재부(財富)를 축적했고, 그 위의 두 계급에 맞설 만한 세력을 형성해 갔다. 그러나 아직 제4계급인 피정복자와 노예들의 자각이나 단결 같은 것은 없었던 것 같다. 그러나 정치적, 경제적 및 사회적인 자립운동은 없었던 것 같지만, 그들이 가지고 있던 속신(俗信)은 적지 않게 상층계급의 생활에 영향을 미치고 있었던 것 같다. 앞서 말한 민간 속신이나 신관(神觀), 그 밖의 사상에는 이 피지배 노예계급의 습속이 적지 않게 스며들어 갔던 것이 사실이다.

우리는 이상에서 풍성한 종교적 풍조의 유행에도 불구하고, 진정한 구원의 종교, 인간과 세계에 관한 진리가 갈망되던 당시의 사회를 알게 되었다. 진리는 살아 있었으나, 아무도 이를 있는 그대로 밝히는 이가 없었던 것이다. 우리는 여기에 고타마 싯다르타 샤캬무니 붓다의 역할이 지니는 역사적 의의를 찾아볼 수 있는 것이다.

제3장

석가의 젊은 시절

1. 유년시절

태자가 탄생한 후 7일 만에 그 생모 마야부인이 세상을 떠났다. 이와 같은 슬픈 일이 그 후 젊은 태자에게 큰 영향을 주었을 것은 능히 짐작할 수 있는 일이다. 태자는 그의 이모인 마하파자파티(Mahāpajāpatī)에 의해 양육되었다고 전해진다. 나중에 이 사람은 비구니 교단의 최초 입단자(入團者)라고 기록되어 있다. 경전들에 의하면, 석가가 입멸(入滅)하기 얼마 전에 차마 그 입멸을 직접 눈으로 보기가 어렵다고 하여 먼저 입멸하였다고 한다. 그러고 보면 연령상 이 아기 태자의 계모가 된 것은 아직도 젊은 시절이었다고 생각할 수가 있다. 그녀는 정반왕의 후처이며, 나중에 난다(Nanda)란 아들을 낳았다고 한다. 그녀는 그 후 석존의 제자가 되었다. 이 마하파자파티가 태자의 양육을 맡은 사실은 오랜 경전에도 나온다. 그러나 그녀가 태자의 이모였다는 것은 다만 후대의 경전들에만 전하는 사실이다.

샤캬족에는 태자 탄생 이후 다른 공자(公子)들이 많이 태어났다. 대부분 사촌동생들인 그 공자들 가운데에는 데바닷타(Devadatta), 아난다(Ānanda), 아누룻다(Anuruddha), 마하나마(Mahānāma) 등이 있었다.

석존의 어린 시절에 관해서는 오랜 불전들 속에 거의 언급된 것이 없다. 팔리어로 된 네 개의 『니카야』와 『율장』에는 출가 이전에 관한 기록이 거의 아무 것도 실려 있지 않다. 후대에 만들어진 과장이 많은 불전들은 태자가 일곱 살 때에 벌써 무척 예민한 관찰로 사람들을 놀라게 했다고 전하고 있다.

겨울이 가고 봄이 왔다. 정반왕은 가문의 많은 사람들을 이끌고 밭으로 나가, 봄마다 열리는 제사를 참관했다. 일꾼의 보습이 밭을 갈아 갈때 그 보습 속에 한 작은 벌레가 묻어 나왔다. 언제 보았는지 날아가던 새가 그 벌레를 주둥이로 물고 달아나 버렸다. 태자는 그 광경을 보고 "살아 있는 것들은 저렇게 서로 먹고 먹히는구나"라고 말하고 깊은 상념에 젖었다는 것이다.

〈태자의 선정〉, 간다라. 태자가 잠부나무 밑에 앉아 첫 선정에 든 모습이다. 대좌에는 쟁기질 장면이 새겨져 있다.

또 다른 경전들에는 태자가 어렸을 때부터 매우 명상을 좋아하는 소년이었던 것을 말해 주는 것도 있다. 태자가 홀로 나무 밑 그늘진 곳에 앉아 명상에 잠겨 있었다. 시간이 꽤 지나간 모양이었다. 다른 나무들의 그늘은 해가 돌아감에 따라 모두 그 그림자 자리를 옮겨갔는데, 태자가 앉은 나무의 그늘만은 움직이지 않고 그대로 있었다는 것이다. 인도의 오랜 조각들에는 그 광경이 그려진 것도 있는데, 이것은 시간도 태자의 명상을 깨뜨리지 못했다는 미래의 붓다의 위력을 잘 설명해 주는 글이라고 하겠다. 우리는 설사

이것이 후대의 추측에 의한 첨가라 할지라도, 충분히 사실에 가까운 일이 아니었을까 생각하는 것이다.

2. 태자의 교육

고타마 싯다르타는 당시 왕족의 교양으로 필요한 모든 학문 · 기예(技藝)를 배웠으며, 비범한 재간을 발휘했다는 사실이 후대의 불전에 나온다. 물론 그것도 사실일 것이 틀림없다. 그러면 그 교육이란 어떠한 내용을 어떻게 배우는 것이었을까?

태자가 취학을 한 것은 일곱 살 경부터였을 것이다. 그것은 당시 인도의 관습이었기 때문이다. 당시 인도의 관습에 의하면 보통 브라흐만 계급의 사람들은 여덟 살부터 12년 동안, 크샤트리야 계급의 사람들은 열한 살부터 12년 동안, 바이샤 계급의 사람들은 열두 살부터 12년 동안, 아차리야(ācārya, 阿闍梨, 스승이란 뜻)를 따라서 인도인이 가장 존중하는 고전 『베다』를 배우게 되었다. 그러나 특히 학문에 뛰어난 재간이 있는 사람은 일곱 살부터 스승을 맞이하여 공부할 수 있었다. 태자가 이와 같은 부류의 소년이었을 것은 의심할 바가 없다. 그러므로 태자는 후세의 불전이 기록하고 있는 바와 같이 일곱 살 때 배우기 시작해서 열아홉 살 때 일단 공부를 끝내고, 그때 결혼을 한 것이라고 상상할 수가 있다.

이 12년간이라는 기간은 세 개의 『베다』(혹은 후세에 와서는 네 개의 『베다』) 중의 한 『베다』의 학습기간이지만, 이 기간 중에 이른바 베당가(Vedāṅga)의 전부는 아닐지라도 그 일부를 학습했다고 생각할 수

〈태자의 학습〉, 간다라. 학교에 간 태자가 글씨를 쓰고 있다.

가 있다. 베당가라는 말은 『베다』의 보조학이라는 뜻으로서, 불교 경전에서는 세 개의 『베다』와 자휘학(字彙學, Nighaṇḍu), 어원학(Akkharappabhedana), 사전(史傳, Itihāsa), 문법학(Veyyākaraṇa), 순세파학(順世派學, Lokāyata), 대인상학(大人相學, Mahāpurisalakkhaṇa)들로 구성되어 있고, 이것들에 정통하는 것이 브라흐만으로서의 자격을 구비하는 것이라고 하고 있다. 또 한편 자이나교 측에서는 네 개의 『베다』와 사전(史傳), 문법학 등을 열거하고 있다. 요컨대 당시의 수재들은 『베다』 본문의 암송, 그것에 의한 문법, 어원에 관한 학문, 사전 등을 중심으로 하여, 그 밖에 당시의 일반 과학지식을 습득하고 있었던 것이다. 이 기록들에는 인도 사상 중 가장 깊이 있는 내용을 가진 『우파니샤드』에 관한 이야기가 나와 있지 않지만, 석존 당시 『우파니샤드』의 사상은 이미 주지(周知)되어 온 사실이기 때문에 태자가 학습한 과목 중의 하나를 이루고 있었을 것은 명백하다. 불교의 원시경전 중에 가장 오래된 층의 것들 속에 우파니샤드적 표현이 많은 것은 석존이 태자 시대에 『우파니샤드』에 대해 닦은 교양을 반영하고 있음을 의심할 바가 없다. 석존의 '나'에 대한 관점, 상주관(常住觀), 열반관, 해탈관 등에는 이 『우파니샤드』의 교양이 적지 않은 영향을 미쳤던 것을 알 수 있다.

또한 태자가 크샤트리야족 출신이었기 때문에, 문(文)의 면만이 아니라 무(武)의 면도 연수를 게을리하지 않았을 것은 두말할 것도 없다. 후세의 불전에는 크샨티데바(Kṣantideva)라는 사람에게서 태자가 무예 백반(百般)을 배워 29종의 묘술(妙術)을 속히 습득했다는 등 여러 가지 기술이 있다. 이것은 그 불전이 씌어질 당시의 것을 소재로 하여 꾸민 이야기이므로 그대로 신용할 수는 없지만, 무사계급인 크샤트리야족 출신으로서 필요한 무술을 배우고 닦았을 것임은 틀림없다.

후대의 불전에는 태자가 궁술에 뛰어났다고 했고, 그가 야쇼다라 비(妃)와 혼인하게 된 것도 궁중에서 열린 무술대회에서 발군의 성적을 올린 까닭이었다고 하고 있다.

3. 결혼

태자가 결혼을 한 것은 사실이었을 것으로 믿어진다. 그리고 그 태자비가 라훌라(Rāhula)란 아들을 낳은 것도 사실일 것이다. 모든 불전이 다 그것을 전해주고 있기 때문이다. 다만 비(妃)의 이름은 남방성전에는 거의 전해지지 않고, 북방성전에는 여러 가지 이름으로 전해지고 있다. 남방의 팔리어 전기에서는 다만 '라훌라의 어머니(Rāhu-

⟨태자의 결혼⟩, 간다라. 태자와 태자비가 불 위에서 손을 맞잡고 혼인의 맹세를 한다.

lamātā)'라고만 불리고 있는데, 이런 호칭은 지금 우리나라에서도 통용되는 호칭법으로 옛날 인도에서는 그렇게 부르는 일이 매우 많았던 것 같다. 석존의 제자나, 비구니나, 그 밖의 신자들 중에도 이와 같이 아들 이름을 붙여서 그 어머니를 호칭한 경우가 많다. 북방 성전에서는 태자비를 야쇼다라(Yaśodharā)라고 부르는 경우가 제일 많다. 그 말뜻은 '명예를 지닌 사람'이란 뜻이다.

그런데 한 가지 알 수 없는 것이 있다. 이 야쇼다라에 관한 이야기로는, 석가가 성도하고 옛 왕성으로 돌아왔을 때 출영(出迎)한 것, 그리고 후에 석가의 이모 마하파자파티와 더불어 열심히 출가를 원해서 허락을 받고 니승(尼僧)이 된 것, 이 두 가지 사실밖에는 기록된 것이 없고, 그 후에는 어떻게 되었는지에 관해서 알 길이 없다는 것이다. 남방의 성전인 『붓다밤사』 속에서는 처음부터 그 비의 이름을 밧다캇차나(Baddakaccānā)라고 하고 있으며, 올덴베르크(Hermann Oldenberg) 같은 독일의 불교학자는 그 이름이 태자의 정비(正妃)의 이름이었을 것이라고 한다. 그러나 이 성전은 매우 후대에 속하는 문헌이므로 그렇게 믿어도 좋을지는 의문이다. 이 밧다캇차나란 이름은 팔리어 『증일(增一)니카야』의 「제자품」 속에서는 '라훌라모(母)'의 후신(後身)이라 하고 있다.

북방성전인 『랄리타비스타라(Lalitavistara)』에서는 비의 이름을 고파(Gopā) 또는 야쇼바티(Yaśovatī)라고 부르고, 『마하바스투(Mahā-vastu)』나 『불소행찬(佛所行讚)』에서는 야쇼다라라고 부르고 있다. 그리고 그 가계에 대해서도 경전에 따라 일치하지 않는 점이 많다. 팔리어 전기들에서는 천비성의 숩파붓다(Suppabuddha, 善覺)와 아미타(Amita)의 사이에서 태어났다고 하고, 데바닷타가 그 오빠라고 한다. 그런데 한역에서는 이것이 여러 가지로 되어 있어, 혹은 단다파니(Daṇḍapāṇi, 執杖)의 딸이라고도 하고, 선각의 딸이라고도 하고, 또 혹은 마하나마의 딸이라고도 한다. 어느 것이 옳은지 정하기가 쉽지 않다. 데바닷타에 관해서도 팔리어 계통에서는 태자비의 오빠라고 하고 있으나, 한역에서는 모두 아난다(阿難)의 형이라고 하고 있다.

이와 같이 그 이름이 분명치 않은 점으로 미루어 보아, 태자비가 전형적인 인도의 귀부인으로서 남편에 대해서 종순(從順)하고, 표면에 나타날 만한 어떤 좋지 않은 인간성을 전혀 가지지 않았던 사람임을 짐작케 한다고 생각하는 이들이 있다. 이를테면 그녀의 존재는 눈에 띄지 않았고, 성전의 작자들조차 그녀의 이름을 잊어버릴 정도가 아니었던가 하는 것이다. 다만 후대의 불전 작자들은 그녀에 관해 무엇이든지 쓰지 않을 수 없어서 되는대로 그 이름을 지어냈던 것이 아닌가 보고 있다.

태자가 결혼한 나이는 남방의 전설에 의하면 16세 때였다. 물론 그가 연애를 했는지는 오랜 경전이 아무 것도 적어 두지 않았으므로 알 수 없다. 또 태자의 비에 관해서는 한 사람뿐이었다는 설과 세 사람이었다는 설이 있으나, 이것도 확실히 알 수는 없다. 그러나 당시의 풍속이 다처(多妻)였던 것은 확실하다.

4. 젊은 날의 고민

석가는 후년에 사위성의 급고독원(給孤獨園, 고독자에게 은혜를 베푼 이의 동산)에 있던 때, 그의 청년시절을 회상하면서 모든 수행자들에게 다음과 같이 말하였다고 전한다.

> 나는 매우 즐겁게, 더할 나위 없이 즐겁게, 무척 즐겁게 살았다. 아버님 궁전에는 연못이 있었다. 연못의 어떤 곳에는 파란 연꽃이 심어져 있었고, 또 어떤 곳에는 빨간 연꽃이, 또 다른 곳에는 흰 연꽃이 심어져 있었는데, 이것이 모두 나만을 위해서 마련된 것이었다. 나는 카시산(産)의 전단향(旃檀香) 이외에는 결코 쓰질 않았다. 내 옷감도 카시의 것이었다. 셔츠도 그랬다. 내복도 그랬다. 추위나 더위, 먼지나 풀, 이슬이 내 몸에 닿지 않도록 언제나 나만을 위한 흰 산개(傘蓋)가 밤이나 낮이나 한결같이 쳐 있었다. 나에게는 세 개의 궁전이 있었다. 하나는 겨울을 위해, 하나는 여름을 위해, 또 하나는 장마철을 위해서였다. 나는 넉 달 동안의 장마철에는 적당한 궁전에서 여자들만이 노는 기악(伎樂) 속에 파묻혀 있어, 결코 궁전에서 내려와 본 적이 없었다. 예를 들자면, 다른 사람들 집에서는 노복(奴僕)이나 일꾼, 심부름꾼들에게 당식(糖食)과 신 죽을 주고 있었지만,

아버님 댁에서는 그런 사람들에게 쌀밥과 고기를 주었다.

나는 이와 같이 유복하고, 이와 같이 무척 즐거웠으나, 이런 생각을 하였다.

'배우지 못한 범부(凡夫)는 스스로 늙어가며 그 늙는 것을 면치 못하는데, 노쇠한 다른 사람을 보고 생각에 잠겨 고민하고, 부끄러워하고, 염증(厭症)을 일으키고 있다. 나도 늙어가며, 그 늙는 것을 면치 못한다. 나야말로 늙어가고 있으며, 그 늙는 것을 면치 못하고 있는데, 노쇠한 다른 사람을 보고는 고민하고, 부끄러워하고 염증을 일으킬 것이 아니냐? 이렇게 되는 것은 내가 할 바가 못 된다.'

내가 이렇게 관찰했을 때 청년시절에 있어서 청년의 의기(意氣)는 전혀 사라지고 말았다.

'배우지 못한 범부는 스스로 앓는 것이며 그 앓는 것을 면치 못하는데, 앓고 있는 다른 사람을 보고는 생각에 잠겨 고민하고, 부끄러워하고, 염증을 일으키고 있다. 나도 또 앓는 것이며, 그 앓는 것을 면치 못한다. 나야말로 앓는 것이며 그 앓는 것을 면치 못하고 있는데, 앓고 있는 다른 사람을 보고는 고민하고, 부끄러워하고 염증을 일으킬 것이 아니냐? 이렇게 하는 것은 내가 할 바가 못 된다.'

이같이 관찰했을 때, 건강한 시절의 건강한 의기는 완전히 사라지고 말았다.

'배우지 못한 범부는 스스로 죽는 것이며 그 죽는 것을 면치 못하는데, 죽은 다른 사람을 보고 생각에 잠겨 고민하고, 부끄러워하고, 염증을 일으키고 있다. 나도 또한 죽는 것이며, 그 죽는 것을 면치 못한다. 나야말로 죽는 것이며 그 죽는 것을 면치 못하는 것인데, 다른 사람이 죽는 것을 보고는 고민하고, 부끄러워하고, 염증을 일으킬 것이 아니냐? 이렇게 하는 것은 내가 할 바가 못 된다.'

이렇게 관찰했을 때, 살아 있을 때 그 생존의 의기는 완전히 사라져 버리고 말았다.

팔리어 『니카야』 26 「성구경(聖求經)」에는 한층 더 절실하게 태자의 이와 같은 심정이 전해지고 있다.

인간이 산다는 것은 결국 구하는 것 이외의 아무 것도 아니지만, 그 구하는 데에는 착하게 구하는 것과 악하게 구하는 것이 있다. 악하게 구하는 것이란 자기 스스로 태어나게끔 된 존재이면서 남이 태어나는 것을 바라고, 자기 스스로 늙어가게끔 된 존재이면서 남이 늙는 것을 바라고, 자기 스스로 앓게 마련인 존재이고 죽어가고 있는 존재이고 슬픔에 잠겨 있는 존재이고 더러움에 물들어 있는 존재이면서, 자기와 같이 병든 자, 죽어가는 자, 슬픔에 잠겨 있는 자, 더러움에 물든 자를 찾아 헤매는 것이다. 처자나 심부름꾼이나 가축이나 금은 등 모두가 생겨나고 늙고 앓고, 사라지고 슬픔에 잠기며 더러움에 물드는 것들이다. 사람들은 이와 같이 스스로 멸망해 가는 존재이면서, 멸망해 가는 것들을 찾아 헤매어, 집착하고 미혹되어 있는 것이다.

이와 반대로 착하게 구하는 것은 자기가 스스로 태어나는 존재이고 늙어가는 자며, 앓는 자, 죽는 자, 슬픔에 잠기는 자, 더러움에 물드는 자이면서, 생 · 노 · 병 · 사나 슬픔이나 더러움을 떠나지 못하고 멸망해 가는 자의 화(禍)를 보고 생 · 노 · 병 · 사를 보며 슬퍼하지 않고, 더러움에 물들지 않는 법(法), 무상안온(無上安穩)의 열반(涅槃)을 구하는 것이다.

생각해 보면 자기도 착하게 구하는 일을 하지 않는 사람 중의 하나이다. 얼마나 어리석은 일인가? 이제부터는 죽음과 슬픔과 더러움을 떠난 것을 구하지 않으면 안 되겠다.

이 얼마나 간결하고 또 명쾌한 말이냐? 누구든지 살아가는 도중에 이와 같은 의혹과 불안을 일으키지 않는 사람은 없을 것이다. 아무도 자기가 살고 있는 인생 자체를 그대로 긍정만 해 버리는 그런 사람은 아마 없을 것이다. 태자는 누구보다도 이것을 통감(痛感)하고, 깊이 반성한 사람이었으며, 그러므로 여기서 벗어나려고 했던 분이다.

그는 또한 이러한 말도 남기었다.

> 나는 아직 정각(正覺, 바로 깨닫는 일)을 얻지 못한 구도자였을 때 이렇게 생각했다.
>
> '이 세계는 참으로 고난에 가득 차 있다. 태어나고, 늙고, 쇠약해지고, 죽어서 또 다시 태어난다. 그런데도 이 늙음과 죽음의 고통에서부터 멀리 떠나 헤어날 줄을 모른다. 어떻게 하면 그와 같은 일이 가능할까?'
>
> 그때 나는 또 이렇게 생각하였다.
>
> '도대체 무엇 때문에 늙음과 죽음이 있는 것일까? 무슨 연고로 늙음과 죽음이 있는 것일까?'

젊은 태자는 의연히 이 노사(老死)의 문제에 고민을 하고 있었다. 이 말을 들으면서 우리는 이미 석가가 태자 시절에 연기(緣起)에 관한 깊은 통찰을 하고 있었던 사실을 알 수 있다.

> 나는 정각을 얻기 전 구도자였을 때, 쾌락적인 욕망이 고통 많고 기쁨이 적은 고뇌에 가득 찬, 화 많은 것임을 그대로 잘 알고는 있었다. 그러나 욕망, 이 좋지 않은 법 이외의 희락(喜樂)을 알지 못하며 그것보다 나은 다른 것에 도달해 있지 못했으므로, 그동안 나는 쾌락적인 욕망을 따르고 있었던 것이다.
>
> 『중아함』 100, 「고음경(苦陰經)」

어떤 사람들은 석가의 젊은 나날을 아시시의 성인(성 프란체스코)에 비하는 사람들이 있고, 또 어떤 사람들은 그런 견해에 반대하는 사람도 있다. 얼핏 보면 석가의 태자시절 생활이 탕아의 그것처럼 보일 수도 있겠으나, 석가의 경우 젊은 날의 쾌락적인 생활이 결코 반성 없는 무자각한 혹닉(惑溺)이었다고 볼 수 없는 것이 사실이다. 우리는 그에게 이미 얼마 안 가서 정각할 만한 충분한 소지가 마련되어 있었다고 생각하는 것이다. 그에게는 무엇보다도 참된 것을 구하는 정신이 누구보다도 깊이 마음속에 자리잡고 있었음이 틀림없다. 내면의 소리를 듣는 그의 귀는 누구보다도 예리하고 밝았던 것이라고 할 수가 있다.

후세의 불전이지만 『방광대장엄경(方廣大莊嚴經)』은 이때 왕궁에서 연주되었던 음악에 다음과 같은 노래가 섞여 있었다고 한다.

미녀가 부르는 노래는 욕망으로 사람들을 매혹한다.

그러나 더러움 없는 사람은 그 소리를 진리의 말씀으로 듣는다.

거룩한 자여, 고통에 잠긴 사람들을 보고, 원(願)을 일으켜 행(行)을 거듭하신 옛 일을 회상하소서.

집을 떠날 때는 지금이다.

큰 자비로써 삼독(三毒, 탐욕과 성냄과 어리석음의 세 가지)에 물든 사람들을 구하라.

그러면 구름이 걷히고 달이 빛나듯, 몸의 빛이 사방의 나라들을 비추리라.

삼계(욕계 · 색계 · 무색계)는 고뇌다.

성난 불과 같이, 뜬 구름과 같이, 물위의 달, 골짜기의 산울림, 환각의 물거품 같더라.

어리석은 자는 젊음을 좋아하나, 머지않아 늙음과 병과 죽음 때문에 부서진다.

비유컨대 꽃에 뒤덮인 가지의 꽃이 떨어지면 버림받음과 같으니라.

공후(箜篌)의 소리를 듣지 못하느냐.

현과 손이 합쳐 소리를 내어도 그것은 본래 온 것도 아니고 간 것도 아니다.

현 속의 소리는 잡히지 않으며, 현을 떠나서는 소리 또한 없도다.

모든 것은 공적(空寂)하여 나도 남도 없도다.

거룩한 자는 일찍이 부처님을 만나, 벌써 참된 진리를 아셨노라.

감로(甘露)의 가르침을 빗발치게 뿌릴 때는 지금이다.

5. 출가

태자가 결혼한 후 10년의 세월이 흘러 스물아홉 살이 되었다. 이때에 이른바 사문출유(四門出遊)란 사건이 있었다고 한다. 이 사문출유의 이야기는 팔리어 성전에는 나타나 있지 않지만, 그와 비슷한 이야기는 과거불(석존 이전의 부처님)의 한 분인 비팟시(Vipassī) 부처님과 관련된 이야기로서 나타나 있다. 즉 이 부처님이 출가하기 전 아직 왕자일 때 수레를 타고 궁전 밖으로 나와 유원(遊園)으로 가던 도중, 늙은 사람, 병든 사람, 죽은 사람을 보고 심각한 반성을 하여, 그 수레를 끌고 가던 차부(車夫)와 대담을 했다는 것이다. 이것이 후세에는 정형화하여 사문출유의 전설이 되었다.

그 전설에 의하면, 태자는 왕성의 네 개의 문으로 출유하여 각각 노인, 병자, 죽은 사람, 그리고 수도자를 만났으며, 또 벌레나 새가 서로

〈사문출유(四門出遊)〉, 인도네시아의 보로부두르 대탑. 태자가 동문 밖에서 노인(왼쪽 끝)을 만난 장면이다.

먹고 먹히는 광경을 보고, 세상이 비참하고 의지할 바 못 됨을 통감하고 머지않아 출가를 하게 되었다는 것이다.

왕성의 동쪽 문을 나섰을 때 태자는 백발을 늘어뜨리고 허리는 굽고, 간신히 지팡이를 짚고 걷는, 다 죽어가는 노인을 보았다. 차부에게 태자는 나도 저렇게 될 것인가 아닌가 하고 물었다. 물론 늙는 것을 막을 길은 없다고 대답하자, 태자는 이 말을 듣고 슬픈 마음이 생겨 출유(出遊)를 단념하고 왕성으로 돌아와 버렸다. 다음 서쪽 문으로 나갔을 때는 병자를 보았고, 남쪽 문으로 나갔을 때에는 장례 행렬을 만났다. 그럴 때마다 태자는 수레를 뒤로 돌려 궁전으로 돌아갔다.

이러한 이야기를 자세히 들은 부왕 숫도다나(정반왕)는 초조한 마음을 금할 길이 없었다. 어떻게 해서든지 태자가 출가하고자 하는 것을 막으려고 태자에게 여러 가지로 충고와 책망을 되풀이했다.

"이 나라의 법에, 아들을 낳고, 가사(家事)나 국사(國事)를 맡길 수 있게 된 이후에 출가 수도에 전념하는 것은 허락이 되지만, 젊어서 세상을 버리고 가사나 국사를 돌보지 않는 것은 허용되지 않는다. 제발 마음을 돌려서 이 나라, 이 가문의 일을 걱정해 주기 바란다."

이렇게 간곡히 타일렀으나 태자는 도리어, "왕으로서 만약에 늙지 않고, 병들지 않고, 죽지 않고, 이별이 없다는 이 네 가지 조건을 보장해 주시면, 출가할 마음을 단념하겠습니다. 아니 후세에 또 다시 생을 얻는 일이 없다는 한 가지 조건만 보장해 주실 수 있다면, 출가를 하지 않겠습니다"라고 대답했다고 여러 불전에는 기록되어 있다. 학자들 가운데에는 이와 같은 이야기가 부자간의 실제 대화는 아니었을 것이라고 보고, 이러한 대화를 비유로 해서 부처님은 자기 마음 속에 있는, 세간을 생각하는 마음(世間心)과 세간을 초월한 마음(出世間心) 사이의 싸움을 그린 것이라고 생각하는 사람들도 있다.

태자는 마지막으로 북문으로 출유하였다. 이번에는 길가에서 한 사람의 사문(沙門, 수도자)을 만났다. 퇴색한 옷에 몸을 담고, 위의(威儀)가 바르며 행동이 단정한 스님이었다. 태자는 이 수도자의 모습을 보고 크게 기뻐하여, 이것이 내가 갈 길이라고 최후의 결심을 했다. 그리고 그 날은 기꺼이 놀이터에 들어가 화려한 옷을 입고 하루를 즐기었다. 아마 이것이 이 세상 일을 마지막으로 결말짓는 날이라고 생각하고 취한 행동이었을 것이다.

놀이가 끝나고 피곤하여 태자가 망가라 못가의 의자에 기대고 있을 때, 야쇼다라 비가 왕자를 낳았다는 소식이 왔다. 태자는 이 소식을 듣고 "장애가 생겼군, 장애가 생겼어" 이렇게 말하였다. 사신은 왕궁에 가서 그렇게 말씀을 전했고, 그때부터 이 갓난 왕자의 이름을 라훌라라고 붙였다는 것이다.

이 사문출유는 씌어진 이야기 그대로는 아닐 것이다. 그런 일들이 있기는 있었을 터이지만, 그보다 태자의 인생관을 묘출(描出)하려는 의도에서 이와 같이 각색한 것이라고 보는 것이 더욱 타당하리라고 생각할 수 있다. 그러나 태자가 출가하기 직전에 왕자가 탄생했다는 것은 의심할 바 없는 사실일 것이다. 태자는 실로 이날을 기다리고 있었는지도 모른다. 인도의 관습으로서 아들이 없다는 것은 개인의 불행일 뿐 아니라, 가계가 단절된다는 의미에서 종교적으로도 죄가 되는 것이었다. 그러므로 "라훌라(장애물)가 생겼군"이라는 말은 다르게 말하면, "출가할 수 있는 좋은 인연이 생겼군"이라는 말이라고도 해석할 수가 있는 것이다.

결심은 이미 섰다. 가벼운 마음으로 태자는 궁성으로 돌아오는 길이었다. 어느 길가에 왔을 때, 한 높은 누상(樓上)에서 크샤트리야족 출신의 한 처녀 키사고타미(Kisāgotamī)가 태자의 행렬과 그 행렬 속의 태자의 빛나는 모습을 바라보며, 쏠리는 마음으로 이런 노래를 불렀다.

> 저런 아들을 가진 아버지는 행복하겠네.
> 저런 아들을 가진 어머니는 행복하겠네.
> 저런 사람을 남편으로 받드는 부인은 행복하겠네.

노래 소리를 들은 태자는 그 처녀를 바라다보며, 자기의 반지를 빼 주었다. 태자의 마음을 끈 것은 그 노래 속의 '행복하겠네'(nibbuta 혹은 nirvṛta)란 말이었으며, 이 말은 태자가 늘 구해 마지않던 열반(nibbāna 혹은 nirvāṇa)과 관련 있는 말이었기 때문이다.

태자는 궁성에 돌아가 거실로 들었다. 채녀(婇女)는 악기를 켜고 노래하며 춤추어 태자의 마음을 위로하려 하였다. 그러나 태자의 마음이 그런 것쯤에 동요되거나 유혹당할 리는 없었다. 그는 조용히 잠이 들었다. 채녀들도 피로하여 그대로 깊은 잠에 빠졌다. 얼마 후 태자가 잠

〈궁중의 환락〉(상), 〈출가의 결의〉(하), 간다라. 궁중의 여인들이 모두 깊은 잠에 빠져 있는 가운데 태자는 홀로 깨어 출가를 결심한다.

에서 깨어 보니, 그 잠들어 있는 광경이 난잡하고 처량하기란 이루 형언키 어려울 정도였다. 악기를 든 채 잠든 자도 있고, 악기를 껴안고 잠든 자도 있었다. 태자는 그 광경을 보고 '마치 무덤과 같다'고 느끼며 출가의 첫 걸음을 내디뎠다고 전한다.

이러한 묘사는 흔히 불전문학의 가장 아름다운 대목으로서 유명한 것이지만, 그것이 사실 그대로라고 여기는 것은 너무 단순한 판단일 것이다. 태자는 이 광경을 보기 전부터 벌써 몇 백 번이나 '무덤과 같다'고 느낀 일이 있었을 것이다. 하여튼 출가의 동기를 뚜렷하게 그려 보고자 한 의도는 충분히 알 수가 있다.

〈성을 나서는 태자〉, 간다라. 약샤들이 말발굽을 받쳐 소리가 나지 않도록 하고, 앞에서는 활을 든 마왕이 태자의 출성을 막아보려 한다.

이날 밤 태자는 조용히 밤이 깊어가는 것을 기다렸다. 사랑하는 처와 갓난 왕자에게 무언의 작별을 하기 위해 태자비의 방으로 들어갔다. 그리고는 밤이 깊어지자 마부 찬나(Channa)에게 사랑하는 말 칸타카(Kanthaka)에 안장을 얹게 하고, 이 말을 타고 몰래 성을 빠져 나왔다. 불전 작자들은 이 대목에서도 과장된 표현을 하기를 좋아했다. 애마 칸타카가 태자를 따라 그 거룩한 출가에 동반할 수 있는 기쁨을 감추지 못해 발을 구르며 소리를 내자, 신들은 그 소리가 사람들의 귀에 들리지 않도록 했다는 것이다. 또 신들은 성문을 여는 요란한 소리가 아무에게도 들리지 않도록 미리 손을 써 주었다는 것이다.

성문을 나와 동쪽으로 향해 갈 때, 악마는 "태자여, 돌아가시오" 하고 유혹을 해 왔다. 태자는 "악마는 물러가라. 내게 지상의 것은 필요 없다"고 꾸짖었다. 악마는 '이 사람은 나를 알고 있군' 하고 두려워하

〈머리를 자르는 태자〉, 인도네시아의 보로부두르 대탑. 오른쪽에 마부인 찬나와 말 칸타카가 지켜본다.

였다. '그러나 언젠가는 이 사람에게도 마음의 틈이 생길 것이다. 그때야말로 내가 그 틈을 탈 테다'라고 생각하면서, 이때부터 그림자처럼 태자의 뒤를 따랐다고 한다.

태자는 밤길을 서둘러 아누피야(Anupiyā) 읍 근처에 있는 아노마(Anomā) 강을 건넜다. 새벽녘에 강가에 서서 보석으로 장식된 왕자의 옷을 걸식 사문의 옷으로 갈아입고, 긴 머리카락을 자르며 그 밖의 모든 장식을 다 버렸다. 마부 찬나는 계속해서 태자를 따라가기를 원했으나, 태자는 왕자의 의복을 그에게 맡겨 왕성으로 돌아가게 하였다. 그러나 애마 칸타카는 이별의 슬픔을 참지 못하고 그 자리에서 죽고 말았다고 전한다.

태자는 이제 한낱 사문이다. 이날부터 그는 육신을 살리기 위해 바리를 들고 걸식을 하지 않으면 안 되는 것이다. 이 집 저 집에서 얻어 모아 온 음식이 목구멍을 쉽게 넘어가지는 않았다. 자기도 모르게 토하려고 한 일이 한두 번이 아니었다.

출가란 당시의 풍조라고도 할 수 있다. 성실하게 인생에 고민을 가진 젊은이들은 모두 이 출가의 길을 취해 수도의 생활에 나섰다. 나중에 불제자가 된 사람들 중에 태자와 거의 때를 같이 하여 출가한 사람으로 사리풋타(舍利子)와 목갈라나(目連)가 있다. 마하캇사파(大迦葉)도 부처님을 만나기 전에 출가했었다. 야사나 라이다와라도 사치스러운 생활에 회의를 품고 출가했다. 그렇다면 도대체 수도에 출가가 무슨 의미를 지니는 것일까? 이에 대해 경전에는 이러한 설명이 실려 있다.

> 재가의 생활은 장애 많은 먼지의 길이다. 출가의 생활은 큰 하늘과 같은 것이다. 정해진 대로 모두 원만하게 청정한 행을 하고자 하면, 집에 머물러 있는 것이 알맞지 못한 것이다. 그러므로 수염을 밀고 머리칼을 잘라 없애고, 누런 옷을 입고 집을 떠나 사문이 되는 것이다.

재가의 생활에 장애가 많다는 것은 사실이다. 그리고 출가의 생활이 성질상 금욕적인 생활을 하는 데 있어서 유리한 조건이 된다는 것은 두말할 것도 없다. 그러나 출가가 반드시 증오(證悟)의 필연적 조건이 아니라는 것은 석가도 누차 말한 바 있다. 석가는 자주 "재가도 출가도 같다"고 말했다. 석가의 참뜻으로 말하면 출가의 의미는 모든 것을 버린다는 것(捨), 출리(出離)한다는 점에 있는 것이다. 부모처자의 은애(恩愛)와 기반(羈絆)을 끊고, 지위, 명예, 재산의 속박을 다 버리고, 한뜻으로 그 목표를 향해 나아가는 희생적 생활에서 그 의미를 찾아야 한다고 생각한 것이다.

태자가 출가한 나이에 관해서는 19세설과 29세설의 두 가지가 있으나, 문헌상으로도 29세설이 오래되었으므로 지금은 19세에 비(妃)를 맞고, 29세에 출가하였다고 하는 것이 타당하다고 생각한다.

제4장

수도 고행

1. 왕사성으로 가다

부처님의 일생을 기록한 불전의 하나인 『본생담』(本生譚, Jātaka)에 의하면, 태자는 아노마 강변에서 모든 세속의 옷차림과 몸단장을 버리고 말라족 나라의 아누피야라는 마을에 들어가, 그곳의 암바나 숲 속에서 7일 동안을 보내고, 왕사성(王舍城)으로 향하였다고 한다. 먼저 동쪽으로 갔다가 다시 남쪽으로 내려온 셈이다. 이 길은 당시 왕사성과 사위성(舍衛城)을 연결하는 큰길의 하나였으며, 석존은 성도한 뒤에도 주로 이 길을 따라 두 도시 사이를 왕래하였다.

당시 인도에는 문명의 중심지가 셋 있었는데, 하나는 북쪽 간다라의 탁샤실라(Takṣaśilā, Takkasilā)이고, 다른 하나는 석존의 고향에서 제일 가까운 코살라국의 사위성(Śrāvastī, Sāvatthī)이며, 또 다른 하나는 마가다국의 왕사성(Rājagṛha, Rājagaha)이었다. 여러 문헌에 의하면 탁샤실라는 학문의 오랜 중심지로서 많은 사람들이 멀리 이곳을 찾아 유학했던 사실을 알 수 있다. 북방은 인도 아리안족의 발상지이며, 따라서 상당히 신성시되고 있었을 것으로 짐작된다. 사위성은 당시 사대(四大) 강국의 서울로서 그 왕국은 상당히 넓은 판도를 차지하고 있었으므로, 확실히 대도시이고 또 문명의 중심지였을 것은 틀림이 없다. 아마 왕사성에 비하면 구 문명을 대표하는 보수적인 도시였을 것이라고 생각된다. 왕사성은 인도 아리안족이 점차로 동진하여 갠지스 강의 하류에 정착하게 되면서 생긴 도시로서 토착민과의 접촉도 잦고 신흥

영취산에서 내려다 본 왕사성.

의 기운이 넘치던 도시였을 것이다. 그 당시의 새로운 종교사상가는 대체로 이 도시 근처에서 나왔고, 또 이곳으로 모여들었던 모양이다.

『숫타니파타』에 의하면 석가는 출가 후 7일이 지나서 왕사성으로 왔다. 거리에 나가 탁발을 끝내고, 석가는 사람들에게 이 도시의 출가자들이 어디에 살고 있느냐고 물었다. 사람들은 출가자들이 판다바(Paṇḍava) 산의 동면에 거처한다고 대답하였다. 그리하여 그는 그곳으로 갔다.

코살라국의 보호 밑에 있던 샤캬족의 태자가 출가했다는 소문은 그곳의 대왕 빔비사라(Bimbisāra)의 귀에도 들리지 않을 수 없었다. 빔비사라 왕은 시신(侍臣)을 데리고 판다바 산으로 가서 태자와 다음과 같은 대화를 나누었다고 한다.

"당신은 어디서 오셨소?"

"히말라야 산 근방, 씨(氏)로 말하면 아딧차, 성(姓)으로 말하면 샤캬족 출신이올시다."

"당신은 아직 젊고, 이제부터 무엇을 하실 분인데 어째서 출가를 하셨소? 만일 자신의 뜻을 펼 수가 없는 까닭이라면, 내가 어떤 편의라도 보아드리겠소이다. 다시 한번 속세로 돌아가 보시지요. 이 나라의 절반이 필요하다고 하면 절반을 드리겠고, 또 전체를 필요로 하면 전체라도 맡겨 드리겠소이다."

"대왕의 뜻은 매우 감사합니다. 그러나 제가 구하는 것은 세간의 것이 아닙니다. 생(生) · 노(老) · 사(死)를 초월한 출세간(出世間)의 것입니다."

"당신의 출가의 뜻이 굳다는 것은 그 말씀으로 잘 알겠소. 그만한 결심이라면 반드시 구하는 해탈을 얻을 수가 있을 것이오. 그날에는 다시 이 도시에 와서 나를 가르쳐 주기 바랍니다."

"알았습니다."

태자가 왕사성에 들어갔을 때의 모습을 『숫타니파타』는 다음과 같이 기록하고 있다.

> 눈 있는 사람(석존)은 어떻게 하여 출가하였나? 그는 어떻게 생각하고 또 생각하면서 출가를 기뻐하였나? 그의 출가를 나는 말하기로 하였다.
>
> '이 재가의 생활은 답답하고 번거롭고 먼지에 쌓여 있는데, 출가는 넓고 넓은 들이다.'
>
> 이렇게 생각하고 그는 출가를 한 것이다. 출가 후에는 육신에 의한 악행(惡行)을 멀리 떠났다. 말로 인한 악행도 버리고, 생활을 모조리 정화(淨化)했다.
>
> 각자(覺者, 붓다)는 마가다국의 서울인, 산에 둘러싸인 왕사성에 들어갔다. 훌륭한 상호(相好)가 넘치는 각자는 탁발을 하려고 그곳에 간 것이

다. 빔비사라 왕은 궁전의 고루(高樓)에 올라서서 그를 보았다. 상호에 가득 찬 그를 보고 왕은 (시신에게) 이와 같이 말하였다.

"너희들, 저 사람을 보라. 아름답고 크고 맑고 위의(威儀)가 잘 갖추어져 있고, 그 눈은 앞만을 볼 뿐이다. 그는 눈을 아래로 뜨고 조심하고 있다. 이 사람은 천한 집 출신이 아닌 것 같다. 사자(使者)들아, 달려가 그 뒤를 쫓으라. 이 수행자는 어디로 가는 것일까?"

고타마가 '눈을 아래로 뜨고 조심하고 있다'는 것은 당시 출가편력행자(出家遍歷行者)의 예의에 따르고 있는 것이었다. 그들은 길바닥 위의 벌레까지도 밟아 죽이는 일이 없도록 길 위를 주시하면서 조심하여 걷지 않으면 안 되었다.

파견된 왕의 신하들은 그를 쫓아갔다. '이 수행자는 어디로 가는 것일까? 그는 어디에 살고 있는 것일까?'

그는 모든 감관을 억제하여 잘 지키고, 올바르게 자각하고 조심하면서 집집마다 걸식을 하여, 그 바리(鉢)를 속히 가득 채웠다. 성자는 탁발을 마치고 성 밖으로 나와 판다바 산으로 갔다. 그는 거기에 살고 있는 모양이었다.

고타마가 자기의 거처에 가까이 간 것을 보고, 모든 신하들이 그를 쫓아갔다. 그리고 한 신하는 왕성으로 돌아가 왕에게 이렇게 보고하였다.

"대왕마마, 이 수행자는 판다바 산의 굴속에 호랑이와 황소, 그리고 사자와 함께 앉아 계십니다."

신하의 보고를 듣자, 크샤트리야(빔비사라 왕)는 화려한 수레를 타고, 급히 판다바 산으로 갔다.

그 크샤트리야는 수레를 타고 갈 수 있는 데까지 몰고 가서, 거기서 수

레에서 내려 걸어가, 고타마 옆에 가까이 앉았다. 앉아서 왕은 즐겁게 인사말을 교환했다. 인사말을 교환한 뒤 이렇게 말했다.

"당신은 젊고 청춘이 넘쳐흘러, 인생을 갓 시작한 젊은이입니다. 용자(容姿)도 단려(端麗)하고 집안도 귀한 크샤트리야인 것 같습니다. 코끼리 떼를 선두로 하는 정예한 군대를 정비해서 당신에게 재물을 드리겠습니다. 그것을 받으십시오. 나는 당신이 어떤 가문의 태생인가를 묻습니다. 그것을 말씀해 주십시오."

고타마는 이에 대해 말했다.

"왕이여, 저쪽 히말라야(雪山)의 중복(中腹)에 한 민족이 살고 있습니다. 예부터 코살라국의 주민이며 재부와 용기를 갖추고 있습니다. 성(姓)으로 말하면 '태양의 후손'이라고 하며, 종족으로 말하면 샤캬족이라고 합니다. 왕이여, 내가 출가한 것은 그 가문으로부터입니다. 미망(迷妄)을 채우기 위해서가 아닙니다. 모든 욕망에는 우환(憂患)이 있는 것을 보고, 또 출리(出離)는 안온(安穩)이라고 보고 노력정진하기 위해서 앞으로 나아갑니다. 내 마음은 이것을 좋아하고 있는 것입니다."

석존은 이상적인 제왕, 전륜성왕(轉輪聖王)이 될 수 있는 사람이었으나, 그것을 버리고 종교상의 왕이 되었다. 세계를 통일하는 이상적인 제왕을 전륜왕(수레바퀴를 돌리는 제왕)이라고 부르는 것은 브라흐만교나 자이나교 등에 있어서 공통된 관습이었다. 불교도 그러한 관습을 이어받고 있었다. 그리하여 불전은 석가가 그러한 전륜왕도 될 수 있는 사람이었지만 그것을 마다하고 종교상의 왕자(王者)가 된 것이라고 설하고 있는 것이다.

2. 두 선인을 찾다

태자는 가르침을 받기 위해서 알라라 칼라마(Ālāra-Kālāma)라는 선인(仙人)을 찾았다. 『불소행찬』에 의하면, 이 선인은 빈디야 산맥에 살고 있었으므로 그를 찾기 위해 출발한 태자는 도중에 왕사성에서 빔비사라 왕을 만나고, 그 후 이 선인을 방문했다고 하나, 그 장소가 적혀 있지 않다. 그런데 『방광대장엄경』에 의하면 알라라는 바이샬리 근처에 300명의 제자와 함께 살고 있었다고 한다. 팔리 경전이 전하는 그 방문 대화의 이야기는 이미 앞서 말해 둔 바 있다. 알라라를 찾아보고 난 뒤, 태자는 웃다카 라마풋타(Uddaka-Rāmaputta)를 찾았다고 한다. 이 웃다카가 '비상비비상처(非想非非想處)'를 설했다는 것은 후세의 불전도 승인하는 바다.

알라라가 목표로 하고 있던 경지는 '무소유처(無所有處)'라고 한다. 사실 '무소유'라고 하는 것은 초기 불교시대에 불교 이외의 일반 수행자들이 한결같이 목표로 삼았던 경지이다. 브라흐만들도 그 예외는 아니었을 것이다. 팔리 경전들이 이 '무소유', 즉 '소유하는 바가 없다'는 이상을 빈번히 전하고 있는 것을 보면, 초기 불교는 틀림없이 불교 이전부터 있던 이 사상을 받아서 그 경지를 실현하기 위해 선정(禪定)을 하고 있었음이 틀림없다고 생각된다.

웃다카는 '비상비비상(非想非非想)'이란 이상을 가지고 있었다. 이것도 역시 초기의 원시불교가 설하고 있던 것이다. 그 이상은 이를테면 선정에 의해서 '생각'을 없앰으로써 '세계의 넓이라는 의식(意識)'을 없앤 경지에 들어가는 것을 말하고 있는 것이다.

앞서도 말한 바와 같이, 이와 같은 선정의 단계들이 한 개의 단계 내지 방편으로 그 의의가 없는 것이 아니므로, 원시경전들 속에서도 같

〈스승을 찾아간 수행자 태자〉, 인도네시아의 보로부두르 대탑. 태자가 알라라 칼라마를 만나 가르침을 받고 있다.

은 교훈을 찾을 수 있는 것이 사실이지만, 이 두 선인은 단순히 보이기 위한 선정, 다른 기본적 조건을 구비하지 않은 위선적 선정주의자였던 것 같다. 팔리어 경전 안에는 다음과 같은 구절이 있다.

> 라마의 아들 웃다카는 이와 같이 말했다.
>
> "여기에 실로 환히 아는 자가 있다. 여기에 실로 일체를 이긴 자가 있다. 파 버리지 못했던 마디 있는 뿌리를 여기에 다 뽑아 버렸다."
>
> 그것은 무슨 말이냐 하면, 라마의 아들 웃다카는 환히 알지 못하는 자이면서 '나는 환히 아는 자다'라고 했고, 일체를 이기지 못한 자이면서 '나는 일체를 이긴 자다'라고 했고, 또 마디 있는 뿌리를 파 버리지 못한 자이면서 '나는 마디 있는 뿌리를 다 뽑아 버렸다'고 말했다.

전하는 바에 의하면 웃다카는 상당히 오만불손한 사람이었던 것을 알 수 있다. 팔리 경전의 다음과 같은 일절(一節)도 그와 같은 실천 없는 범용성(凡庸性)을 규탄하고 있다. 사미(沙彌) 춘다에 대한 석가의 말이라고 전하며, 그 경전에는 다음과 같이 씌어 있다.

> 춘다야, 실로 라마의 아들 웃다카는 이런 말을 했다. "보되 보지 않는다"라고. 무엇을 보면서 보지 않는 것일까? 날이 선 면도의 표면을 보지만 그 칼날은 보지 못하는 것이다. 이것이 '보되 보지 않는다'는 말인 것이다. 웃다카가 말한 것은 비열(卑劣)하다. 범부의 일로 성스럽지 못하고 의의 없는 것이다. 그는 면도의 겉모양만을 생각하고 말하는 것이다.

이와 같은 석가의 말은 그가 최초로 만난 두 선인이 참으로 종교적 진리를 체득하지 못하고 있었던 위인이기 때문에 배척할 만했다는 것을 의미한다.

3. 악마의 유혹

수행 중의 태자를 악마가 유혹했다는 이야기는 여러 가지로 전해지고 있거니와, 석가 자신이 회상으로써 술회하였다는 이야기에 이런 것이 있다.

> 네란자라 강가에서 안온을 얻기 위해 노력정진에 전심(專心)하고 명상하고 있던 나에게 악마 나무치(Namuci)는 위로의 말을 던지며 가까이 와서 말했다.
>
> "당신은 여위고 안색도 나쁘오. 죽을 날이 가까워 오고 있소. 당신이 죽지 않고 살 가망이란 천의 하나요. 살아야 하오. 사는 편이 낫고, 목숨이

있고서야 모든 선행을 할 수 있는 것이오. 『베다』를 배우는 사람의 깨끗한 행위, 즉 성화(聖火)에 물건을 바치고서야 많은 공덕도 쌓을 수 있는 것이오. 고행만 열심히 해서 무엇이 된단 말이오. 노력정진의 길은 가기 어렵고, 행하기 어렵고, 도달하기 어려운 것이오."

이런 말을 시구로 외우고 나서 악마는 석가의 옆에 섰다. 악마가 이와 같이 말했을 때 석가는 이렇게 대답하였다.

"태만한 자, 악한 자여. 너는 속세의 선업(善業)을 구해서 여기 왔지만, 나는 그 속세의 선업을 구할 필요가 조금도 없다. 악마는 선업의 공덕을 구하는 사람들에게만 말하는 것이 좋다. 내게는 믿음이 있고, 노력이 있고, 또 지혜가 있다. 이와 같이 전심하고 있는 나에게 너는 어찌하여 속세의 생명을 말하는가? 노력정진에서 생기는 이 바람은 강물의 흐름도 고갈시킬 것이다. 일심으로 전념하는 내 몸의 피가 어째서 고갈되지 않을까?

몸의 피가 말라 버리면 담즙(膽汁)도 담(痰)도 마르리라. 육신이 없어지면 마음은 더욱 맑아 온다. 내 염(念)하는 바와 지혜와 선정은 더욱 안립(安立)하기에 이른다.

나는 이와 같이 안주하여 가장 큰 고통을 받고 있는 것이므로 내 마음은 모든 욕망을 돌보는 일이 없다. 보라, 몸과 마음이 깨끗한 것을. 악마의 첫째 군사는 욕망이며, 둘째 군사는 혐오며, 셋째 군사는 기갈(飢渴)이며, 넷째 군사는 애집(愛執)이라고 부른다. 악마의 다섯째 군사는 태만, 수면이고, 여섯째 군사는 공포라고 부른다. 일곱째 군사는 의혹이며, 여덟째 군사는 허세와 억지다. 잘못 얻는 이득과 명성과 존경과 명예와, 그리고 자기를 칭찬하고 다른 사람을 경멸하는 것, 이것들이 악마의 군세(軍勢)다. 시커먼 마귀의 공격군이니, 용감한 사람이 아니면 그것에 견디지 못한다. 용감한 사람은 능히 승리를 맛볼 수가 있는 것이다.

내가 그 원수들에게 항복하고 만단 말인가? 이 속세의 생은 부질없는 것이로다. 나는 져서 사는 것보다는 싸워서 죽는 것을 더 마땅하다고 여긴다. 어떤 도인들, 브라흐만들은 이 악마의 군대 속에 빠져 버려서 보이지 않는다. 그리고 덕행 있는 사람들이 가야할 길도 알지 못하고 있다.

악마의 군세가 사방을 포위하고 악마가 코끼리에 타고 있는 것을 보면, 나는 서서 그들과 싸울 것이다. 나를 여기서 물러나게 하지 말라. 신들도, 속세의 사람들도 그 악마의 군세를 격파하지 못하지만, 나는 그 군세를 지혜로써 파(破)한다. 마치 아직 굽지 않은 흙바리(鉢)를 돌로 깨뜨려 버리는 것과 같이, 나 자신 생각을 잘 가다듬고 염하는 바를 굳건히 하여, 한 나라에서 다른 나라로 편력하리라. 널리 제자들을 인도하면서.

제자들은 내 가르침을 실행하기에 게을리하지 않고 전심으로 노력하고 있다. 그렇게 되면 그들은 근심 없고, 욕심 없는 경지에 들어가리라."

악마는 말하였다.

"나는 7년 동안이나 세존에게 한 걸음 한 걸음 접근해 가서 성가시게 했다. 그러나 조심성 있는 정각자(正覺者)에게는 공격해 들어갈 틈을 찾을 수가 없었다. 마치 까마귀가 기름진 살빛의 바위를 돌면서 '여기에 부드러운 것이 있을까? 맛있는 것이 있을까?' 하고 날아다니는 것과 같이……. 까마귀는 거기에서 맛있는 것을 찾지 못하고 그곳을 떠나 버렸다. 바윗돌에 접근해 갔던 까마귀와 같이 우리들은 싫증이 나서 고타마를 버리고 달아났다."

기가 꺾인 악마의 겨드랑이에서 비파가 '철썩' 하고 떨어졌다. 그러자 그 야차는 의기소침해서 거기서 사라져 버렸다.

이것은 석가에 대한 악마의 유혹을 말하는 최고의 문장이다.

위의 문장 가운데에 나오는 네란자라(Nerañjarā) 강은 산스크리트어로는 나이란자나(Nairañjanā) 강이라 하고, 한역 불전에서는 니련선하(尼連禪河) 등으로 음사(音寫)되어 있는 강인데, 지금은 파루구 강이라고 불리고 있다. 이 강은 붓다가야(Buddhagayā, 보드가야) 근처를 흐르고 있으며, 우기에는 다소 물이 흐리지만 강가의 모래는 햇빛을 받아 아름답게 빛난다. 태자는 그 옆의 우루벨라(Uruvelā) 촌에서 고행을 했다고 전해진다.

악마는 7년 동안 수행 중의 태자를 쫓아다녔지만, 그 뜻을 이루지 못했다고 한다. 후세의 불전에서는 악마의 유혹과 그것의 극복이 성도(成道) 직전의 일인 것처럼 쓰고 있는 것이 많으나, 그것은 후세의 불전 작자가 성도의 극적 효과를 인상적으로 강하게 하기 위해서 그와 같이 묘사한 것으로 역사적 사실에서 먼 일일 것이다. 적어도 초기의 불교도들은 후세의 불전 작자와는 달리, 부단한 전진, 유혹에 대한 7년간의 부단한 투쟁이 석가로 하여금 성도를 이루게 했다고 생각하고 있었던 것이다.

앞서 인용한 유혹의 이야기는 팔리어 『숫타니파타』의 구절이지만 그것을 범본 『아가마(Āgama)』에서는 이렇게 전하고 있다. 한역(『잡아함』 권 제39)으로 소개해 두기로 한다.

〔악마〕

獨入一空處	홀로 빈곳에 들어가
禪思靜思惟	고요히 생각에 잠겨
已捨國財寶	이미 나라의 재보를 버렸으니
於此復何求	이제 또 무엇을 구할 것인가.
若求聚落利	사람 많은 곳의 이(利)를 구한다면

何不習近人	어찌 사람을 가까이 안 하는가.
旣不習近人	이미 사람을 가까이 하지 않으니
終竟何所得	필경 얻는 바가 무엇일까.

〔세존〕

已得大財利	이미 큰 재리(財利)를 얻었으니
志足志寂滅	뜻이 족하고 또 뜻이 없도다.
摧伏諸魔軍	마군(魔軍)을 무너뜨려
不著於色欲	색욕에 집착하지 않으며
獨一而禪思	홀로 명상에 잠겨
服食禪妙藥	선(禪)의 묘약을 먹으니
是故不與人	이로 말미암아 수선을 떨며
周旋相習近	사람에게 접근하는 일이 없도다.

〔악마〕

瞿曇若自知	고타마여, 너 스스로 알기를
安穩涅槃道	안온열반의 길이
獨善無爲樂	독선무위의 낙인데
何爲强化人	왜 굳이 사람을 가르치려 드는가.

〔세존〕

非魔所制處	마(魔)의 지배를 받음이 없이
來問度彼岸	와서 피안 가는 길을 물으면
我則以正答	내 바른 대답으로
令彼得涅槃	그에게 열반을 얻게 하도다.

時得不放逸　　그때 그는 방일하지 않고
不隨魔自在　　또 마의 뜻을 따르지 않는다.

〔악마〕
有石似凝膏　　기름덩이 같은 돌이 있어
飛鳥欲來食　　날아가던 새 와서 먹으려 하다가
竟不得其味　　결국 그 맛을 볼 수 없어
損觜還歸空　　주둥이만 버리고 돌아가듯이
我今亦如彼　　나도 지금 그와 같이
徒勞歸天空　　헛수고를 하고 허공으로 돌아가네.

경전은 계속해서 갈애(渴愛), 불만(不滿), 탐욕(貪欲) 등 악마의 세 딸이 기운 없이 돌아온 아비 마왕을 위로하고, 성장(盛裝)을 하여 태자를 유혹하려 했으나, 모두 다 실패하고 만 사실을 전해 주고 있다. '연꽃 줄기로 산을 부수려는 것이나 다름없고, 손톱으로 바위산을 파내려는 것이나 다름없으며, 또 이빨로 쇠를 씹는 것이나 다름없이' 석가에 대한 유혹이 쓸데없는 것이라는 것을 알고 돌아왔다고 경전은 적고 있다. 후세의 불전이 악마의 금강좌(金剛座) 습격과 그 실패를 적은 것은 모두 이

〈마왕의 군대〉, 간다라. 태자를 공격하는 마군(魔軍)의 일부이다.

와 같은 경전을 기초로 하고 있는 것이 틀림없다.

앞서 인용한 『숫타니파타』에 나오는 악마의 십군(十軍)은 후대에 이르러, 『불본행집경』, 『방광대장엄경』에도 그대로 쓰이고 있고, 후세의 대승불교 철학자 나가르주나(Nāgārjuna, 龍樹)도 그의 『대지도론(大智度論)』 가운데서 인용하고 있다.

	『불본행집경』	『방광대장엄경』	『대지도론』
①	욕탐군(欲貪軍)	탐욕군(貪欲軍)	욕군(欲軍)
②	불환희군(不歡喜軍)	우수군(憂愁軍)	우수군(憂愁軍)
③	기갈한열군(飢渴寒熱軍)	기갈군(飢渴軍)	기갈군(飢渴軍)
④	애착군(愛著軍)	애염군(愛染軍)	애군(愛軍)
⑤	수면군(睡眠軍)	혼면군(昏眠軍)	면혼군(眠睡軍)
⑥	경포공외군(驚怖恐畏軍)	공포군(恐怖軍)	포외군(怖畏軍)
⑦	고의군(狐疑軍)	의회군(疑悔軍)	의군(疑軍)
⑧		분복군(忿覆軍)	함독군(含毒軍)
⑨	경리쟁명군(競利爭名軍)	칭공양군(稱供養軍)	이양착의망명문군(利養著疑妄名聞軍)?
⑩		사(邪)	
⑪	자예긍고항상훼타인군(自譽矜高恒常毁他人軍)	자찬훼타(自讚毁他)	자고경만어타인군(自高輕慢於他人軍)
⑫	진에분노군(瞋恚忿怒軍)		
⑬	우치무지군(愚癡無知軍)		

여기서 말하는 악마란 요컨대 여러 가지로 변현(變現)하는 애욕(愛欲)의 별칭이다. 집요하게 밀어닥치는 모든 애욕의 변화를 격퇴하면,

자연히 지견(知見)이 밝아지고 열반을 실현할 수 있게 된다는 것이다.

우리는 여기서 불교에서 생각한 악마에 어떤 종류가 있었던가에 관해 몇 마디 적어 두고자 한다. 보통 불교에서는 네 가지 종류의 악마를 든다. 즉 천마(天魔), 사마(死魔), 오온마(五蘊魔), 번뇌마(煩惱魔)의 넷이다. 이 악마들은 모두 다 마라파순(魔羅波旬)이라고 불리는데, 그것은 마라 파피마(Māra Pāpimā)란 범어에서 나온 말이다. 마라란 '죽이는 것', '죽게끔 하는 자'란 뜻이며, 파순이란 '악한 자'란 뜻이다. 또 악마를 '검정'(Kanha)이니, 혹은 '해탈하지 못하게 하는 자'(不令解脫, Namuci) 등으로 부르는 수도 있다. 사마라고 하는 것은 죽음 그 자체가 무섭고 싫은 것이니까 그렇게 부른 것이다. 번뇌마라고 하는 것은 마음속의 역적이란 의미이다. 오온마라고 하는 것은 개인의 심신을 구성하는 다섯 가지 요소인 색(色, 형태), 수(受, 감각작용), 상(想, 상상작용), 행(行, 행동의지, 행위), 식(識, 분별작용), 즉 감관작용과 심리작용을 말한 것이다. 천마라고 하는 것은 '제6천의 마왕'이라고도 말하는 것인데, 이것은 좀 상세한 설명이 필요하다.

불교에서는 소위 삼계설(三界說)이라는 것이 있어서, 인간이 윤회의 과정에서 돌게 될 세 가지 세계를 생각한다. 그 삼계란 욕계, 색계, 무색계의 셋이다. 욕계(欲界)란 욕망이 지배하는 세계다. 거기에 우리 인간이 살고 있는 것은 두말할 것도 없다. 그러나 이른바 신들의 세계가 또한 여기에 속하는 것이다. 신들을 한역 경전에서 '천(天)'이라고 했고, 그 천들이 사는 세계도 또 '천'이라고 했는데, 그 천에 여섯 가지가 있고, 그것이 또한 욕망의 세계이므로 이 세계를 육천(六天)이니, 또는 육욕천(六欲天)이라고도 하였다. 그 육욕천의 제1위가 타화자재천(他化自在天)이라는 것으로, 이것이 이를테면 제6천의 마왕인 것이다. 타화자재란 말은 남이 화작(化作)한 것을 마음대로 자기의 것으로 향수

(享受)한다는 뜻인데, 그 천이 마왕이라고 불리는 까닭은 그것이 욕계의 왕자, 지배자이기 때문이다.

'욕망을 근본으로 하고 욕망으로 된 인간'이 욕망의 지배하에 있을 동안은 욕계 왕과 그 신하들의 충신이지만, 한번 도를 닦고자 하는 마음이 생겨 욕심에 반성을 가하고 욕심의 무서운 기반(羈絆)에서 벗어나고자 하면 그 욕계의 왕과 신하들은 그것을 막으려고 달려든다. 이것이 곧 악마의 유혹과 습격으로 석가나 그 제자들에게 항상 닥쳐왔던 것이다. 그러므로 우리가 욕계 왕의 지배 밑에 있다는 것은 그 제6천 마왕의 지배 아래, 사마, 오온마, 번뇌마의 무서운 지배를 받으며 살고 있다는 말이 된다. 수도의 마음이 생기면, 자연히 우리는 그러한 악마들과의 투쟁을 시작하게 되는 것이다. 지면 그냥 그대로 죄수인 것이며, 이기면 세간을 초월한 출세간의 새 세계가 열린다. 천마도 도리어 귀화하여 수호를 맹세하고, 사마도 자취를 감추고, 오온마인 처자권속은 같은 믿음의 길에 들어서서 동포가 되고, 육체는 진리의 말씀을 듣고 그것을 행하는 그릇이 되고, 번뇌마는 일전(一轉)해서 보리(菩提)가 되는 것이다. 그러므로 악마란 여러 가지 종류로 나뉘어 설명되고 있기는 하나, 결국 세간적인 것을 일괄해서 말하고 있는 것에 불과하다. 나가르주나가 "제법실상(諸法實相)을 제외하고 그 외의 일체법(一切法)을 모조리 마(魔)라고 한다"고 한 것은 참으로 의미심중한 말이라고 아니할 수 없다.

4. 고행

흔히 후세의 불전에 의하면, 석가는 산림 속에 칩거하면서 6년 동안이나 고행을 한 것으로 되어 있다. 그리하여 이 고행의 결과 그의 몸은 극도로 쇠약해져 빛깔은 죽은 재처럼 되었으나, 궁극적인 깨달음을 얻을 수는 없었다. 그는 마침내 고행이 참된 수행의 길이 아님을 알고, 마을의 한 소녀가 바친 우유를 마시고 개울에서 몸을 닦고, 고행을 버리고 말았다. 기력을 회복하고 나서 그는 붓다가야로 가서, 거기에 있는 한 나무 밑에서 정좌하고 명상하여 드디어 크게 깨달아 붓다(Buddha), 즉 각자(覺者)가 되었다고 한다. 최근 학자들 사이에는 이와 같은 전설이 후대의 소산일 것이라고 믿는 이들이 많다. 그들의 주장에 의하면 이런 전설은 아마 불교가 발전해서 다른 여러 종교의 실천법과 다른 점을 강조하는 경향이 강해짐에 따라 만들어진 것이 아닐까 하는 것이다.

태자가 수행한 햇수는 오래된 시구에 의하면 7년 동안이었다. 어떤 시구에는 석가가 '7년 동안 자비의 마음을 닦았다'고 말한다. 우리는 실로 태자의 수행의 중심이 자비의 정신을 닦는 데 있었음을 알 수 있다.

그의 고행을 통한 수행방법은 그 당시 브라흐만교도들이 행하던 수행법을 본보기로 하고 있었음이 틀림없다. 석가 자신의 회상으로써 경전에 기록된 바에 의하면, 그는 "그리하여 선한 것을 구해 더할 나위 없이 아름다운 정적한 경지를 찾아 마가다국을 돌아다니다가, 우루벨라의 세나니 마을에 들어갔다"고 한다. 그는 이곳이 실로 수행하는 자리로서 최적의 장소라고 생각하고 거기에 앉았다. 세나니 동네는 브라흐만 촌이었다고 한다. 그 숲속에 홀로 앉아 수행을 한 것이다. 그것은 무척 큰 용기를 필요로 하는 것이었다.

고행하는 붓다, 간다라.

그는 사위성의 제타 숲에 있을 때 한 브라흐만 승려의 물음에 대답하면서 지나간 수행기간을 회상하였다. 브라흐만이 다음과 같이 말하였다.

"고타마, 숲속에 숨어산다는 것, 벽추(僻陬)의 땅에 홀로 있다는 것, 그것은 참기 어려운 일이요, 멀리 떨어져 있다는 것은 하기 어려운 것이요, 혼자 산다는 것은 낙이 없는 노릇이요, 숲은 정신통일을 얻지 못한 수행자의 마음을 빼앗는 것이라고 생각합니다."

이 말에 대해 석가는 "브라흐만이여, 나도 깨닫기 전에는 꼭 그와 같이 생각하고 있었네"라고 대답했다. 그리고 다음과 같이 말을 이었다.

"그러나 그 후에 이런 생각이 생겼소. 누구든지, 어떤 도를 닦는 사람이든지 몸과 입과 마음의 모든 행위, 모든 생활이 아직 온전히 맑아져 있지 않을 때, 숲속에 숨어살고, 벽지에 홀로 있다면, 그렇게 모든 행위와 생활이 온전히 맑아지지 않은 까닭에 좋지 못한 공포와 불안을 일으키는 것이오. 그러나 나는 그와 같은 행위와 생활이 아직 온전히 깨끗해지지 않은 채 숲속에 숨어 벽지에 홀로 사는 것이 아니오. 나는 그 모든 행위와 생활이 깨끗해진 성자로서 숲속에 살며, 한적한 곳에 홀로 있는 사람들 중의 한 사람이오. 나는 몸과 입과 마음의 행동, 생활이 깨끗해 있는 것을 나 스스로 깨달았으므로, 숲속에 사는 것에 더욱 자부심을 얻었소.

어떤 사람이든 도를 닦는 사람이 탐욕하고 애욕이 강하고, 질투의 마음, 분노하는 마음, 나쁜 의욕이 있고, 침울하거나 잠이 많고, 마음이 산란하여 고요하지 못하고, 의심 많고, 깨닫는 마음이 적고, 자기를 칭찬하고 남을 훼방하고, 불안과 공포에 떨고, 이익과 존경, 인기를 얻고자 원하며, 태만하여 노력하지 않고, 실념(失念)하여 주의 깊지 못하며, 마음의 통일이 없고 산란해 있으며, 우둔암매(愚鈍闇昧)한 채 숲속에 숨어살고 벽지에 홀로 산다면, 그런 사람들은 실로 그런 까닭에 좋지 않은 공포와 불안에 이끌려 들어가는 것이오. ……

그러나 나는 그런 상태에서 숲속에 숨어살고 벽지에 홀로 있는 것이 아니오. 나는 탐욕하지 않고, 자비로운 마음이 있으며, 침울, 수면을 떠나 마음이 평정하고, 의심을 벗어나 자기를 칭찬하고 남을 비방함도 없고, 두려울 바 없고, 소욕(少欲)하며, 노력정진하고 전념하여 정신을 통일하고, 지혜를 갖추고 있소. 아니 나는 그런 성자로서 숲속에 숨어살고, 한적한 곳에 홀로 있는 사람들 중의 한 사람이오. 나는 그렇기 때문에 숲속에 사는 것에 더욱 확신을 얻었소. ……

브라흐만이여, 그래서 나는 특정한 날 밤, 즉 반월(半月) 때마다, 14일,

15일 및 18일 밤에 숲속의 신령한 곳, 나무 밑의 신령한 곳, 무섭고 솜털이 일 지경인 그런 곳에 자리를 마련하고 머물러 있으리라 이렇게 생각했던 것이오.

내가 그렇게 하고 있을 때 짐승이 내 곁으로 가까이 오고, 공작은 나뭇가지를 떨어뜨리고, 바람은 낙엽을 불어 흔들었소. 그때 나는 이제 정말 무서움, 두려움이 생기나 보다 했소. 그때 나는 '왜 공포를 기다리고 있는 것일까? 나는 오히려 무서움이나 두려움이 오면 오는 그대로 그 무서움과 두려움을 배제해 버려야 할 것이 아닌가?' 이렇게 생각했었소. 그래서 내가 천천히 걷다가, 앉았다가, 누웠다가 할 때에 그 무서움과 두려움은 닥쳐왔지만, 나는 그 무서움과 두려움을 제거해 버릴 수 있었소."

석가 자신의 회상으로서 기록된 많은 경전의 구절은 그 고행이 매우 심한 것이었음을 말해 주고 있다. "그 행동, 그 실천, 그 난행(難行)으로써도 나는 인간의 성질을 넘어선 특별히 온전한 성스러운 지견에 도달하지 못했다"고 하고 있고, 또 다른 경우에도 다음과 같은 술회가 기록되어 있다.

그때 나는 이렇게 생각하였다. '이와 같이 극도로 여윈 몸으로써는 안락을 얻을 수가 없다. 자, 이제는 음식다운 음식인 유미(乳糜, 우유죽)를 마시자.' 그리하여 음식다운 음식인 유미를 먹었다.

그때 내게 다섯 명의 수행자가 가까이 와, "수행자 고타마가 만일 법을 얻으면 그것을 우리에게 말해 줄 것이다" 이렇게 말하고 있던 참이었다. 그런데 내가 이 유미를 마신 탓으로 그 수행자들은 나를 싫어하여, "수행자 고타마는 욕심 있는 사람으로 노력 정진하기를 저버리고 사치해졌다" 하고 떠나가 버렸다.

그러나 나는 음식다운 음식을 취하고 힘을 얻어, 모든 욕망을 떠나고 불선(不善)한 일들을 떠나서, 그 결과로 생긴 기쁨이며 즐거움인 초선(初禪)을 얻어 가지고 있었다."

이렇게 말하고 그 뒤에 사선(四禪)의 하나하나를 얻은 과정을 기록하고 있다. 이 부분이 그대로 들어 있는 한역은 없다. 그리고 이 팔리어 구절도 상당히 후세에 편찬된 것이 아닐까 생각되는데, 어쨌든 고행을 버렸다는 이야기는 비교적 후세의 경전일수록 더 상세해진다.

후대의 어떤 불전에 의하면 이 다섯 사람의 수행자는 태자의 둘째 스승 웃다카 라마풋타 밑에서 수행을 하고 있다가, 태자가 짧은 시일 안에 스승이 도달한 경지에 도달한 것을 알고, 웃다카를 버리고 태자를 따라오게 되었던 것이라고 한다. 고타마 태자와 이 다섯 사람의 수행자는 가야 산정(山頂)으로 가서 한 나무 밑에 풀을 깔고 앉아 명상을 하고 있었다는 것이다.

또 '유미(乳糜)를 취했다'고 하는데, 후대의 불전에 의하면 우루벨라의 세나니(Senāni)촌의 장자(長者)의 딸인 수자타(Sujātā)란 처녀가 우유죽을 바친 것이라고 한다. 다른 불전에 의하면, 우루벨라 촌의 촌장인 세나파티(Senāpati)란 사람에게 열 명의 딸이 있었는데, 그 딸들은 보살이 이미 고행을 버린 것을 알고 여러 가지 음식을 만들어 바쳤고, 며칠 안 가서 그의 얼굴 모습은 환하게 빛나게 되었다고 한다. 열 명의 딸 중 제일 젊은 사람이 수자타였다. 이와 같이 고행을 버렸다는 전설에도 뒤에 발전 · 증보된 흔적이 보인다.

초기의 불경에는 고행을 권장하고 있는 곳이 많다. 불교도도 고행을 하지 않으면 안 된다는 것을 명언(明言)하고 있다. 그러나 불교도가 행하는 고행이라는 것은 자이나교도의 고행에 비한다면 훨씬 쉬운 것이었음에 틀림없다.

자이나교도들은 스스로 '고행에 의해 악을 싫어하고 멀리 떠나는 자'라고 칭하고, ① 냉수를 쓰지 않는다, ② 모든 악을 배척한다, ③ 모든 악을 배척하고 악에서 떠난다, ④ 모든 악을 떠나기에 이른다, 이런 네 가지 제계(制戒)를 지켜야 한다고 주장했던 것이다. 냉수를 쓰지 않는 이유는 '그 속에 작은 벌레가 있을 수 있어, 그것을 마심으로써 살생의 죄를 범하게 되는 일을 피해야 하기 때문'이라고 하고 있다. 이와 같은 엄한 고행을 불교도는 채용하지 않았다.

제5장

성도

1. 성도의 전야

『본생담』에 기록된 바에 의하면, 태자는 핍팔라(pippala) 또는 아삿타(assattha)라는 이름의 나무 밑에서 성도하였다. 성도(成道), 즉 깨달음을 얻었다는 말은 인도말로 '보디'(bodhi, 菩提, 우리말 발음은 보리)를 얻었다는 것이므로 이 나무를 보리수라고 부르게 된 것이다.

수행자가 나무 밑에 앉아서 수행한다는 것은 인도에서 옛날부터 행해진 습관이다. 특히 아삿타 나무는 옛적부터 존경되어 온 나무로서 그 그늘 밑은 『아타르바베다』의 고가(古歌) 속에서도 '불사(不死)를 명상하는 장소'라고 되어 있다. 불사란 정신적인 궁극의 경지를 의미하는 말이다. 그와 같은 견해는 『우파니샤드』나 『바가바드기타』 등에서도 찾아볼 수 있다.

태자는 강에서 목욕하고 수자타라는 소녀가 드리는 음식을 먹고, 강가의 아름다운 꽃이 만발한 사라수(沙羅樹) 숲 속에서 낮 한때의 휴식을 취하였다. 그리고 저녁에 꽃잎이 떨어질 무렵, 천인들이 여러 가지 장식을 갖다 붙인 여덟 마리의 황소가 늘어선 것 같이 넓은 길을 마치 사자가 몸집을 일으키는 것과 같이 보리수를 향해 걸어갔다. 용, 야차, 금시조 등이 천상계의 향기로운 꽃으로 공양하고, 천상의 음악이 시작되고, 무수한 노래 소리가 들려 왔다. 그것은 모두 이루 말할 수 없이 아름다운 것들이었다.

그때 길상(吉祥)이란 풀 베는 사람이 풀을 쥐고 그 길에 있다가, 태

〈풀을 공양받는 붓다〉, 간다라. 길상이라는 풀 베는 사람에게 보리수 밑의 금강좌에 깔 풀을 받는다.

자의 모습을 보고 여덟 줌의 풀단을 바쳤다. 태자는 그 풀을 가지고 보리수 밑의 보화로운 자리에 올라 남쪽에서 북방을 향하여 섰다. 그러자 남쪽이 가라앉아 무간(無間)지옥에 도달한 것처럼 보이는 반면, 북쪽은 솟아올라 유정천(有頂天)에 달한 것 같이 보였다. 태자는 이것은 성도의 자리가 될 수 없다고 생각하여, 오른편으로 돌아 서쪽으로 가서 동방을 향해 섰다. 그러니까 이번에는 서쪽이 가라앉고 동쪽이 솟아올랐다. 북쪽으로 가서 남방을 향하니까, 역시 북쪽이 가라앉고 남쪽이 솟아올랐다. 태자는 이것도 보리를 얻기 위한 자리는 아니라고 생각하고, 오른편으로 돌아 동쪽으로 가 서쪽을 향해 섰다. 그때 그 자리는 동요함이 없었다. 태자는 이것이야말로 부처님의 자리며 번뇌의 기틀을 분쇄할 수 있는 자리인 것을 알고, 가지고 온 풀 끝을 쥐고 흔들자 곧 열네 손(手) 폭 만한 넓이의 자리가 만들어졌다. 태자는 보리수를 등지고 동면(東面)하여 굳센 마음으로 '가죽도 근육도 뼈도 마를 테면 마르라. 체내의 살도 피도 마르라. 정각(正覺)에 도달하지 않고는 이 자리에서 일어서지 않으리라'고 결심하고, 확고부동한 가부좌(跏趺坐)의 자세를 취하였다.

이것을 안 마왕은 "싯다르타 태자는 내 지배로부터 벗어나려고 하고 있다. 벗어나게 내버려두어서 될 것인가?" 하고 마군(魔軍)에게 말하고, 요란스럽게 소리를 일으켜 마군을 인솔하고 나왔다. 마군의 행렬과 그 호규(號叫)하는 소리는 어마어마하게 길고, 어마어마하게 컸다. 마왕은 기리메칼라(Girimekhala)라는 큰 코끼리를 타고, 수천의 화신을 만들어 갖가지 무기를 갖게 했는데, 하나도 같은 무기를 가지는 자가 없었다. 그리하여 이들은 태자에게 쇄도해 왔다.

그때 삼천세계의 천인들은 모두 옆에서 태자를 찬탄하고 있었다. 제석천은 '대승리(大勝利)'란 이름의 나패(螺貝)를 불며 서 있었는데, 이 나패는 길이가 120손(手)이나 되는 큰 것으로 한번 불면 넉 달 동안이나 그냥 계속해서 울린다는 것이었다. 마하칼라(Mahākāḷa) 용왕은 100구도 넘는 게송으로 찬탄하며 서 있었고, 대범천은 흰 일산(日傘)을 받들고 서 있었다. 마군은 태자가 앉은 금강처럼 튼튼한 보좌(寶座) 가까이까지 오기는 했으나, 아무도 더 가까이 갈 수가 없었다. 태자를 향했다가는 도망치고 또 도망치고, 그러기를 계속하였다. 그러나 마군이 내습하자 마하칼라 용왕은 땅속 깊이 있는 만제리카(Mañjerika) 용궁으로 도망해 들어가, 두 손으로 얼굴을 덮고 누웠다. 제석천은 나패를 메고 세계의 끝까지 달아났고, 대범천은 흰 일산을 세계의 끝에 세워 놓고 자기 세계로 도망쳐 버렸다. 한 사람의 천인도 그 자리에 있을 수가 없어 달아나고, 태자 홀로 그대로 앉아 있었다.

마왕은 그 군세(軍勢)를 향해 말하기를 "정반왕의 태자, 싯다르타에

〈마왕의 공격〉, 간다라. 양쪽에서 마왕과 그의 병사들의 붓다를 공격한다. 붓다가 오른손으로 땅을 짚어 지신을 부르자 고꾸라진 마군이 대좌 앞에 새겨져 있다.

비할 만한 사람은 없다. 우리도 정면에서 싸울 수는 없다. 뒤로부터 달려들자"라고 하였다. 태자는 삼방(三方)을 보고 모든 천인들이 달아난 것을 알고, 또 북쪽으로부터 쇄도하는 마의 대군을 보았다. '이렇게 많은 군세가 나 혼자에게 닥쳐온다. 여기에는 내 부모도, 형제도, 친척도 한 사람도 없다. 다만 이 십바라밀(十波羅蜜, 바라밀이란 범어 pāramitā로, '到彼岸'이라는 뜻으로 한역되며, 완성의 수단이 되는 덕목을 말한다)만이 오랫동안 내가 기른 군세와 같을 뿐이구나. 그러니 이 바라밀을 방패로 해서 칼로써 침공해 오는 마군을 봉쇄하고 말리라.' 이렇게 생각하고 십바라밀을 염(念)하면서 앉아 있었다.

마왕은 먼저 태자를 놀라게 하여 그곳에서 물러나도록 하려고, 바람을 일으키는 수레바퀴(風輪)를 던졌다. 곧 사방으로부터 큰바람이 불기 시작하였다. 바람은 높은 산들을 무너뜨리고 숲과 나무들을 뿌리째 빼 버리고 마을이나 성읍을 분쇄할 만한 위력이 있었으나, 태자의 덕의 힘으로 그 위력이 죽어 태자 가까이에서는 그 옷자락도 흔들지 못할 정도가 되었다. 그러자 마왕은 물로써 공격하여 죽이려고, 큰비를 내리도록 하였다. 겹겹이 쌓인 뭉게구름이 비를 억수로 쏟아, 땅에 구멍이 뚫리고 숲의 나무가 전부 물에 잠길 정도로 많이 쏟아졌다. 그래도 태자의 옷은 이슬방울 정도의 빗방울도 맞지를 않았다. 이번에는 마왕이 돌을 빗발치듯 날려 보냈다. 큰 산이 하늘에서 무너져 굴러 떨어지게 하였다. 그러나 그 돌들은 태자 옆에 오자 천상의 꽃으로 바뀌었다. 마왕은 또 칼날을 빗발치듯 날려 보냈다. 칼이나 창이나 화살의 예리한 날이 하늘에서 떨어져 내렸으나, 그것 역시 태자 옆에서 천상의 아름다운 꽃이 되고 말았다. 불덩어리를 빗발치듯 하늘에서 내려 떨어지게 하면, 그것도 역시 태자 곁에서는 천상의 꽃이 되었다. 뜨거운 재를 비오듯 뿌리기도 하였다. 그러나 그것은 아름다운 향가루가 되었고, 토사를 뿌리면 그것이 또 천상의 꽃이 되었다. 진흙은 도향(塗香, 바르는 향)이 되었다. 마왕이 "이것으로 놀라게 해 내쫓으리라" 하고 캄캄한 암흑을 일으키면, 사방이 캄캄하고 지척을 분간할 수 없게 되었지만, 태자의 옆에서는 햇빛을 만난 것처럼 어둠이 사라졌다.

마왕은 이렇게 아홉 가지의 공격을 해 보았으나 효력이 없는 것을 보자, 옆에 있는 부하들을 질책하며 "잡아 때려서 달아나게 하라"고 명령하였다. 그리고 자기도 그 기리메칼라 코끼리 위에 올라타고 차크라(cakra, 수레바퀴처럼 생긴 무기)를 들고 태자에게 접근했다. 그리고 그는 "싯다르타야, 그 자리에서 일어나라. 그곳은 네게 적당한 자리가 아니다. 그 자리는 내 것이다"라고 고함을 질렀다. 태자는 그 말을 듣고 "너는 십바라밀을 닦은 일이 없다. 하물며 그 위의 바라밀, 그 위의 최상의 바라밀은 더 말할 나위도 없다. 다섯 가지 대시사(大施捨, 큰 희생)도, 혜행(慧行, 지혜의 실천)도, 세간행(世間行, 현실참여)도, 각행(覺行, 각의 실현)도 모두 닦지 않고 있다. 이 자리는 네 것이 아니라 내 것이다"라고 말하였다.

마왕은 분노를 참지 못하고 차크라를 태자에게로 향해 던졌다. 그러나 십바라밀을 염하고 있던 태자 머리 위에서 그것은 꽃으로 만든 일산(日傘)이 되고 말았다. 차크라라는 무기는 면도날처럼 예리한 것으로 아무리 굳은 바위라도 마치 대를 자르듯이 잘라 버리고 마는 것이다. 그것이 일산이 되고 만 것이었다. 나머지 군세가 "이번에는…" 하고 큰 암산을 헐어 태자에게 던졌으나, 그것도 또 아름다운 꽃이 되었다. 천인들은 세계의 말단에 서서 머리를 길게 빼고 바라보며, 그 아름다운 태자의 몸이 산산이 흩어져 미진(微塵)이 되었으리라고 걱정을 하고 있었다.

그때 태자는 '바라밀을 원만히 성취한 구도자가 정각을 이루는 날 쓰인 이 자리는 나의 것이다'라고 생각하고, "마왕아, 네가 보시를 행했다는 증인이 있느냐?"고 물었다. 마왕은 "이것들이 내 증인이다" 하고 요란스러운 소리를 내며 대지를 흔들었다. 그리고 태자에게 태자의 증인은 누구냐고 물었다. 태자는 "네가 보시한 데 대해서는 유심(有心)의 증인이 있지만 내가 한 보시에 대해서는 유심의 증인은 없다. 내가 타생(他生)에서 행한 보시는 잠시 말하지 않는다 치고, (전생에) 벳산타라 태자였을 때 행한 700의 대시(大施)에 대해서는, 유심이 아니고 무정(無情)한 자라고 하겠지만, 이 중후한 대지가 증인이다" 이렇게 말하면서 오른 손으로 대지를 짚었다. 대지는 "내가 그때의 증인이다" 하고 백천 만의 규환(叫喚)을 일으켜, 마군을 제압하고 말았다. 또 마왕이 타고 있던 기리메칼라 코끼리도 그 태자의 대시를 생각하며,

〈마왕의 공격〉, 간다라

큰 몸집을 땅에 던져 무릎을 꿇었다. 마군은 목걸이며 속옷들까지도 남긴 채 뿔뿔이 팔방으로 달아나 버렸다. 천인들은 이 마군의 대패배를 보고 "마군은 졌다. 싯다르타는 이기셨다. 승리의 공양을 드리자" 하면서 향기로운 꽃을 손에 들고 태자에게로 나아가 그 승리를 찬미하였다. 황금의 날개를 가진 새들도, 용도, 그 밖의 모든 천인들도 다 그 뒤를 따라 태자를 찬미했다.

태자가 깨달은 것이 무엇이었던가 하는 것에 대해서는 하나의 통일적인 정형을 찾을 수가 없으나, 여러 경전이 열거하는 것을 보면 그 중에는 우선 사선(四禪)이 들어 있다. 사선을 얻은 사실을 말하는 석가 자신의 말씀을 경전에 의해 들어보면 다음과 같다.

나는 참으로 애써 확고한 노력정진을 했다. 염(念)하는 바가 확립되어 있어 누실(漏失)이 없고, 육신은 가볍고, 흥분함이 없었으며, 마음이 통일되어 있었다. 나는 욕망을 떠나 있었고, 불선(不善)한 일들에서 떠나 있었고, 사려(思慮)의 거칠음, 사려의 미세함은 있었으나, 원리(遠離)로부터 생긴 기쁨과 즐거움인 초선(初禪)을 성취해 가지고 있었다.

다음에 사려의 거칠음과 사려의 미세함이 지멸(止滅)된 까닭에 내심은 고요하고 평안해지고, 마음이 통일되어 사려의 거칠음도 미세함도 없는 정(定)에서 생긴 기쁨과 즐거움인 제2선(禪)을 성취해 가지고 있었다.

그리고 기쁨에 물들지 않은 까닭에 평정(平靜)하고, 염하는 바가 바르고, 육신에 안락을 느끼고 있었다. 즉 성자(聖者)가 '평정하고, 염이 바르고, 안락에 머물러 있다'고 말씀하신 바 제3선을 성취해 가지고 있었다.

또 낙(樂)도 고(苦)도 다 버린 까닭에, 먼저 희비(喜悲)를 멸한 까닭에, 고도 낙도 아닌 평정하고 염하는 바가 바른, 그리하여 청정한 제4선을 성취해 가지고 있었다.

그리하여 태자의 마음은 고요하고, 맑고, 더러움 없고, 부드럽고, 무엇에 의해서도 장애를 받지 않는 자유로운 상태가 되었다. 그 마음으로 태자는 과거를 상기하고, 먼먼 몇 세대 이전의 일들을 상기하였다고 한다. 같은 경은 계속하여 다음과 같이 쓰고 있다.

그와 같이 나는 그 하나하나의 상(相) 및 상세한 상황과 더불어 허다한 과거의 생애를 상기하였다. 이것이 내가 초경(初更)에 접어든 밤에 도달한 제1의 명지(明知)다. 여기서 무명(無明)이 사라지고 명지가 생긴 것이다. 암흑은 소멸하고 광명이 생겼다.

그와 같이 마음이 통일되고, 청정하고 맑고 더러움 없고, 부드럽고 슬기로우며, 굳건하여 움직이지 않게 되었을 때, 모든 사람의 사생(死生)을 아는 데로 내 마음을 돌렸다. 즉 나는 청정하고 초인적인 천안(天眼)을 가지고 모든 중생이 죽고 또 태어나는 것을 보았다. 즉 비천한 자와 고귀한 자, 아름다운 자와 추한 자, 행복한 자와 불행한 자로서 모든 중생이 각자의 업에 따르고 있는 것을 보았다. …… 이것이 내가 중경(中更)에 들어선 밤에 도달한 제2의 명지다.

태자는 제3경(更)에 이른 밤중에 제3의 명지를 얻었다. 그 제3의 명지란 모든 더러움을 멸하는 지혜(漏盡智)에 통함을 말한 것이다. 그 지혜의 모습을 경전은 다음과 같이 설명하고 있다.

이 일체가 고통이라고 여실히 알았다. 내가 그렇게 알고 그렇게 보았을 때, 마음은 더러움에서 해탈되고, 마음은 생존의 더러움에서 해탈되고, 마음은 무명의 더러움에서 해탈되었다. 완전하게 해탈되어 버렸을 때, '해탈했다'는 지혜가 생겼다. '생은 다 되었다. 청정행이 완성되었다. 해야 할 일이 이미 다 되었다. 이제는 그러한 생존의 상태에 달하는 일이 없다'고 알게 되었다. 브라흐만아, 이것이 제3경에 다다른 밤중에 도달한 제3의 명지다. 여기에서 무명은 사라지고 명지가 생긴 것이다. 암흑은 소멸하고 광명이 생긴 것이다.

이 세 가지 명지(明知)를 한역경전에서는 ① 숙명통(宿命通), ② 천안통(天眼通), ③ 누진통(漏盡通)이라고 번역하였다. 제3의 명지', 즉 누진통은 곧 네 가지 온전한 지혜(四聖諦)를 알고, 속세의 허망함이 연기(緣起)의 탓임을 아는 것과 일치하는 것이다. 이와 같은 마지막 지혜가 생긴 것은 밤이 가고 새벽이 동틀 무렵이었다.

대지는 기쁨에 뒤흔들리고, 세계는 휘황하게 밝고, 천인들은 구름처럼 모여들어 천상의 꽃을 뿌리고, 천상의 음악을 연주하고, 여기에 새로운 각자(覺者, 佛陀)의 탄생을 찬양해 마지않았다. 기쁨의 노래가 태자 자신의 입에서 새어나왔다.

生死無有量	나고 죽는 일이 헤아릴 수 없는 바요
往來無端緖	가고 옴이 또한 실마리가 없는 일이로다.
求於屋舍者	집에 머물러 구하는 자는
數數受胞胎	수많은 아이를 얻을 뿐이니
以觀此屋	이를 보고서야
更不造舍	다시는 집을 짓지 않을 것이요
梁棧已壞	있는 들보와 서까래도 헐 일이로다.
臺閣摧折	축대마저 무너뜨리고 나면
心已離行	마음은 자유로이 떠다니고
中間已滅	그 가운데 적멸(寂滅)하도다.

『출요경(出曜經)』「심의품(心意品)」

그리하여 태자는 그가 구하고 또 구해 온 선(善)을 완전히 얻어, 지금이야말로 세상의 어떠한 공양도 받아 마땅한, 옳게 깨달은 분, 붓다가 된 것이다. 그때의 나이는 35세, 인도의 달력으로는 바이샤캬(Vaiśākha)의 달 대보름날의 일이었다고 한다. 이 날짜는 남방불교에서 전하는 것이다. 이것은 태양력으로 고치면 오월의 만월(滿月)날에 해당한다. 그런데 한역 불전에서는 2월 8일이라고 기록하고 있는 곳이 많다. 그 까닭은 바이샤캬 달이 인도력의 둘째 달이기 때문이다. 중국의 역법은 자주 바뀌었으나, 주(周)의 역법에 의하면 음력의 11월을 첫째 달로 헤아리므로 둘째 달은 음력 12월이 된다. 그러므로 우리나라나 일본, 중국 등지에서는 석가의 성도일을 음력 12월 8일로 보고 경축하게 되었다.

2. 성도할 때의 나이에 대하여

석가가 성도할 때의 나이에 대해서는 30세설과 35세설이 있다. 팔리어 계통의 설에 따르면 29세 출가, 고행 6년이므로 35세 성도가 된다. 30세 성도설은 29세 출가, 1년 수행, 30세 성도와 19세 출가, 12년 수행, 30세 성도의 두 설로 나뉜다.

『열반경(涅槃經)』의 이본(異本)들에 나타난 이동(異同)을 보면 다음과 같다.

- 팔리어 『열반경』

  수발(須跋)아, 29세에 출가하여 선(善)을 구해

  수발아, 51년에 나는 입멸(入滅)하였노라.

- 『유행경(遊行經)』

  我年二十九歲 出家求善道 須跋 我成佛 今已五十年

- 『불반니원경(佛般泥洹經)』

  開化導引 四十九年

- 『반니원경』

  昔我出家 十有二年 道成得佛 開說經法 但五十載

- 『대반열반경(大般涅槃經)』

  須跋陀 我年二十有九 出家學道 三十有六 於菩提樹下成菩提

- 『유부잡사(有部雜事)』 38

我年二十九 出家求善法 又五十餘年

이것을 보면 팔리어 『열반경』은 29세 출가설을 취하고, 출가해서 입멸한 80세까지를 51년으로 계산하므로, 여기에 고행한 6년을 넣으면 35세 성도가 된다. 법현(法顯)이 번역한 『대반열반경』도 이와 비슷한 설인데, 29세 출가, 36세 성도라고 한다. 『유행경』은 29세 성도설이지만, 성불해서 50년이라고 하므로 30세 성도설인 셈이다. 『불반니원경』은 '개화하여 가르치고 이끈 지(開化導引) 49년'이라고 하므로, 출가 때의 나이는 불명으로 치고 30세 성도라고 한 것이며, 『반니원경』은 19세 출가, 수도 12년, 30세 성도설이다. 『유부잡사』는 팔리어 『열반경』과 꼭 같이 29세 출가, 그 후 입멸까지의 출가기간이 50여 년, 즉 51년으로 되어 있다. 같은 『열반경』이라도 그 전하는 부파가 다른 까닭에 이와 같이 설이 달라지고 있는 것이다. 이 각 본(本)의 『열반경』에서 보면 가장 유력한 설은 팔리어 『열반경』, 『유부잡사』, 『대반열반경』의 세 가지 본이 주장하는 29세 출가, 6년 고행, 35세 성도설이다.

출가의 나이에 관해서도 19세설과 29세설이 있지만, 역시 비교 검토해 보면 29세설이 옳다고 보아야 한다. 29세 출가설을 주장하는 경전과 19세 출가설을 주장하는 경전으로는 다음과 같은 것들이 있다.

• 29세 출가설

① 팔리어 『열반경』, 『유행경』, 『대반열반경』, 『유부잡사』 38

② 『중아함』 204 「마라경(摩羅經)」

③ 『유부잡사』 20

④ 『십이유경(十二遊經)』

⑤ 『증일아함』 23, 1

• 19세 출가설

①『반니원경』,『대지도론』

②『수행본기경(修行本起經)』 하권

③『태자서응본기경(太子瑞應本起經)』

④『과거현재인과경(過去現在因果經)』

위에서 보면 19세설을 주장하는 것은 네 가지 있는데, 그 중『대지도론』의 나이는 앞서 인용한 팔리어『열반경』에 나와 있는 것과 같은 게(偈)에 나오는 것으로 '我年一十九 出家學佛道 我出家以來 已過五十歲'로 되어 있다. 그런데 여기서 출가를 '일십구'라고 하고 출가 이래 이미 오십 년이 지났다고 한다면, 불수(佛壽)는 70세가 되고 말아, 많은 문헌들이 80세라고 한 것과 다르게 된다. 그러므로 이 '일십구'는 '이십구'로 고쳐서 생각하지 않으면 안 되는 것이다. 또『수행본기경』,『태자서응본기경』 및『과거현재인과경』의 셋은 모두 19세설이지만, 이 셋이 다 고행 6년설을 취하므로 성도 25년이 되어 이상하게 된다. 6년 고행설은 위에 열거한 모든 경율(經律)이 다 그럴 뿐 아니라, 그 밖의 많은 불전이 그렇게 되어 있으므로 그것을 연장해서 생각할 수도 없다. 다만『불반니원경』만은 출가한 지 12년 만에 경법(經法)을 설했고, 그 이래 50년이 되었다고 쓰고 있어, 19세 출가, 30세 성도로 그럭저럭 맞아 들어가지만, 그런 주장을 하고 있는 것은 이 경뿐이므로 그렇게 유력한 주장이 못된다고 하겠다. 그러므로 29세 출가설이 유력하고 6년 고행설이 유력하다고 한다면, 자연히 35세 성도설이 유력해지게 된다.

3. 깨달음의 기쁨

부처님이 무엇을 깨달았나 하는 것은 도저히 범부가 알 수 있는 영역이 아니다. 그것은 흔히 '이지불이(理智不二)'의 세계, '불불상념(佛佛想念)'의 세계, '자수용법락(自受用法樂)'의 경계라고 불린다. '이지불이'라 하는 것은 지혜가 이(理)에 그대로 일치된 상태라고 할 수 있고, '불불상념'이라 하는 것은 부처님과 부처님만이 상념하는 상태를 일컫는다. 그리하여 스스로 절대자의 정신적 기쁨을 누리는 경계를 '자수용법락'의 경계라고 하고 있는 것이다. 우리 범부는 다만 우러러 존숭하고 찬탄하며 경앙(敬仰)하는 수밖에 없다. 맑은 거울에는 일시에 만상(萬象)이 환하게 다 그 모습을 비추이는 것과 마찬가지로 맑은 마음에는 모든 경계가 다 와서 거기에 머문다. 그 마음을 바다에 비할 수가 있다. 마음이 경계를 쫓아다니는 것이 아니라, 경계가 마음의 바다에 와서 머무는 것이다.

실로 깨달은 그 분의 심경은 이와 같은 것으로, 이를 일컬어 '해인삼매(海印三昧)'라고도 하는 것이다. 제법(諸法), 즉 모든 사물이 있는 그대로 그 모습을 나타내는 것이다. 그것을 '여여실실(如如實實)'이라고도 표현할 수가 있다. 경에 '바다의 기특(奇特)함이 미증유(未曾有)하여서 일체의 중상(衆像)의 류(類)를 인현(印現)함과 같다'고 한 것은 바로 이런 해인삼매를 설명하는 말이다.

『화엄경』의 「세간정안품(世間淨眼品)」에는 여러 가지 게송으로 이때의 부처님을 찬탄하고 있다.

> 다함없이 평등하고 훌륭한 진리의 세계에
> 모두 다 여래의 몸이 가득 차 있네.

취(取)함도 없고 기(起)함도 없이 영원히 적멸하여
일체가 귀(歸)하는 까닭에 세상을 초월하였네.
제불(諸佛)은 진리의 왕, 세간을 초출(超出)하시며
능히 더할 나위 없이 바른 교법을 세우시니
여래의 경계에는 제한(際限)이 없으며
세간에 있어 자재하니 무상(無上)이라 부르네.
부처님의 사의(思議)키 어려움이 비할 바 없으니
그 상호(相好)의 광명은 시방을 비추이며
대성세존(大聖世尊)의 교도(敎導)하심은 참되고 바르니
마치 맑은 눈으로 밝은 구슬을 보는 것과 같더라.
이 세간의 모든 중생들은
부처님 공덕을 능히 사의(思議)할 수 없네.
모든 우치(愚癡)의 암흑을 소멸하여
무상(無上)한 지혜의 대상(台上)에 뛰어올라 계시네.
無盡平等妙法界 悉皆充滿如來身
無取無起永寂滅 爲一切歸故出世
諸佛法王出世間 能入無上正敎法
如來境界無邊際 世間自在稱無上
佛難思議無倫匹 相好光明照十方
大聖世尊正敎導 猶如淨眼觀明珠
一切世間衆生類 不能思議佛功德
消滅一切愚癡闇 超昇無上智慧台

성도한 붓다는 고요히 동쪽을 향하여 앉아 있을 뿐이지만, 이루 다 할 수 없이 광대하고 모든 것에 두루 한결같은, 즉 어려운 말로 무진평

〈보리수 밑의 선정〉, 스리랑카의 아누라다푸라.

등(無盡平等)한 진리가 그 육신에 가득 차 '적멸(寂滅)의 선락(禪樂)이 무변(無邊)'한 것이다. 적멸한 채로 그냥 '일체의 귀(歸)'(모든 것이 돌아가는 곳)가 되어 더할 나위 없이 훌륭한 정법(올바른 진리)을 설하는 것이다. 성자에게는 말씀이 없다. 그러나 그 침묵은 그대로 대설법이며 대웅변인 것이다. 부처님 일대(一代)의 설법은 실로 이 적멸의 선락에서 시작되며 그 속에 간직되어 있는 것으로, 그저 때에 따라 그것을 개시(開示)한 것에 불과하다. 그러므로 부처님이 스스로 내면적으로 증오(證悟)한 자내증(自內證) 경지는 우리가 능히 알 수 없는 것이며, 다만 우러러 존숭해야 할 것이기는 하나 부처님 설법의 말씀을 통하여 다소 그 묘경계(妙境界)를 들여다볼 수 있을 뿐인 것이라고 해야 마땅한 것이다.

부처님이 성도한 후의 이야기들을 기록한 여러 율본(律本)에 의하면 부처님은 마귀를 항복시키고 성도한 후 사칠일, 즉 28일 동안, 혹은 칠

칠일, 즉 49일 동안 보리수 밑에서, 또는 그 밖의 다른 나무들 밑을 찾아 홀로 부좌(趺坐)하여 열반의 맛을 음미했다고 적혀 있다. 이것은 앞서 말한 『화엄경』의 소위 '적멸의 선락'인 것으로, 언어의 길이 끊긴(言語道斷) 묘경계를 스스로 즐기는 그러한 즐거움이었던 것이다.

4. 나무 밑에서의 정관(靜觀)

이와 같은 자수용법락(自受用法樂)의 7일째 되던 날 초저녁에 부처님은 이 세상 만물의 실존적인 상황에 생각이 다다랐다. 사람을 포함한 이 세상 만물은 하나도 남김없이 서로 얽히고 서로 연관되어진 상황에 놓여 있다. 그와 같은 인과관계를 재래로 한역경전에서는 연기(緣起)라고 불러 온 것이다.

연기란 인도의 원어로 말하면 pratītyasamutpāda라고 하는 것으로, prati(…에 대하여, …과 더불어), itya(iti+ya …라는 상태에서), sam(함께, 더불어), utpad(생기다, utpāda 생기는 것)로 분석하여 설명할 수가 있다. '…에 대하여라는 관계에서 더불어 생기는 것', 그것이 연기의 원뜻이다.

그것은 중생들이 이 세상에 태어났다가 죽어가는 도중에 여러 가지로 갈피를 잃고 고통 속에서 헤매는 인과관계를 의미할 수 있다. 인생의 인과관계를 이렇게 보아 내려가는 것을 순관(順觀)이라고 한다. 그러나 반면에 인간들이 그러한 혼미에서 어떻게 벗어나 고통 없는 행복한 경지를 누릴 수 있는가 하는 인과관계를 의미할 수도 있다. 이 후자를 역관(逆觀)이라고 한다. 또 연기란 모든 것의 있는 그대로의 모습이기도 한 것으로 우주 만상에 공통되는 움직일 수 없는 이법(理法) 그 자체이기도 하다. 인간이 고통 속에 태어났다가 불행하게 죽어가는 그 알 수 없는 수수께끼를 부처님이 풀 수 있었던 열쇠가 바로 이 연기의 이법이다. 어떻게 말하면, 부처님의 스승은 바로 이 법 자체였던 것이다.

순관을 또한 증관(增觀)이라고도 하고, 역관을 또 멸관(滅觀)이라고도 한다. 증(增)한다는 것은 복잡다단화함을 말하고, 멸(滅)한다는 것은 단일순화(單一純化)함을 말하는 것이다. 다소 후대의 경전들은 연기를 열두 가지 현상의 인과관계로 설명하는 경우가 많다. 그것을 십이연기(十二緣起)라고 하는데, 그런 설명 방법은 아마 시대가 조금 내려온 뒤 학자들에 의해 체계화된 이론인 것 같지만, 부처님 깨달음의 근본 내용을 이해하는 데 도움이 되므로 여기에 적어 보기로 하자. 먼저 인생의 고통이 생기는 인과관계를 다음과 같이 말한다.

> 슬픔과 고통에 가득 찬 노사(老死)는
> 무엇을 인연으로 하여 생기는 것일까?
> 그것은 생(生)이 있는 탓이다.
> 생은 무엇을 인연으로 생기는가?
> 유(有)가 있는 탓이다.
> 유는 무엇을 인연으로 생기는가?
> 취(取)가 있는 탓이다.
> 취는 무엇을 인연으로 생기는가?
> 애(愛)가 있는 탓이다.
> 애는 무엇을 인연으로 생기는가?
> 수(受)가 있는 탓이다.
> 수는 무엇을 인연으로 생기는가?

촉(觸)이 있는 탓이다.
촉은 무엇을 인연으로 생기는가?
육처(六處)가 있는 탓이다.
육처는 무엇을 인연으로 생기는가?
명색(名色)이 있는 탓이다.
명색은 무엇을 인연으로 생기는가?
식(識)이 있는 탓이다.
식은 무엇을 인연으로 생기는가?
행(行)이 있는 탓이다.
행은 무엇을 인연으로 생기는가?
무명(無明)이 있는 탓이다.

무명이 있는 연고로 행이 있고
행이 있는 연고로 식이 있고
식이 있는 연고로 명색이 있고
명색이 있는 연고로 육처가 있고
육처가 있는 연고로 촉이 있다.
촉이 있는 연고로 수가 있고
수가 있는 연고로 애가 있고
애가 있는 연고로 유가 있다.
유가 있는 연고로 생이 있고
생이 있는 연고로 노사, 슬픔과 고뇌가 있다.

이 말씀 중에는 다음과 같은 열두 가지 현상(十二支) 사이의 인과관계가 설명되고 있는 것이다.

① 노사(老死, 고뇌)

② 생(生)

③ 유(有, 개체)

④ 취(取, 집착)

⑤ 애(愛, 愛執)

⑥ 수(受, 感受작용)

⑦ 촉(觸, 접촉)

⑧ 육처(六處, 眼 · 耳 · 鼻 · 舌 · 身 · 意)

⑨ 명색(名色, 名은 개념, 명칭, 色은 형태, 성격)

⑩ 식(識, 분별작용)

⑪ 행(行, 잠재적 의지력)

⑫ 무명(無明)

그리고 이와 같은 관점을 바로 순관이라고 하는 것이며, 역관은 그와는 반대로 다음과 같이 형식화되고 있다.

슬픔과 고통의 노사는 무엇이 멸하면 멸하는가?

생이 멸하면 멸한다.

생은 무엇이 멸하면 멸하는가?

유가 멸하면 멸한다.

유는 무엇이 멸하면 멸하는가?

취가 멸하면 멸한다.

취는 무엇이 멸하면 멸하는가?

애가 멸하면 멸한다.

애는 무엇이 멸하면 멸하는가?

수가 멸하면 멸한다.

수는 무엇이 멸하면 멸하는가?

촉이 멸하면 멸한다.

촉은 무엇이 멸하면 멸하는가?

육처가 멸하면 멸한다.

육처는 무엇이 멸하면 멸하는가?

명색이 멸하면 멸한다.

명색은 무엇이 멸하면 멸하는가?

식이 멸하면 멸한다.

식은 무엇이 멸하면 멸하는가?

행이 멸하면 멸한다.

행은 무엇이 멸하면 멸하는가?

무명이 멸하면 멸한다.

무명이 멸하면 행이 멸한다.

행이 멸하면 식이 멸한다.

식이 멸하면 명색이 멸한다.

명색이 멸하면 육처가 멸한다.

육처가 멸하면 촉이 멸한다.

촉이 멸하면 수가 멸한다.

수가 멸하면 애가 멸한다.

애가 멸하면 취가 멸한다.

취가 멸하면 유가 멸한다.

유가 멸하면 생이 멸하고,

생이 멸하면 노사와 슬픔, 고통이 멸한다.

이것을 일컬어 역관이라고 한다. 그것은 멸의 인과관계다. 부처님은 이와 같은 관찰을 밤새도록 계속하였다고 한다. 앞에서 말한 바와 같이 부처님의 정관(靜觀)이 언제나 이 기록 그대로이기만 했던 것은 아님을 알아야 하겠다. 이것은 하나의 형식에 불과하다. 그러나 우리는 이 형식을 통하여 부처님의 사유의 내용을 엿볼 수가 있는 것이다. 그것은 실로 미혹(迷惑)과 오염(汚染)의 역사에 대한 설명(즉 순관)이자, 또 각오(覺悟)와 순정(純淨)의 역사에 대한 설명(즉 역관)이다. 다시 말하면 현상세계가 생겨나는 원인경과의 구명이며, 또 깨달은 안목에 의해서 본 제 현상의 여여(如如)한 모습의 관조 이외에 아무 것도 아니다. '여여한 모습'이란 영원한 모습, 그냥 그대로 그렇기만한 모습을 말하는 것이다. 이와 같은 여여한 모습에 관한 관조는 『화엄경』「십지품(十地品)」 안에서 십이연기를 설명할 때 다음과 같이 지적되고 있다.

> 일체의 법은 평등(平等)하다. 무성(無性)·무상(無相)하며 무생(無生)·무멸(無滅)하고, 본래 청정하여 희론(戱論)치 않으며, 취(取)하지 않고, 사(捨)하지 않고, 떠나 있어 몽환(夢幻) 등과 같고, 또 유무불이(有無不二)인 까닭에 제법은 평등하다.

일체법이 평등하다는 것은 모든 사상(事象)이 차별적이지만 그대로 평등하다는 것이다. 그것을 여여한 실상(實相)이라고 부른다. 차별이라고 하지만 그 차별은 인연에 의해서 생긴 것인 까닭에 그 자체에 무슨 항구불변한 실체가 있다고 생각해서는 안 되는 것이다. 그와 같이 차별적인 개체의 실재성(實在性)을 부정하는 말이 공(空)이란 말이다. 그 공이 바로 실상인 것이다.

초기의 불교도들 간에는 세계의 현실을 설명할 때 어떤 고정관념을

보드가야의 대불당. 중국의 구법승 현장이 다녀가기 얼마 전인 6세기경에 보리수 앞쪽에 세워진 것으로 보인다.

사용하되 그 관념에 집착하는 것과 같은 경향이 없지 않았다. 이를테면 세상 모든 것이 무상(無常)하고, 괴롭고(苦), 허망하며(空), 알맹이가 없는 것이다(無我), 운운할 때에 갖가지 차별의 모습으로 전개되는 그 실상을 영원하고 집착 없는 관점에서 내다보지 못하는 경향이 있었다는 것이다.

원래 모든 것은 변화하고 전변(轉變)한다. 그것은 인연생(因緣生)인 까닭이며, 따라서 제행(諸行)은 무상(無常)하다. 이 무상은 사물이 처해 있는 그대로의 상(相)을 가리키는 말이며, 이 말은 브라흐만교의 고전인 『우파니샤드』 등에 실린 상주설(常住說)을 반대하는 것이다. 또 뒤집어 말하면 무상한 그대로 상주하는 것으로서, 꽃은 피면서 상주하고, 잎은 지면서 상주하는 평등상(平等相), 실상을 부정하는 것이 아니다. 그것을 망각한 무상설(無常說)은 역시 집착된 관찰방식이며 지혜가 원만치 못한 자가 보는 방식이다.

또 무아(無我)라고 하였는데, 그 말은 인도 고유의 영혼 실유론(實有論)과 같은 그릇된 집착에서 벗어나게 하기 위해서 말한 것으로, 그 실아(實我)라고 생각되는 '마음'이 결코 허무도, 객관적인 실체도 아니라는 뜻으로 이해해야 한다. 『대승기신론』에서 말하는 바와 같이 이 '마음'은 한편으로 말하면 인연생이지만, 또 다른 한편으로 말하면 영원히 그냥 그렇기만 한 진리 그 자체인 것이다. 그러한 살아 있는 진리를 불성(佛性)이니 여래장(如來藏)이니 하였다. 불성이란 각자(覺者)가 각자인 소이(所以)이며, 여래의 종자(種子)인 것이다. 그러므로 무아를 허무로 해석하는 것은 지혜가 덜 발달된 사람만이 할 수 있는 생각인 것이다.

또 고(苦)라고 했지만, 세속의 의미로 고인 것이지, 고락(苦樂)을 초월한 각자(覺者)의 경지에서 말하면 고일 수가 없다. 실로 대승불교의 논사 나가르주나도 말하였듯이, '일체개고(一切皆苦)'라 한 것은 '유루법(有漏法)에서만 말해질 수 있는 것으로서 무루(無漏)의 사람에게는 고가 아닌 것'이며, 그렇다고 또 낙도 아닌 것으로서, 다시 말하면 법열(法悅)이며 법락(法樂)인 것이다. 공(空)이라고 한 것은 집착을 버리게 하기 위해서 말한 것뿐이다.

부처님이 본 세계는 성(性)도 상(相)도 없고, 생멸이니 유무니 하는 구별이 없이 평등한 세계다. 그와 같은 경지는 오직 만물을 차별하지 않는 대자비의 심경인 것이다. 그런 경지를 「십지품」은 다음과 같이 묘사하고 있다.

> 일체의 법의 그러한 상(相)을 관(觀)하고 대비(大悲)를 으뜸으로 삼아 그것만을 증장(增長)시키는 까닭에 이 세상의 생멸의 상을 관하고 이런 생각을 하는 것이다. 이 세상에서 육신을 얻어 태어남은 모두 '나'라는 것에 탐착(貪著)하기 때문이다. 만약에 '나'라는 것에 집착을 하지 않게 되면 곧 태어남도 없는 것이다.

부처님이 부처님인 까닭은 그 대비의 마음 때문이다. 자기를 무로 돌리고, 자기를 잊고 남을 앞세우는 것은 모든 중생이 있어야 하는 본질적이며 궁극적인 모습이다. 사람들이 이 사실은 잊어버리고 자기만을 주장할 때에 그릇된 사견(邪見)에 빠지게 되는 것이다. 이와 같이 그릇된 자아의식에 빠지는 것을 아견(我見)이라고 한다. 그리고 아견 때문에 여러 가지 미란(迷亂)이 생기는 것이다. 아견을 떠나면 나와 남의 대립, 생과 멸의 차별이 없는 평등일여(平等一如)한 경지가 열리는 것이다.

> 모든 어리석은 사람들은 항상 그릇된 생각을 따르고 망령된 길에 들어서, 어리석음에 눈이 멀고, 그릇된 '나'에 애착을 가져 세 가지 종류의 행동을 일으킨다. 즉 죄짓는 일, 복 있는 일, 동(動)함이 없는 일의 셋이다. 이러한 행동 때문에 온전치 못한 마음의 씨를 발생케 하고, 또 그 온전치 못한 집착하는 마음 때문에 생사를 겪는 육신을 낳게 된다. 이를테면 업(業)을 땅이라 한다면, 식(識)은 종자로서 (이 식이) 무명(無明)에 뒤덮이고, 애착의 물에 젖어 내 마음에 관개(灌漑)하고, 여러 가지의 견해를 증장시켜

명색(名色)의 싹을 낳게 한다. 명색 때문에 여러 가지 근(根, 器官)이 생기고, 여러 근이 합하는 까닭에 촉(觸)이 있고, 촉으로부터 수(受)가 생기며, 쾌락적인 수(樂受) 때문에 애(愛)가 생기고, 애가 증장하는 까닭에 취(取)가 있고, 취의 인연 때문에 개체(有)가 있고, 그 개체에 다섯 가지 구성요소(五陰身)를 일으키는 까닭에 생(生)이라 하고, 이 구성요소들이 변하는 것을 일컬어 노(老)라 하고, 이 구성요소들이 없어지는 것을 사(死)라고 하는 것이다. 노사의 인연으로 근심과 걱정, 슬픔, 고민 등의 모든 고통이 생긴다. 이것이 십이인연(十二因緣)이다. 모으는 주체가 있는 것이 아니고 흩어지게 하는 주체가 있는 것도 아니다. 연(緣)이 합하면 있고, 연이 흩어지면 없는 것이다."

이 말씀에도 나와 있듯이 미혹이란 실로 일념(一念)으로서 홀연히 생겨 천 개 백 개의 파도와 같은 기복(起伏)을 나타내는 것이다. 필경 그 까닭은 실상의 묘제(妙諦), 제일의제(第一義諦)를 모르는 무명(無明)에 있는 것이다. 이 무명으로부터 '나'라는 마음이 생기고, 죄와 복이 구별되고, 번뇌가 생기며, 생사의 현상이 나타나는 것이다. 그러나 돌이켜 생각해 보면, 이 이합집산의 주체가 있는 것이 아니므로 '연(緣)이 합하면 있고, 연이 흩어지면 없는 것'으로, 있는 것은 오직 연의 집산뿐이다. 그러므로 『화엄경』은 "삼계(三界)는 허망한 것으로 다만 일심(一心)이 지은 것이다. 십이연분(十二緣分)은 모두 이 마음에 근거한다"라고 강조하고 있는 것이다.

이와 같은 연기의 깊은 뜻은 그 밖의 여러 대승경전 속에 잘 천명되어 있다. 이것은 부처님이 증오(證悟)한 내용의 골자를 이루는 것이라고 할 수 있는 것이다.

衆生心境不可思議 業能悉起一切刹海

衆生垢穢國不淸淨 行業無量世界不同

諸佛刹海淨莊嚴藏 離垢雜寶以爲校飾

長養無垢弘誓願海 佛子能淨無數國土

사람들의 마음 경계는 불가사의하며

업이 능히 온갖 경계의 상을 일으키도다.

중생의 때가 더러우니 나라가 청정치 못하며

행하는 업은 무량하여 세계가 한결같지 않도다.

부처님의 나라는 깨끗한 장엄에 가득 차 있으니

더러움 없는 온갖 보배로 장식되어 있도다.

무구(無垢)함을 기르고 가꾸어 서원(誓願)의 바다를 넓히니

부처님 제자는 능히 무수한 국토를 청정케 하도다.

華嚴世界海 法界等無別

莊嚴極淸淨 安住於虛空

此世界海中 刹種難思議

一一皆自在 各各無雜亂

화엄세계의 바다

진리의 경계는 한결같이 차별이 없네.

장엄하고 청정하기 비할 데 없으며

허공에 안주하여 계시네.

이 세계 바다 속의

온갖 경계는 사의(思議)키 어려우니

그 하나하나가 모두 자재하여
각각 잡란(雜亂)함이 없는 것일세.

眞如離妄恒寂靜 無生無滅普周遍
諸佛境界亦復然 體性平等不增減
譬如實際而非際 普在三世亦非普
導師境界亦如是 遍於三世皆無礙
法性無作無變易 猶如虛空本淸淨
諸佛性淨亦如是 本性非性離有無
法性不在於言論 無說離說恒寂滅

진여는 거짓을 떠나 항상 적정하며
생함도 멸함도 없이 두루 미치지 않는 바 없으니
부처님들의 경계가 또한 그러하도다.
체성(體性)이 평등하여 늘거나 줄지 않으니
비(譬)컨대 틀림없는 경계이나 경계 아님과 같고
두루 삼세에 걸쳐 있으되 또한 그렇지 아니하니
도사(導師)이신 부처님의 경계가 또 그러하도다.
삼세에 두루 미쳐 모두 장애가 없으며
법성(法性)은 작(作)함도 없고 변역(變易)함도 없으며
마치 허공이 본래 청정함과 같도다.
부처님 본성의 청정함이 그와 같으니
본성은 성(性)이라 할 바 아니며 유무의 별(別)을 떠나 있고
법성은 언론(言論)에 있지 아니하며
언설을 떠나 항상 적멸하도다.

위의 게송에서 보는 바와 같이 실상을 진여(眞如)니 법성(法性)이니 하지만 그것을 어떤 객관적인 실체라고 생각해어서는 안 된다. 실상은 일체 만물의 여여한 상을 두고 한 말이다.

붓다, 태국의 롭부리. 폭우를 피하도록 나가 무찰린다가 우산 역할을 한 모습을 나타낸 것이다.

보리수 밑에서 7일 동안을 보내고 난 뒤 부처님은 아자팔라 니그로다(Ajapāla nigrodha)라는 나무 밑으로 가서 또 7일을 보냈고, 다음 세 번째 7일은 무찰린다(Mucalinda) 나무 밑에서 보냈고, 그리고 네 번째 7일은 라자야타나(Rājāyatana) 나무 밑에서 보냈다. 둘째 7일 동안에는 모든 것을 비웃는 버릇이 있는 거만한 브라흐만 승려의 방문을 받고, 그에게 진정한 브라흐만이란 어떤 것인가를 설명해 주었다. 그리고 다음 7일 동안에는 날씨가 나빠 찬 비바람이 계속하여 불었는데, 그 동안에 용왕의 시중을 받았다. 넷째 7일 동안에는 먼 북쪽 지방으로부터 온 두 상인 타풋사(Tapussa)와 발리야(Bhalliya)의 공양을 받고, 두 사람의 원(願)을 받아들여 최초의 재가불자 두 사람을 얻었다. 그때는 아직 출가한 제자들의 집단이 없었을 때인데, 이와 같이 세속생활을 그대로 하면서 부처님을 받들어 그의 가르침을 실행해 가는 남자들을 우파사카(優婆塞)라고 한다.

부처님은 우루벨라의 숲 속에서 고행을 할 때에 이미 사람들로부터 대성자로서 존경을 받았다. 이 부처님이 고행을 버리고 지금 보리수 밑에서 아직 입을 열지도 않았는데 사람들은 벌써 그 거룩한 위덕에 감화를 입고 있었던 것을 알 수가 있다.

5. 범천권청(梵天勸請)

『율장』 및 몇몇 경전에 의하면, 부처님은 성도 후 자기가 깨달은 진리를 세상 사람들에게 말씀하는 것을 주저했지만, 천상세계에 사는 범천의 권고로 세상 사람들을 위한 설법을 하기로 결심하였다고 한다. 이에 관한 『율장』의 산문 부분은 분명히 후세의 것이지만, 거기에 인용된 시구는 좀 오래된 문헌에 속하는 것이다. 부처님이 설법을 주저한 모습을 이 시구에 의해서 엿보기로 하자.

> 애써 고생하면서 내가 증득(證得)한 것들
> 이제 어떻게 말할 수 있을까?
> 탐욕과 시기, 질투, 분노에 병든 사람들이
> 이 법을 깨닫는 것은 쉬운 일이 아니다.
> 이것은 세상의 흐름과는 반대되며
> 지극히 미묘하고 심원하여 보기 어렵고 미세하므로
> 욕심에 집착하고 암흑에 덮인 자들은 볼 수가 없는 것이다.

이러한 생각에 대하여 범천은 다음과 같이 부처님께 설법을 권고했다.

더러움을 탄 사람이 생각해낸 더러운 교법이
일찍이 마가다국에 나타났습니다.
원하옵건대 이 감로(甘露)의 문을 열고
무구(無垢)하신 분께서 깨달으신 법을 들려주소서.
비(譬)컨대 산꼭대기의 바위에 서서
두루 모든 사람을 보는 것과 같이
지혜가 탁월하신 사방에 눈을 가지신 분이여.
당신은 법으로 된 고루(高樓)에 올라
스스로 이미 근심을 넘어 계시는 것이오니
원하옵건대 우수에 잠겨 생과 노의 위협에 떠는
모든 사람들을 돌보아 주옵소서.
일어서 주옵소서, 영웅이여, 승리자여.
카라반의 주인이시어, 부채(負債) 없으신 분이시어,
이 세상 사이를 걸어 주옵소서.
세존이시어, 법을 설하여 주옵소서.
깨닫는 사람들이 있을 것이옵니다.

그래서 부처님은 범천에게 이렇게 대답했다.

그들에게 감로의 문은 열렸다.
귀 있는 자는 들으라.
각자(各自)의 믿음을 버려라.
범천아, 사람들에게 해로울까 싶어
미묘한 법을 사람들에게는 설하지 않았던 것이다.

〈범천권청〉, 간다라. 붓다의 양쪽에서 범천(오른쪽)과 제석천(왼쪽)이 붓다에게 설법을 청하고 있다.

모든 사람들에게 진리를 가르친다는 것은 당시의 인도 사회에서는 일찍이 볼 수 없었던 파격적인 행위였다고도 할 수가 있다. 부처님이 설법하기 전까지 인도에서 지배적 종교였던 브라흐만교도들 사이에서, 특히 『우파니샤드』의 철인들 사이에서 진행되던 교육방법과 비교해 보면 그 차이를 여실히 알 수가 있다. 이 철인들은 가르침을 받을 대상을 좁게 제한하고, 자기 아들이라든가, 혹은 그 밖의 몇몇 훌륭한 재간 있는 사람들에게만 진리를 전수하였다. 그런데 부처님은 이런 당시의 습관을 완전히 깨뜨리고 말았다. 그러나 이렇게 하기까지에는 상당한 결단과 용기가 필요했으리라는 것을 짐작할 수가 있다. 위에 인용한 소위 '범천권청'이라는 사실이 실제로 있었던 것은 그런 견지에서도 짐작이 된다.

그러면 누구에게 그 깨달은 진리를 먼저 전하였을까? 이에 대하여 초기 경전은 다음과 같이 전해 주고 있다.

그때 나는 이렇게 생각하였다.

'나는 먼저 누구에게 법을 설하는 것이 좋을까?

누가 이 법을 속히 이해할 수 있을까?'

그래서 나는 이렇게 생각하였다.

'참말로 알라라 칼라마는 현자이고 식견이 있고 총명하고 오랫동안 무구(無垢)하게 산 사람이다. 자, 그에게 제일 먼저 법을 설하자. 그는 법을 빨리 이해할 것이다.'

그때 어떤 천인이 내 곁에 와서 이렇게 말하였다.

"현자여, 알라라 칼라마가 죽은 지 7일이 됩니다."

나에게도 그와 같은 지(知)와 견(見)이 생겼다. ……

그때 나는 또 이렇게 생각하였다.

'참말로 라마의 아들 웃다카는 현자며 식견이 있고 총명하고, 오랫동안 무구하게 산 사람이다. 자, 라마의 아들 웃다카에게 제일 먼저 법을 설하자. 그는 이 법을 빨리 이해할 것이다.'

그때 어떤 천인이 내 곁에 와서 이렇게 말하였다.

"현자여, 라마의 아들 웃다카는 어젯밤에 죽었습니다."

나 자신도 그와 같은 지와 견이 생겼다. ……

나는 또 이렇게 생각하였다.

'내가 공부를 하고 있을 때, 내 일을 돌보아 주던 다섯 사람의 수행자들은 나를 위해 많은 도움을 주었다. 자, 제일 먼저 다섯 명의 수행자에게 법을 설하자.'

그때 나는 이렇게 생각했다.

'그런데 다섯 사람의 수행자가 지금 어디에 있는 것일까?'

나는 맑고 깨끗한 초인적인 천안(天眼)을 가지고 다섯 명의 수행자들이 바라나시의 선인들이 사는 곳, 사슴의 동산에 살고 있는 것을 보았다. 그리하여 나는 우루벨라 촌에 머무르다가 바라나시로 향해 걸어갔다.

이와 같이 하여 부처님은 일찍이 교제가 있었던 사람들을 상기하고 먼저 그들에게 자기가 깨달은 내용을 전하려고 한 것이다.

제6장

최초의 설법

1. 바라나시행

바라나시(Vārāṇasī)는 뒤에 흔히 베나레스라고 불렀는데, 한역 경전들에서는 이것을 바라나(波羅奈), 바라닐사(婆羅痆斯) 등으로 썼다. 오랫동안 카시(Kāsi)라는 나라의 서울이었으며 카시푸라(Kāsipura)라고도 불렸다. 갠지스 강의 지류인 바라나(Varaṇa) 강과 아시(Asi) 강 사이에 있고, 부처님이 성도한 붓다가야(Buddhagayā)에서는 직선거리로 200km 정도 되므로, 가도(街道)를 걷는다면 300여km가 되었을 것이다. 지금도 바라나시에서 가야(Gayā)까지는 급행열차로 약 4시간이 걸린다. 아마 쉬지 않고 계속해서 걷는다고 하더라도 바라나시까지 가기에는 열흘은 걸렸을 것이다. 부처님은 무엇 때문에 이 긴 거리를 걸어 바라나시까지 갔던 것일까?

바라나시는 고래로 브라흐만교도들의 성지로 간주된 곳이다. 『베다』 성전에는 바라나시에 관한 것이 나오지 않지만, 그것은 시대가 훨씬 앞서는 때에 인더스 강 상류지방에서 성립된 탓이므로 당연하다 할 것이다. 그러나 불전에 보면 벌써 원시불교 시대에 바라나시는 특별한 의의가 있는 성지로서 인정받고 있었다. 그 교외에는 '사슴의 동산(鹿野苑)'이라고 불리는 동산이 있었고, 거기에 많은 수행자들이 모여 살고 있었다. 그런 관계로 이 동산은 또 '리시파타나(Ṛṣipatana, 선인들의 住處)'라고도 불려 왔다. 물론 그 당시 인도에는 곳곳에 그런 동산이 있었고 그것을 다 녹야원이라고 불렀지만, 그 중에서도 이 바라나

사르나트의 녹야원. 붓다가 첫 설법을 한 곳이다. 왼쪽에 아쇼카 왕이 세운 석주의 잔해가, 그 뒤쪽에 불당이 있던 자리가, 오른쪽에 멀리 다메크 탑이 보인다.

시의 녹야원은 가장 유명한 곳이었다. 『마하바스투(Mahāvastu)』라는 불전에 의하면, 부처님은 가야 근처의 우루벨라 숲에서 가야로 나와, 거기서 아파라가야(Aparagaya)—수다르샤나(Sudarśana) 용궁—바샬라(Vaśālā) 강—춘다드빌라(Cundadvīla)—사라티푸라(Sārathipura)—간다푸라(Gandhapura)—로히타바스투카(Lohitavastuka)를 거쳐 갠지스 강을 건너, 녹야원에 들어왔다고 기록되어 있다. 부처님은 고행에 전념하고 있을 옛 벗들을 납득시키기 먼저 위해서 이곳을 찾아왔던 것이다.

2. 다섯 비구를 만남

부처님이 다섯 비구와 만나는 것은 꼭 한 달만의 일이었다. 한 달 전에 이 다섯 사람의 수행자는 부처님을 타락한 사람이라고 버리고 떠나왔던 것이다. 지금 부처님이 녹야원에 들어와 자기네들 쪽으로 오는 것을 보고 그들은 좋아하지 않았다. 그들은 서로 의논하여 "오겠으면 오라. 우리가 관여할 바가 아니니, 그대로 내버려두자" 이런 태도를 취했다. 그러나 막상 부처님이 가까이 다가오자, 다섯 사람은 모두 언제 그런 약속을 했었냐는 듯 일어나서 친절하게 부처님을 맞이했다. 어떤 사람은 나아가 바리를 받아들고, 어떤 사람은 부처님이 앉을 자리를 만들고, 또 다른 사람은 물을 길어다 발 씻을 준비를 하였다. 부처님으로서 지니게 된 위력이 자연히 그들 다섯 사람을 그렇게 하도록 한 것이었다. 부처님은 조용히 마련된 자리에 앉았다.

다섯 비구들은 무언가 이상한 힘에 충격을 받은 것은 사실이지만, 아직 그 옛 친구를 부처님으로 모시는 존경심은 없었다. 아직도 그를 타락한 사람이라고 생각하는 것이 그들의 심정이었다. 그리하여 인사말도 예전처럼 존대를 하지 않았던 것이 사실인 모양이다. 오래된 불전에는 그와 같은 호칭에 관한 이야기가 실려 있다. 즉 그러한 공순(恭順)치 않은 다섯 비구들의 인사에 대하여 부처님은 이렇게 말했다.

"비구들아, 여래를 부를 때, 그 이름을 부르거나 또는 '친구 아무개' 이렇게 말해서는 안 된다. 여래는 실로 응공자(應供者, 공양을 받을 만한 사람)며 등정각자(等正覺者, 모든 것을 두루 똑바로 깨달은 사람)이기 때문이다. 비구들아, 귀를 기울여 들으라. 불사(不死)가 내 것이다. 너희들에게 가르쳐 줄 것이다. 이 가르침대로 수행하면 머지않아 이 세상에서 무상한 청정행을 달성하여 출가한 목적을 이룩하게 될 것

〈첫 설법〉, 간다라. 붓다가 다섯 명의 첫 비구 제자들에게 설법을 한다. 대좌 앞에는 첫 설법을 상징하는 법륜과, 녹야원을 상징하는 두 마리 영양이 새겨져 있다.

이다."

그때 다섯 비구는 물었다.

"고타마야, 그렇지만 너는 그 난행(難行, 어려운 수행)으로도 초인(超人)의 법인 거룩한 지견(知見)을 얻을 수가 없지 않았느냐? 그런데 지금 고행을 버리고 욕심 있는 상태로 되돌아가, 어찌 초인의 법인 성지견(聖知見)을 열 수 있었겠느냐?"

부처님은 두세 번 같은 말로 설명했지만, 다섯 비구들은 듣지 않았다.

"비구들아, 내가 여태까지 이런 말로 너희들에게 이야기한 일이 있던가?"

이렇게 물으면서 부처님은 깨달은 이의 독특한 성격을 간취하게 하고 그들을 교화시켰다.

최근 어떤 학자들은 이 칭호에 관한 경전의 이야기가 후세의 가탁(假託)이라고 생각하는 경향이 있다. 그 이유로는 부처님이 "여래를 부를 때, 그 이름을 말하거나 또 '친구 아무개' 등으로 불러서는 안 된다"라고 했다지만, 오래된 게송 등에는 실제로 부처님을 고타마란 이름으로 부르고 있는 예가 많고 친근한 호칭의 예도 많다. 그리고 이러한 친근한 호칭법이 당시 인도의 관습이었을 것이었다면, 고타마 개인이 인도의 그와 같은 관습을 배척할 정도로 오만했으리라고는 생각되지 않는 것이다. 그러므로 그와 같은 표현은 후세의 신도들이 고타마를 신격화한 다음에 생긴 전설일 것이라고 생각하고 있다.

3. 법(法)과 불(佛)

부처님이 발견한 진리, 그리고 부처님이 그 일대에 걸쳐 제자들에게 가르친 진리를 다르마(dharma)라고 하며, 그것을 번역하여 법(法)이라고 한다. 경전에서 말하기를 "부처님의 말씀은 처음이나 중간이나 마지막이나 언제든지 좋으며, 그 의미와 문자가 완전하고 한결같으며, 남김 없고 또 순수하다"라고 하였다. 성도(成道) 이래 열반에 이르기까지 부처님이 말하고 가르친 모든 것은 조금도 틀림이 없는 참된 것이라는 말이다.

하늘이 달과 별들과 더불어 떨어지는 일이 있을지라도
그리고 땅이 산과 숲과 더불어 치솟는 일이 있을지라도
오, 대양이 말라붙는 일이 있을지라도

위대한 현자께서는 추호도 그릇된 말씀을 하시지 않는다.

이 말씀은 여러 불전들 속에서 늘 되풀이되어 온 말이다.

그러면 부처님과 부처님이 깨달은 법의 사이에는 어떠한 관련이 있을까? 부처님은 자기가 발견하고 가르친 법을 내세우고, 자신은 즐겨 그 뒤로 물러나는 경향이 있었다. 그는 신이 아니다. 무엇을 만들어낸 창조주도 아니다. 다만 그는 깨달은 분이었다. 그는 일체의 부정(不淨)을 온전히 제거해 버린 각자(覺者)인 까닭에 신이나 인간을 훨씬 능가하는 독보의 존재였던 것이다.

물 속에서 생겨나 거기서 자란 연꽃이 물에 젖는 일 없이 그 물 위에 솟아 있듯이, 부처님은 이 세상에 태어나 거기서 자라, 이 세상을 이기시고 세속에 물듦이 없이 거기에 머물러 계시네.

모든 방해자들을 물리쳤고, 모든 염오(染汚)를 떠나 있으며, 모든 욕망에서 해탈된 승리자인 부처님은 지혜를 성취해 가진 분이다. 그에게는 스승이 없으며, 그에게는 필적할 사람이 없고, 오직 그만이 모든 것을 안다. 그에게는 번뇌가 없고 그냥 적정한 열반의 낙(樂)만이 있는 것이다.

부처님은 그가 발견한 진리를 자기 홀로만 욕심껏 간직하는 그런 분이 아니다. 그의 가르침은 공개적이었으며 조금도 비밀이 없었다. 그는 빛 중의 최선의 빛이다. 그는 모든 중생을 그들에게 알맞은 방식으로 해탈하도록 인도하였다. 그는 그의 제자들에게 열반이 어디에 있으며 그리로 가는 길이 어떤 길인가를 가르쳤다. 그러나 길손들이 그 지시대로 가느냐 안 가느냐 하는 것은 길손들 자신에게 달려 있는 문제이지, 부처님에게 달린 일은 아니었다. 제자들 중 몇몇만이 최고의 목표, 니르바나(nirvāṇa, 열반)에 도달할 수 있었던 것이 실정이다. 부처님은 '길만을 가르쳐 주는 분'인 것이다.

앞서도 말한 바와 같이 그가 증득한 진리에 연기(緣起)에 관한 것이 있다. 그러나 이 진리는 결코 그가 만들어낸 진리가 아닐 뿐더러 더욱이 어떤 다른 사람이 그것을 만들어낸 것도 아니다. 그 법은 부처님이 있건 없건 그와는 관계없이 살아 있는 진리인 것이다. 많은 초기 경전에 있는 다음과 같은 말씀이 그러한 사정을 잘 말해 주는 것이라 하겠다.

> 성자가 이 세상에 나타나건 안 나타나건 사물에 속하는 본성은 그냥 그대로 남아 있는 것이다.

뿐만 아니라 부처님은 자기가 발견한 법을 존숭하였다. 부처님은 그가 보리수 밑에서 성도한 후 며칠이 지나, 이 세상에서 그가 받들고 봉사할 만한 수행자가 없는가 하고 찾아보았다. 그러나 자기보다 탁월한 사람을 아무도 발견할 수 없었던 부처님은 스스로 그가 깨달은 법을 공양과 존숭과 봉사의 대상으로 삼았다고 『잡아함』에는 기록되어 있다.

4. 중도(中道)

부처님의 가르침의 가장 중요한 부분은 이른바 바라나시에서의 최초의 설법 속에 포함되어 있다. 이 최초의 설법을 '초전법륜(初轉法輪, 처음으로 법륜을 돌리심)'이라고 말한다. 법륜이라 함은 부단히 살아 있는 진리를 수레바퀴에 비긴 것이고, 그것을 돌렸다는 것은 곧 법을 설한다는 뜻이 되는 것이다.

이 최초의 설법에서 그가 다섯 비구들에게 맨 처음 가르친 것은 향락적 생활이나 지나친 금욕적 고행이 다 피해야 할 두 극단이란 교훈이다. 경에 이렇게 씌어 있다.

> 비구들아, 여기에 출가로서 피하지 않으면 안 되는 두 가지 치우친 길이 있다.
>
> 그것은 야비한 욕심에 탐닉하는 어리석고 이익 없는 향락의 생활과, 또 헛되이 몸을 괴롭히며 학대하는 어리석은 고행의 생활이다. 이 두 가지 치우친 생활을 떠나서, 여기에 여래에 의해서 증오(證悟)된, 마음의 눈을 열고 지혜를 증진시켜 적정(寂靜)과 성지(聖智)와 정각(正覺)과 열반(涅槃)으로 이끄는 중도(中道)가 있다.
>
> 비구들아, 중도가 무엇이냐 하면, 그것은 정견(正見), 정사(正思), 정어(正語), 정업(正業), 정명(正命), 정정진(正精進), 정념(正念)의 여덟 가지 바른 길(八正道)이다.

향락적 쾌락주의가 수도의 바른 길이 아닌 것은 다섯 비구들도 이미 잘 아는 사실이지만, 아직까지 그들은 고행주의에 사로잡혀서 그것이 최고의 길이기나 한 듯이 생각하고 있다. 그러므로 우선 그들에게는 이와 같은 중도의 교훈이 절실히 필요했을 것이다. 그 알맹이는 다름이 아니라 바로 팔정도였던 것이다. 부처님은 이후에도 누차 이 중도를 언급하고, 일반 세상 사람들의 향락적 생활을 소폭도(疎暴道)라고 하고 고행을 소도(燒道)라 한 적이 있다.

때로는 이 중도의 내용을 팔정도 대신에 사념주(四念住) 또는 사정단(四正斷) 등으로 바꿔 말하기도 하였다. 사념주라 함은 신(身), 수(受), 심(心), 법(法)의 네 가지에 대하여 항상 올바른 생각을 가질 것을 다짐하는 가르침이고, 사정단이란 ① 미생악영불생(未生惡令不生, 아직 생기지 않은 악은 생기지 말게 하고), ② 이생악영영단(已生惡令永斷, 이미 생긴 악은 영원히 끊어 버리고), ③ 미생선영생(未生善令生, 아직 생기지 않은 선은 생기게 하고), ④ 이생선영증상(已生善令增上, 이미 생긴 선은 더욱 늘어나게 하라)으로 표현되는 것이다.

초전법륜 불상, 인도의 사르나트. 첫 설법을 하는 붓다를 나타낸 것이다. 대좌에 법륜과 두 마리 사슴, 다섯 비구와 공양자가 보인다.

더 나아가 중도는 다음과 같은 두 계열의 극단을 버리는 것이라고 설명한 일도 있다.

세속	苦 ― 貧 ― 煩勞不知出要	迷愚
	樂 ― 富 ― 著欲不知出要	
출가	苦 ― 婆羅門 ― 苦行斷食	邪見行
	樂 ― 斫婆迦 ― 現樂耽溺	

세속에 있어서 피해야 할 두 가지 극단은 빈궁과 부유이며, 출가에 있어서 피해야 하는 두 극단은 브라흐만의 고행단식과 차르바카(cārvāka, 斫婆迦, 順世派)의 향락적인 쾌락주의다. 이 두 개의 극단은 모두 다 피해야 하는 것이라고 가르친 것이다.

5. 네 가지의 온전한 진리

네 가지 온전한 진리를 한문으로는 사제(四諦)니 사성제(四聖諦)라고 말한다. '제(諦)'의 원어는 사티야(satya)로, 진리라는 말이 가장 가까운 뜻이라 하겠다. 중도에 관한 교훈으로 시작된 『전법륜경』에는 이와 같이 씌어 있다.

> 비구들아, 이것은 고통에 관한 온전한 진리(苦聖諦)다. 생(生)도 고(苦)요, 노(老)도 고요, 사(死)도 고다. 원한 있는 자와 만나지 않으면 안 되는 것이 고요, 사랑하는 사람과 헤어지지 않으면 안 되는 것이 고요, 구하나 얻어지지 않는 것도 고다. 요약해 말하면 번뇌 위에 뿌리박고 있는 이 몸이 있다는 것이 고다.
>
> 비구들아, 이것은 고의 원인에 관한 온전한 진리(苦集聖諦)다. 새로운 생을 거듭 유발하고, 환락과 탐욕을 수반하여 여기저기로 욕락(欲樂)을 찾아다니게 하는 것은 갈애(渴愛)다. 환락의 갈애, 생존의 갈애, 그리고 무상(無常)의 갈애가 그것이다.
>
> 비구들아, 이것은 고의 멸에 관한 온전한 진리(苦滅聖諦)다. 욕망을 완전히 소멸시킴으로써 모든 집착을 떠나는 것이다.

비구들아, 이것은 고의 멸에 이르는 길에 관한 온전한 진리(苦滅道聖諦)다. 즉 그것은 정견(正見, 올바른 믿음), 정사(正思, 올바른 의사), 정어(正語, 올바른 말), 정업(正業, 올바른 행동), 정명(正命, 올바른 생존수단), 정정진(正精進, 올바른 노력), 정념(正念, 올바른 기억), 정정(正定, 올바른 명상)의 여덟 가지 바른 길(八正道)이다.

비구들아, 이 사성제는 지금까지 아무도 가르친 바 없는 나 스스로 증오(證悟)한 법인데, 나는 이 법에 의해서 마음의 눈을 열고, 지혜를 낳았고, 빛을 낳았다.

이것은 고제(苦諦)다(第一轉).

이 고제는 판단해서 알아야 하는 것(第二轉).

이것을 판단해서 알았다(第三轉).

이것은 집제(集諦)다(第一轉).

이 집제는 끊어야 하는 것(第二轉).

이것은 끊었다(第三轉).

이것은 멸제(滅諦)다(第一轉).

이 멸제는 증오해야 하는 것(第二轉).

이것은 증오했다(第三轉).

이것은 도제(道諦)다(第一轉).

이 도제는 닦아야 하는 것(第二轉).

이것을 다 닦았다(第三轉).

이와 같이 이 사제(四諦)에 있어서 각각 삼전(三轉), 합하여 십이행상(十二行相)을 아직 하지 않은 동안은 이 세계에 있어서 '나는 증득(證得)했다'고는 말하지 않는 것이다. 그러나 이 사제에 있어서 이 맑은 삼전 십이행상의 지견이 생겼으므로 '나는 증득했다'고 말하는 것이다. 나에게는 내 마음의 해탈이 확실하다. 이것이 마지막 생이며 다시 변하여 태어나는 일이 없다는 지견이 생긴 것이다.

이 사제의 법은 부처님만이 홀로 아는 최승의 법이라고 불리는 것으로서 그 광대한 부처님 교설의 요점이 다 이 속에 있는 것이다. 이 세상은 고통 속에 잠겨 있다는 진리(苦諦), 그리고 그 고통에는 원인이 있는데 그 원인은 탐욕과 진에(瞋恚, 시기와 질투, 분노) 및 우치(愚癡, 어리석음)의 셋으로 종합되는 무명(無明)의 마음이라는 진리(集諦), 이 둘은 앞서 말한 연기의 이론으로 말하면 순관이라고 말할 수 있는 연기설이다. 이것을 또한 유전연기(流轉緣起)라고도 부른다. 죄악의 인간이 어쩔 수 없이 생사의 탁류에 떴다 가라앉았다 하면서 유전하는 인과법칙이 그렇다는 말이 되는 것이다. 이것은 인간이 단순히 앞서 말한 어두운 마음의 노예가 되어 그냥 끌려가다시피 하는 필연적인 인과관계를 말한다.

나머지 두 개의 진리, 즉 고통의 소멸에 관한 진리(滅諦)와 고통의 소멸을 가능케 하는 실천도덕에 관한 진리(道諦)는 순관에 대해서 역관이라고 할 수 있고, 이것을 또한 환멸연기(還滅緣起)라고도 부르는 것이다. 환멸이라고 한 것은 인간이 그 고통을 제거하고 본래 청정무구한 그 본성으로 돌아가는 인과관계를 의미하는 것이다. 이를테면 이러한 인과관계는 인간의 자유로운 창조적 활동을 뜻하는 것이기도 하다.

부처님은 이 네 가지 온전한 진리를 깨닫고 선포함으로써 인도의 정신사 위에 새로운 기원을 이룩하였다. 부처님은 인간을 그 횡포한 브라흐만교 사제들의 올가미 속에서 구출하여, 운명의 길을 걷는 것이 아니라 자유로운 창조활동을 해 나갈 수 있는 확실한 가능성과 용기를 북돋아 주었다. 이제는 인간이 할 수 있는 일이 단순히 사제(司祭)에 의지하여 그들에게 재물을 바치고 그들이 집행하는 제사의 혜택만을 기대하는 그런 무기력한 일뿐일 수 없음을 알게 한 것이다. 사성제의 설법을 통하여 부처님이 처음으로 가장 강하게 가르친 것은 인간의 실천적 윤리생활이다. 팔정도라고 열거되는 그 덕목들을 자세히 검토하는 사람은 누구든지 그 속에 후대에 다시 정리되는 계율사상의 근본이 놓여 있는 사실을 알 수 있을 것이다. 확실히 놀라운 일은 브라흐만교가 그 오래된 기간 중에 조금도 이러한 실천윤리를 한 마디로 명확하게 강조해 본 적이 없다는 사실이다. 그런 의미에서 부처님의 최초 설법의 내용은 획기적인 역사적 의의를 가지는 것이다.

팔정도의 내용은 흔히 세 가지로 종합되어 설명되기도 하였다. 즉 그 세 가지 부류란 계(戒, 하지 말아야 할 禁戒와 이에 따르는 해야 할 실천도덕), 정(定, 마음의 정화를 위한 준비적 수행인 정신집중, 삼매의 수련), 혜(慧, 정신훈련을 통하여 도달되는 최고의 심적 경지, 모든 것을 있는 그대로, 다시 말하면 영원한 相 그대로 달관할 수 있는 맑은 지혜)의 세 가지 공부(三學)를 말하는 것이다. 팔정도를 이 세 가지 공부와 관련시켜 분류하면 다음과 같이 된다.

八正道	三學
正見, 正思, 正語	慧
正業, 正命	戒
正精進, 正念, 正定	定

물론 이 삼학 중에서도 가장 중요한 것이 혜다. 이 세 가지가 서로 불가분리의 관계를 가지고 있음은 두말할 것도 없다. 그러나 나중에 대승불교의 학자들은 특히 혜를 강조했고, 불교의 전 역사를 통해 언제나 그 생명이 되어 온 궁극의 이상도 혜다. 혜를 반야(般若)라고도 한다. 반야란 한자 자체에 무슨 뜻이 있는 것이 아니다. 그것은 프라즈냐(prajñā) 또는 판냐(paññā)라는 인도의 원어를 음역한 것으로 '원융무애(圓融無礙)한 지혜'를 의미하는 것이다. 붓다, 즉 깨달은 분의 깨달음의 내용이 이것이 아닐 수 없으며, 니르바나(열반)의 내용이 또한 그것이 아닐 수 없다.

그런 의미에서 보면, 앞서 말한 사성제의 네 항목은 아직 깨닫지 못한, 수행과정이 느린 사람들, 우둔한 사람들에게만 의미가 있는 설명이라고도 할 수가 있을 것이다. 참으로 속히 깨달을 수 있는 벌써 준비된 사람들에게는 셋째의 진리, 즉 멸에 관한 진리만 완전히 증득하면 더 다른 설명이 필요 없게 되는 것이다. 그러므로 진리는 실제로 여러 개 있을 수 있는 것이 아니라 오직 하나이고, 그것이 반야 자체인 것이다. 그러므로 부처님은 나중에 자주 이 사제(四諦)에 관하여 "내가 설하는 사성제는 여여(如如)하며, 이여(異如)가 아니다"라고 하였던 것이다. 여여는 영원한 동일상(同一相)을 말하는 것이며, 이여는 절대적인 차별상을 말하는 것이다.

부처님은 온전한 지혜의 권화(權化)다. 그러므로 그는 말과 형상과 논리를 빌어 설명할 때 스스로 세속적인 범주 속에 들어온다. 대부분의 가르침이 그와 같이 하여 진행되었으며 정리되었다. 그러한 차원의 진리를 속제(俗諦, 세속적인 진리 또는 이해방식)라고 한다. 그러나 부처님은 원래 지혜 자체인 까닭에 그 근원적 본질적 입장을 버리지 않는다. 아니 궁극에 가서는 모든 제자들이 그렇게 이해할 것을 바란다.

그리고 그 제일가는 근본진리의 입장에서 말씀을 한다. 그것을 일컬어 진제(眞諦) 또는 제일의제(第一義諦)라고 한다.

대승경전들은 주로 이와 같은 진제의 입장에서 한 부처님 말씀을 수록하였고, 그것을 해석한 것이다. 그러한 입장에서 보면 세계는 모조리 취득할 수 없는 공(空) 그 자체이며, 아무 것도 알려져야 할 것이 있는 것이 아니고, 단절되어야 할 것이 있는 것이 아니며, 증득되어야 할 것, 또 닦아져야 할 것이 있는 것이 아니다. 그러므로 미(迷)와 오(悟), 염(染)과 정(淨), 인(因)과 과(果)가 따로 떨어져 있는 것이 아니라, 미가 곧 오며, 염이 곧 정이며, 인이 곧 과인 그런 상태로 이해되는 것이다. '생사를 떠나 열반이 있는 것이 아닌' 원융무애한 자리가 나타나는 것이다. 그러므로 초기 대승불교의 개척자인 나가르주나(용수)는 사제에 관해서 다음과 같이 말하고 있다.

> 보살은 세 개의 해탈문(解脫門)에 머물러 있으면서 사제(四諦)를 관(觀)하고, 이것이 성문(聲聞), 벽지불(辟支佛)의 법임을 알고, 곧 사제를 넘어서 일제(一諦, 오직 하나의 진리)로 들어간다. 다시 말하면 일체법은 생함도 멸함도 없고, 구(垢)도 정(淨)도 없고, 거(去)도 래(來)도 없다는 등의 일제란 말이다. 이 일제에 들어가는 것을 일컬어 아비발치지(阿鞞跋致地, 산스크리트어로 avaivartika의 음역으로 '불퇴전〔不退轉〕'이라는 뜻이다. 그러므로 아비발치지란 '불퇴전지'라고 번역된다)에 들어간다고 한다.

다섯 비구 중 제1인자였던 콘다냐는 이 사제를 설한 『전법륜경』을 듣고 깨닫게 되었다고 한다.

6. 무아

다섯 비구들에게 설해진 진리 가운데에는 무아(無我)에 관한 것이 있다. 이 가르침을 모은 것을 『무아상경(無我相經)』이라고 한다. 그 내용은 색(色)·수(受)·상(想)·행(行)·식(識)의 오온(五蘊)이 모두 무상(無常)하며 무아한 것이라는 말이다. 오온에 관해서는 이미 앞서 설명한 바가 있다. 이제 다만 그 의의를 부연해서 말하자면, 다음과 같은 설명을 첨가할 수가 있을 것이다.

오온은 우리의 심신을 구성하는 요소라고 생각되어 왔다. 그 하나하나로 말하거나 또는 그 결합으로 말하더라도 인연에 의해서 생기지 않은 실체적인 것은 하나도 없다. 그것을 실체(實體) 또는 실아(實我)라고 보는 견해야말로 고래로 내려오는 브라흐만교나 그 밖의 다른 이단 사상의 잘못된 견해인 것이다. 그러나 부처님의 본뜻은 인간이 그러므로 허무와 같다는 그런 말을 하자는 것은 아니다.

부처님은 마음에 관하여 많은 말씀을 하였다. 그러나 부처님이 말한 마음이란 말에는 몇 가지 구별이 있다. 육근(六根, 眼·耳·鼻·舌·身·意) 속에 들어 있는 의(意)도 마음이다. 그러나 이 의는 이를테면 마음이라고 불리는 기능으로서는 최하위에 있는 것이다. 그것은 때로는 의식(意識)이라고 불려지고, 의와 의식의 둘로 나뉘어져 설명되기도 하는 것이지만, 그것이 인연생(因緣生)이며 실아(實我)가 아님은 두말할 것도 없다. 그것은 심리적 작용이라고 말할 수 있고, 더 나아가 이성적 작용이라고 할 수도 있을 것이다. 그러나 그것들은 어디까지나 상주(常住)하지 않는 전변(轉變)이며 무아(無我)다. 그러므로 얼핏 우리가 '나'라고 생각하는 그것들치고 온전한 의미에서 참된 '나'인 것은 없다고 해야 마땅한 것이다. 역설적으로 말하자면 우리가 생각하는

'나' 아닌 것, 그 일체의 '나'의 요소를 없애 버리면, 오히려 거기에 참된 '나', 이 개체에 사로잡혀 자유롭지 못한 대립적인 '나'와 차별적인 '나'를 초월한 '나'가 나타나는 것이다. 그것이 사실은 참된 '나'이지만 아무나 첫마디로 이 말씀의 뜻을 이해하지 못하는 까닭에, 지금 녹야원에서 다섯 비구들에게는 '나' 아닌 '나'에 집착하는 사고방식을 버리는 것만을 요구하였던 것이다. '나' 아닌 참된 '나'를 '대아(大我)'라고 부를 수 있고, 또 후대의 불경에서는 불성(佛性)이니, 여래장(如來藏)이니, 심진여(心眞如)니, 본각(本覺)이니, 무아 아닌 묘유(妙有)니, 이렇게 말하였던 것이다. 이것은 '마음'의 최고의 차원을 일컫는 것이다.

초기 경전에는 다섯 비구들이 이 『무아상경』의 말씀을 듣고 모두 크게 깨달은 바가 있었다고 기록하고 있다. 다섯 비구들의 이름은 다음과 같다.

안냐 콘다냐(Anna-Kondanna, 阿若憍陳如)

밧디야(Bhaddiya, 跋提)

밥파(Vappa, 婆頗)

마하나마(Mahānāma, 摩訶那摩)

앗사지(Assaji, 阿說示)

7. 많은 제자들을 얻음

부처님이 바라나시 교외에 있을 때 그 도시의 한 부상(富商)의 외아들로 야사(Yasa, 耶舍)라는 청년이 있었다. 영화를 누리며 환락이 계속된 생활 속에서도 그의 머리를 사로잡은 것은 인생의 참화(慘禍)와 무상이었다. 그는 부처님이 태자일 때 느꼈던 것과 꼭 같은 괴로움을 느꼈다.

어느 날 밤 세상을 떠나고 싶은 마음이 고조에 달해, 무덤처럼 여겨지는 탐욕의 집을 뛰쳐나와 성문을 넘고 교외에 나서자, 이상스럽게도 그 발길이 녹야원 쪽으로 향해졌다. 날은 아직 밝지 않았으나 부처님은 그 일대를 거닐고 있었다. 야사는 그냥 "위험해, 위험해" 이렇게 소리치며 부처님 있는 곳까지 달려왔다. 부처님은 "젊은이, 여기는 조금도 위험할 것이 없으니 앉으시오. 마음을 진정시키고 내 말을 들으시오" 하고 그 청년에게 말했다. 야사를 옆에 앉힌 다음, 부처님은 그 청년에게 보시(布施)에 관한 이야기, 계의 이야기, 천상계에 태어나는 이야기 등을 하여 청년의 마음을 점차 가라앉히고, 이 세상에서 욕심이 얼마나 큰 화를 가져오느냐 하는가, 그리고 욕심을 버리고 수도를 하는 것이 얼마나 이로운 것인가 하는 이야기를 차례로 하였다. 야사의 마음이 어느 정도 준비된 후에 사제의 법을 설하였다. 야사는 깨끗한 옷이 곱게 물들 듯이 법의 빛깔로 물들어 진리를 보는 눈이 생겼다.

야사가 집을 나갔다는 사실이 아침녘에 알려지자, 그 부모와 온 집안 식구들은 크게 놀라 사방팔방으로 그 행방을 찾아다니게 되었다. 그 아버지는 버려진 야사의 신을 보고 부처님에게로 가서 아들 소식을 물었다. 그때에 야사의 아버지는 부처님으로부터 가르침을 받고 그 제자가 되었다. 그를 삼보에 귀의한 최초의 우파사카(upāsaka)라고 한다. 삼보(三寶)란 부처님(佛)과 그가 가르친 진리(法)와 그 제자들의 집단(僧)의 셋을 말하는 것인데, 삼보가 다 갖춰진 것은 이때가 처음이라는 것이다. 앞서 부처님의 성도 직후에 두 상인이 세속생활을 그대로 영위하면서 불제자가 된 적이 있는데, 그 두 우파사카는 이보(二

寶) 귀의의 제자라고 불렸던 것이다. 즉 아직 다섯 비구가 귀의하기 전의 일이어서, 상가(saṃgha), 즉 남녀 출가수도자와 남녀 재가수도자의 사부중(四部衆)이 구성되어 있지 않았던 시기이기 때문이다.

비구들, 간다라(핫다).

다음날 야사의 집으로 초대받은 부처님은 야사의 어머니와 아내를 우파시카(upāsikā, 優婆夷, 재가 여신자)로 받아들였다. 또 야사의 친구 비말라(Vimala), 수바후(Subahu), 푼나지(Puṇṇaji), 가밤파티(Gavaṃpati)의 네 사람을 출가시키고, 계속해서 50명의 다른 친구들도 출가하도록 하였다. 이로써 부처님의 제자는 61명이 되었다.

이때 부처님은 이 60명의 제자들에게 각지를 유행(遊行)하여 부처님의 가르침을 선포하게 하였다.

> 비구들아, 내가 사람과 천인(天人) 일체의 기반(羈絆)으로부터 벗어난 것과 마찬가지로, 너희들도 또 사람과 천인의 모든 기반으로부터 벗어났다. 비구들아, 세상 사람들을 불쌍히 여기고, 그들의 안락을 위해서 유행(遊行)하라. 둘이서 한 길을 가지 말라. 처음도 좋고 중간도 좋고 끝도 좋으며, 뜻과 글이 다 갖추어진 진리를 널리 전하라. 모두 원만하고 맑은 청정

한 행을 가르쳐 보이라. 세상에는 더러움이 적은 사람들도 있는데, 법을 듣지 못하면 망할 것이지만, 그들은 법을 요해(了解)할 것이다. 비구들아, 나도 진리를 설하기 위해서 우루벨라의 세나니촌으로 갈 것이다."

60명의 비구들은 포교의 길에 올랐고, 부처님 자신은 우루벨라로 향하였다. 우리는 위의 말을 통해서 부처님이 진리의 선포를 얼마나 간절히 원하였던가 하는 것을 잘 알 수 있다. 법은 널리 전해져야 하는 것이란 신념이 불제자들 사이에 북받쳐 오르게 한 것이었다. 그리하여 부처님이 돌아가신 후 백년 만에 성왕(聖王) 아쇼카는 진리가 지배하도록 하는 정치를 폈고, 부처님의 가르침은 인도의 국경을 넘어 페르시아, 그리스, 중앙아시아로 미치고, 마침내는 중국을 거쳐 우리나라로, 그리고 다시 우리나라에서 일본으로 유포될 수 있었던 것이다.

부처님이 우루벨라로 다시 갈 생각을 한 것에 관하여 학자들은 이런 동기를 추측하고 있다. 우루벨라는 부처님이 성도한 붓다가야에 가까운 촌락이다. 여기서 그는 6년 동안 고행을 하였던 것이다. 그때에 이 지방에는 많은 사람들의 존경을 받고 있던 배화(拜火)교도인 우루벨라 캇사파(Uruvela-Kassapa) 삼형제가 있었다. 부처님은 마가다국의 수도 왕사성으로 들어가기 전에 먼저 이 형제들을 교화하지 않을 수 없었다. 그곳 주민들의 이 세 형제에 대한 존숭은 대단하였으며, 이 세 사람은 천 명의 제자를 거느리고 있었다. 이 사람들을 교화시킬 수 있느냐 없느냐 하는 것은 앞으로의 전교(傳敎)상 매우 중요한 의의를 가지는 것이라고 생각되었던 것이다.

우루벨라로 가는 도중에 부처님은 또 다른 많은 제자들을 얻을 수 있었다. 아마 바라나시에 가까운 어떤 숲 속에서 일어났던 일인 모양이다. 많은 남자들이 황급히 달려와 부처님께 그곳에 한 여인이 도망쳐 오지 않았느냐고 물었다. 그 청년들의 수는 30명에 달했는데 모두 공자(公子)들로서 각각 자기 처를 동반하고 산놀이를 나온 것이었다. 그런데 그 중 한 청년에게는 처가 없었으므로 창녀를 데리고 왔던 것이다. 그 많은 사람들이 정신없이 놀고 있는 동안에 창녀는 중요한 물건을 들고 달아나 버렸다. 그리하여 그 창녀를 찾다가 사람들은 우연히 부처님을 만난 것이다. 그런 말을 들은 부처님은 "당신들은 여인을 찾는 것과 자기 자신을 찾는 것, 어느 쪽이 더 좋은 일이라고 생각하느냐?" 고 물었다. 이와 같은 뜻밖의 물음에 공자들은 깊이 생각하지 않을 수 없게 되어 그 자리에서 그냥 깊이 깨달았다. 그들은 자기 자신을 찾지 않으면 안 된다는 것을 알고, 부처님의 설법을 듣고 그 제자가 되었다.

8. 캇사파 형제들

부처님은 우루벨라의 숲에 이르자 곧 캇사파 형제 중 제일 맏이인 우루벨라 캇사파가 있는 곳으로 가서 하룻밤을 보낼 수 있도록 청하였다. 이 캇사파는 우루벨라 숲 속에 살고 있었으므로 그렇게 불렀는데, 그에게는 500명의 제자가 있었다. 이 숲과 가야를 연결하는 네란자라 강변에 그 동생이 살고 있었는데, 그는 강가에 살았으므로 나디 캇사파(Nadī-Kassapa)라고 불렀다. 나디는 강이란 말이다. 그에게는 300명의 제자가 있었다. 그 하류의 가야에는 그 다음 동생이 살고 있었고, 그 이름을 가야 캇사파(Gayā-Kassapa)라고 했으며 그에게도 200명의 제자가 있었다. 모두가 배화교도이며 고행자였고 결발(結髮)을 하고

〈독룡을 보이는 붓다〉, 간다라. 배화 사당에서 제도한 독룡을 우루벨라 가섭에게 보여주고 있다.

있었으므로 결발행자라고 불렸다. 배화(拜火)라는 것은 불의 신 아그니(Agni)를 받드는 것이었던 모양이고, 수행방법으로는 고행을 일삼았다는 것밖에는 더 알려져 있는 것이 없다. 다만 그들의 교리는 온화한 것이었던 모양이고, 업보의 도리를 믿고 있었던 관계로 부처님의 가르침으로 전향시키기가 그다지 어려운 것은 아니었던 것 같다.

불전에는 부처님과 우루벨라 캇사파의 접촉을 재미있게 전하고 있다. 캇사파의 집에는 불을 소중히 모신 방이 있었다. 부처님은 그 방에서 하룻밤을 보낼 수 있기를 청하였다. 그때에 캇사파는 그 방 안에 독룡(毒龍)이 살고 있으니 안 된다고 거절을 했다. 그러나 부처님은 강청(强請)하여 그곳에서 한 밤을 보냈다. 다음 날 아침 캇사파와 그 제자들은 부처님이 분명히 독룡의 이빨에 물려 죽었으리라 생각하고 있는데, 부처님은 태연히 그 독사를 바리 속에 넣고 나타났다는 것이다.

캇사파는 그 위대함을 인식하기 시작했고, 부처님을 계속해서 숲 속에 머물러 있도록 했다. 그 동안에 부처님은 여러 가지 이상한 기적들을 나타냈다. 어느 날 밤에는 사왕천이, 그리고 어느 날 밤에는 제석천이, 또는 범천이 부처님으로부터 법을 들었다. 그때마다 숲 속에 두루 환한 빛이 가득 차 캇사파를 놀라게 하였다. 또 어떤 때에는 멀리 북쿠루 주(洲)로 가서 그 지방의 독특한 과일을 따다 식사를 하고, 그 방향(芳香)이 숲 전체에까지 충만하게 하였다. 또 어떤 때에는 숲 전체가 물로 가득 찼는데, 부처님 있는 곳에만 마른 흙이 남는 그런 일도 있었다.

또 어떤 때에는 물이 없는 곳에 연못이 나타나기도 하였다. 그 밖에 여러 가지 기적이 있어도, 캇사파는 이 사문이 훌륭하기는 하지만 아직 자신에게는 미치지 못한다는 잘난 마음을 버리지 않았다. 그런 일이 자주 있은 뒤 마지막으로 부처님은 캇사파에게 "캇사파야, 너는 성자가 아니다. 또 성자가 되는 길도 발견하고 있지 못하다. 네 가르침은 성자가 되는 길이 아니다" 이렇게 책망을 하였다. 이 말씀에 캇사파는 놀라 드디어 그 만심(慢心)을 꺾고, 500명의 제자와 같이 배화의 제구(祭具)를 강에다 버리고, 길러 올렸던 머리를 자르고 부처님 산하의 비구가 되었다. 그 강의 하류에 사는 나디 캇사파는 물 위에 형의 제구가 떠내려 오는 것을 보고 놀라서 와 보고, 자기도 출가했다. 가야에 사는 그 밑의 동생도 마찬가지로 출가하여 불제자가 됐다. 그리하여 여기 세 형제는 그 천 명의 제자와 더불어 모두 부처님의 제자가 되었던 것이다.

부처님은 이제 왕사성으로 가서 6년 전에 빔비사라 왕과 했던 약속을 지킬 때가 되었다고 생각하였다. 부처님은 세 캇사파 형제를 비롯한 천 명의 새 제자들을 데리고 왕사성으로 가 가야시사(Gayāsīsa)에 도달하였다.

가야시사라는 곳은 다른 책에는 서부(西部)가야(Aparagaya)라고 한 곳인 모양인데 상두산(象頭山)이라고도 한역된다. 현장(玄奘) 삼장은 가야성의 서남 5~6리에 있다고 하고, 『우다나(Udāna)』의 주(註)에는 가야에서 그리 멀지 않은 곳에 못과 내가 있는데 그곳은 세속의 사람들이 악을 씻어 버리는 영장(靈場)이라고 생각하고 있다고 한다. 또 거기에는 산이 하나 있는데, 천 명의 비구를 수용할 수 있는 코끼리의 머리와 비슷한 큰 바위가 있어, 상두산이라고 불린다고 하고 있다. 부처님의 사촌동생 데바닷타가 부처님을 배반하고 독립했던 곳도 여기다.

부처님은 여기서 원래 배화교도였던 천 명의 비구에 대해서 다음과 같은 『연화경(蓮華經)』을 설하였다.

> 비구들아, 모든 것은 불타고 있다. 어떻게 불타고 있는가? 눈(眼)이 불타고, 물건들(色)이 불타고, 마음(識)이 불타고, 또 이 눈과 물건과 마음의 셋이 접촉해서 생기는 감각도, 감정도 모두 다 불타고 있다. 무슨 불로 불타고 있는가? 탐욕(貪欲)의 불, 진에(瞋恚)의 불, 우치(愚癡)의 불에 의해 불타고 있다. 생과 노와 병과 사와 근심, 슬픔, 아픔, 고민의 불로 불타고 있다. 귀(耳)와 소리(聲)와 마음(識)과, 코(鼻)와 내음(香)과 마음과, 혀(舌)와 맛(味)과 마음과, 몸(身)과 접촉함(觸)과 마음과, 그리고 그 하나하나의 접촉에 의한 감각과 감정도 모두 탐 · 진 · 치 삼독의 불, 생노병사, 근심, 슬픔, 아픔, 고뇌의 불 때문에 불타오르고 있다.
>
> 비구들아, 이와 같이 옳게 보고, 이 가르침을 받드는 제자가 안 · 이 · 비 · 설 · 신과 색 · 성 · 향 · 미 · 촉에 대하여 혐오하는 마음을 일으킨다면, 탐욕을 떠나 '나는 해탈했다'는 지혜를 일으켜, '생은 다했다. 청정행은 다 끝났다. 이제 이후로 다른 생은 없다'고 알게 되는 것이다.

이 말씀을 듣는 자들은 수일 전까지도 단을 꾸미고 불을 태워 그 타오르는 화염 속에 제사를 드리던 사람들이다. 이제 그들에게 우리 인간 안에서 타오르고 있는 무서운 불길에 관해 경고를 한 것이다.

부처님은 지나간 과거에 입각해서 설법하기를 좋아하였다. 그들에게 가르친 다음과 같은 말씀도 귀담아 들을 필요가 있을 것이다.

> 비구들아, 내가 아직 도를 이루지 못하고 재가생활을 하고 있을 때 나는 이렇게 생각하였다. 도대체 세상의 복이란 무엇이며 화란 무엇인가? 그 화에서 벗어날 수 있는 것일까?
>
> 이 세상에서 즐거움과 기쁨을 일으키는 것이 복이다. 이 세상의 무상, 전변, 고뇌가 곧 화다. 그러므로 이 세상에서 욕(欲)을 제어하고 욕을 떠나면 그것이 이 세상으로부터의 이탈인 것이다.
>
> 비구들아, 나는 이 세상의 복을 찾아 깊이 그 밑바닥을 다 보았다. 그리하여 이 세상의 복과 화를 보고 그것으로부터의 이탈을 완전히 얻었을 때 내 명오(明悟)는 열린 것이다.
>
> 실로 이 세상에 복이 없다면 사람들이 이 세상에 집착하는 일은 없을 것이다. 또 이 세상에 화가 없다면 사람들이 세상을 싫어하는 일이 없을 것이다. 또 이 세상으로부터의 이탈의 방법이 없다면, 사람들은 이탈할 수가 없을 것이다. 이 세상에는 복도 있지만, 화도 있다. 또 이탈의 방법이 있어서 사람은 이 이탈을 얻을 수가 있는 것이다.

제7장

왕사성에서의 교화

1. 왕사성

왕사성(王舍城)은 앞서도 말한 바와 같이 당시의 인도 사대 강국 중의 하나인 마가다국의 수도이며 당시로서는 가장 번성하고 가장 새로운 경향의 도시였다. 이 도시는 구(舊)왕사성과 신(新)왕사성의 둘로 나뉘어 있고, 구도(舊都)는 산성(山城)이라고 불리고 현재도 인도 최고(最古)의 석조건축으로서 그 자리가 남아 있는데, 현장법사는 이 구도를 상모(上茅)궁성, 구사게라보라성(矩奢揭羅補羅城, Kusaggapura)이라고 부르고 있다. 전설에 의하면 이 성은 마하고빈다(Mahāgovinda)왕이 세운 것이라고 한다. 신왕사성은 그 후 빔비사라 왕 때에 평지에 세운 것이다. 주위에는 다섯 개의 산이 있어 모두 부처님이 머물렀던 곳으로 알려져 있는데, 그 이름들을 열거하면 다음과 같다.

① 판다바(Paṇḍava)	白善山
② 깃자쿠타(Gijjhakūṭa)	靈鷲山
③ 베바라(Vebhāra)	負重山
④ 이시기리(Isigiri)	仙人掘山
⑤ 베풀라(Vepulla)	廣普山

그 산의 주위에는 불적이 많고, 『대지도론』에는 그곳에 있던 다음과 같은 여러 정사들의 이름이 적혀 있다.

① 죽원(竹園) 또는 죽림정사(竹林精舍)

② 베바라 산의 칠엽굴(七葉窟)

③ 인드라샤일라구하(Indraśailaguhā)

④ 삽파손디카팝바라(Sappasoṇḍikapabbhāra)

⑤ 영취산

이와 같이 부처님이 있던 곳이 많은 까닭은 부처님이 여기에 오랫동안 머물렀기 때문이다. 『대지도론』을 지은 나가르주나(용수)에 따르면, 부처님은 그 육신이 난 곳과 그 법신(法身, 제일가는 진리의 몸)이 난 곳, 이 두 곳에 가장 오랫동안 머물러 있었다고 하면서, 왕사성을 법신이 난 붓다가야에서 가까운 곳으로 들고, 사위성을 육신 즉 생신(生身)이 난 룸비니에 가까운 곳으로 들고 있다.

왕사성의 교외에는 장림(杖林)이라는 숲이 있고 거기에 선주(善住)라는 이름의 체티야(cetiya)가 있었다. 부처님은 앞서 말한 캇사파 형제를 비롯하여 천 명의 도중(徒衆)을 이끌고 이곳으로 와서 머물렀다. 장림이란, 현장법사가 전한 전설에 의하면, 어떤 브라흐만 승려가 죽장(竹杖)으로 부처님의 키를 재었다는 이야기에서 나온 이름이라고 한다. 그러나 현장법사가 쓴 것을 보면 죽림수소피산미곡(竹林脩篠被山彌谷)이라고 하고 있으므로, 역시 죽림이었던 것을 짐작할 수 있다. 이 숲에 선주란 이름의 체티야가 있었다는 것이다. 체티야란 천소(天所), 천가(天家) 등으로 번역되는데, 대부분은 민간신앙에 의한 야차 등을 봉안한 곳이며, 또 훌륭한 사람의 무덤 같은 것을 말하였다. 그러나 선주 체티야가 과연 어떤 것이었는지는 잘 알 수 없다.

이 장림에 들어온 다음날 부처님은 빔비사라 왕의 초청으로 그 왕궁에 가기 위해 왕사성의 길거리에 들어섰다. 그 광경을 불전은 다음과 같이 노래하고 있다.

조복(調伏)한 사람이 조복당한 사람들을 이끌고
앞서 결발행자(結髮行者)였던 사람들을 이끌고
해탈한 사람이 해탈된 사람들을 이끌고
황금의 빛도 아름다운 세존은 왕사성에 들어가셨다.
벗어난 사람이 벗어나게 된 사람들을 이끌고
해탈한 사람이 해탈된 사람들을 이끌고
황금의 빛도 아름다운 세존은 왕사성으로 들어가셨다.
생사의 바다를 넘어선 사람이
생사의 바다를 넘어서게 된 사람들을 이끌고
해탈한 사람이 해탈된 사람들을 이끌고
황금의 빛도 아름다운 세존은 왕사성으로 들어가셨다.
십주(十住), 십력(十力)이시며,
십법(十法)을 알고 십호(十號)를 갖추어
천 명의 비구에 둘러싸여 세존은 왕사성에 들어가셨다.

이 노래는 어린애의 모습을 하고 부처님의 행렬의 선도에 선 제석천의 노래라고 전해지는 것이다. 부처님 일행의 위풍당당한 모습을 충분히 짐작할 수 있을 것 같다.

마가다국의 빔비사라 왕은 앞서 장림으로 부처님을 방문하고 그 가르침을 듣고, 지금 또 왕궁으로 부처님을 모셔다 진리의 가르침을 받아 깊이 부처님께 귀의하기에 이르렀다. 그때부터 왕은 부처님이 유(留)할 곳을 물색하기에 바빴다. 성내에서 너무 멀지 않고 또 너무 가깝지도 않으며, 왕복하기에 좋고, 언제든지 가기 쉬우며, 낮에는 사람

왕사성의 죽림정사. 빔비사라 왕이 붓다에게 바쳤다.

들이 잡답(雜沓)하지 않고, 또 밤에는 훤조(喧燥)하지 않으며, 한거(閑居)하여 정사(靜思)에 잠길 수 있는 곳, 그러한 곳을 왕은 물색하였다. 왕은 그의 소유인 교외의 칼란다카(Kalaṇḍaka)의 죽림원(竹林園)을 최적의 자리로 택하고, 이곳을 부처님께 바쳤다. 칼란다카 죽림원이란 말은 칼란다카, 즉 다람쥐가 방사되고 있는 죽림이란 말이다. 옛날 잠자고 있던 왕을 해치려는 독사를 다람쥐가 물리친 데 대한 보은으로 이 동산에 다람쥐들을 방사하게 되었다는 전설에 근거가 있는 것이다. 이 동산에 세워진 정사를 죽림정사라고 하며 불교역사상 최초의 사원이 된다. 이 죽림정사는 기원정사와 더불어 가장 유명한 사원으로 부처님이 가장 오래 체류한 곳이다. 『법현전』에는 '出舊城北行百餘步 道西 迦蘭陀竹園精舍 今現在 衆僧掃灑精舍'(구성을 나와 북쪽으로 백여 보를 가면 길의 서쪽에 칼란다카 죽원정사가 있는데, 지금도 존재하고 있으며, 중승이 깨끗하게 청소하고 있다)라고 되어 있고, 또 현장 삼장은 그 『서역기』에 '山城北門行一里餘 至迦蘭陀竹園 今有精舍 石基甎室 東闢其戶 如來在世多居此中 說法開化'(산성 북문에서 1리 남짓 가면, 칼란다카 죽원에 이른다. 지금도 정사가 있고 벽돌집은 동쪽으로 문을 열어 놓고 있다. 여래는 재세시에 이곳에 많이 머무르면서 설법 개화를 하였다)라고 기록하고 있다. 지금의 왕사성에는 옛 모습이 남아 있지 않지만, 다른 유적들과 더불어 죽림정사의 옛 자리는 아름답게 잘 보존되어 있다.

2. 사리불과 목련

그때 왕사성 부근에는 여러 종교단체가 있었다. 앞서 말한 바 있는 육사외도의 한 사람인 산자야(Sañjaya)도 250명 가량의 제자를 이끌고 이곳에 살고 있었다. 그에게는 우파팃사(Upatissa)와 콜리타(Kolita)라는 두 사람의 수제자가 있었다. 우파팃사는 왕사성 동북쪽에 해당하는 날라다(Nālada) 촌의 부잣집 아들이고, 콜리타는 그 이웃마을의 사람으로, 어렸을 때부터 매우 친한 사이였다. 청년기에 이 두 사람은 부근의 산제(山祭)에 참석하고 오는 길에 꼭 같은 생각을 했다. 이 많은 사람들도 언젠가는 죽을 것이 아니냐 하고. 그리하여 두 사람은 수도생활을 시작하기로 결심하고 산자야의 제자가 되었다. 두 사람은 스승의 모든 가르침을 다 배웠고 이해했으나, 그것으로 만족할 수가 없었다. 다시 더 좋은 가르침을 구하기로 서로 결심하고, 누구든지 먼저 더 좋은 진리를 알게 되면, 그것을 곧 친구에게 알려주기로 약속을 하였다.

어느 날 아침 다섯 비구 중의 한 사람인 앗사지가 왕사성으로 탁발을 하러 들어갔을 때, 같이 성 안에 들어와 있던 우파팃사는 그 앗사지의 위의(威儀)가 바른 데 그만 크게 충격을 받았다. '참으로 고상한 모습이다. 이 사람이야말로 확실히 좋은 가르침을 받고 있는 사람에 틀림없다.' 이렇게 생각하고 앗사지의 탁발이 끝나는 것을 기다려 문밖에서 그에게 가까이 가 이렇게 물었다.

"당신의 모습은 참말로 고요하고 밝디 밝습니다. 어느 분을 스승으로 모시고 계십니까?"

"제 스승은 샤캬족에서 출가하신 큰스님이십니다."

"그럼 당신의 스승께서는 무엇을 가르치십니까?"

"저는 이 교에 들어온 지 얼마 되지 않았으므로 자세히 말씀드릴 수는 없습니다. 그렇지만 간추려 말하면 '모든 것은 인연에 의해 생기고 또 인연에 의해 사라진다'는 것입니다."

이 말을 들은 우파팃사는 크게 놀라고 또 기뻐하며, 이것이야말로 참된 법이라고 믿고 급히 그 거처로 돌아갔다. 우파팃사는 이것을 친구 콜리타에게 말하고, 또 250명의 다른 상제자(相弟子)들에게도 전했다. 이 말을 들은 산자야의 제자들은 모두 부처님의 가르침에 순종하겠다고 하고, 그 스승인 산자야에게 말했다. 산자야는 만류하였으나, 제자들은 모두 듣지 않고 곧 죽림원으로 가서 부처님의 제자가 되었다.

앗사지가 전한 부처님의 가르침은 게(偈)의 형식으로 전하는데, 매우 유명한 것이다. 물론 그 게의 형식이 앗사지가 말한 그대로가 아닐 수는 있지만, 그 안에 부처님 가르침의 중심 골자가 들어 있는 것은 틀림없다. 그리하여 이 게는 후대에 매우 중요시되어 '법신게(法身偈)' 또는 '법사리(法舍利)'라고 불리기에까지 이르렀다. 여러 불전에는 이 게가 조금 다른 형식으로 전해지고 있는데, 이제 그것을 병기하면 다음과 같다.

법은 인(因)에 의해 생한다.
여래는 그 인을 설한다.
또 인에 의해 멸한다.
대사문(大沙門)은 이와 같이 설한다.

『마하박가』1.23~24

如來說因緣生法 亦說因緣滅法
若法所因生 如來說是因
若法所因滅 大沙門亦說比義
此是我師說

『사분율(四分律)』33

我師所說
法從緣生 亦從緣滅
一切諸法 空無有主

『오분율(五分律)』

一切諸法本 因緣生無主
若能解此者 卽得眞實道

『인과경』4

산치 제3탑, 인도. 사리풋타와 마하목갈라나의 사리가 봉안되어 있었다.

諸法因生者 彼法隨因滅

因緣滅卽道 大師說如是

『불본행집경』

諸法從緣生 是法緣及盡

我師大聖王 是義如是說

『대지도론』 18

諸法從緣起 如來說是因

彼法因緣盡 是大沙門說

『남해기귀내법전(南海寄歸內法傳)』 4

이 우파팃사가 후년에 불제자 중 가장 지혜가 밝다고 한 사리풋타

(Sariputta, 舍利弗)이며, 또 콜리타가 나중에 신통력이 제일이라고 알려졌던 마하목갈라나(Mahāmoggallāna, 目連)인 것이다. 사리풋타는 여러 경전 중에서 대지(大智), 속지(速智), 첩지(捷智), 광지(廣智), 심지(深智)의 소유자라고 찬양받는 사람이다. 그러한 대지혜의 소유자였기 때문에, 앞서 말한 바와 같은 간단한 게송을 듣고도 그 깊은 뜻을 능히 증오(證悟)할 수 있었던 것이 아닌가 한다.

우파팃사와 콜리타 두 사람이 250명의 제자들을 이끌고 죽림정사로 향해 오는 것을 보고 부처님은 "저 두 사람은 내 수제자들이 될 것이다"라고 말하였고, 또 이 두 사람을 제자들이 앉은 맨 윗자리에다 앉혔기 때문에 불평이 생길 정도였다고 한다. 실제로 이 두 사람은 부처님의 이대(二大)제자가 되었고, 특히 사리풋타는 '법의 장군'이라고까지 불려 부처님 다음 가는 사람이라고까지 존숭받았다. 사리풋타는 부처님을 모시고 수행하면서, 자기를 부처님께 인도해 준 앗사지의 은혜를 잊을 수가 없었다. 그래서 일생동안 앗사지가 있는 쪽으로 다리를 뻗고 자는 일이 없었다 한다. 그 때문에 사리풋타는 방위를 믿는 이교도라는 비난이 생길 정도였다는 것이다. 또 사리풋타 일가는 매우 부처님에 대한 인연이 깊어, 그 네 형제 세 자매가 모두 출가하여 불제자가 되었다.

사리풋타와 목갈라나 두 사람이 부처님께 귀의한 이래 부처님의 명성은 더욱 높아져, 왕사성의 명가(名家)의 제자로서 출가하는 사람의 수효가 점점 늘어갔다. 그 때문에 '고타마 스님은 부모에게서 자식을 빼앗아가고, 아내로부터 남편을 빼앗아가고, 집안의 혈통을 끊는 자'라는 비난마저 일어났다. 그리하여 한때 제자들의 탁발까지도 어려운 형편이 되었으나, 정법을 가르치는 부처님의 의연한 태도에 그 비난의 소리도 점차 가라앉아 교세는 더욱 늘어가기만 했다.

부처님은 때로 죽림원의 정사를 나와 왕사성의 동북에 있는 영취산에 올라가 그곳에 있는 돈굴동(豚窟洞)에 머무른 일도 있었다. 사리풋타의 숙부인 디가나카(Dīghanakha)라는 분은 그 당시 이름 있는 다른 종교의 수도승이었는데, 그 조카 사리풋타가 불제자가 된 것을 이상하게 생각하고 있었다. 도대체 부처님이 어떤 사람인가를 알아보려고 그는 부처님을 방문하였다. 그는 부처님 앞에 나타나자, 먼저 "나는 일체의 것을 인정하지 않습니다" 하고 회의주의적인 생각을 말하였다. 부처님이 "당신은 그 인정하지 않는다는 견해를 인정하지 않고 있습니까?" 하고 묻는 바람에 크게 깨달아 부처님께 복종을 하였다. 이때 부처님은 "주의주장에는 일체를 긍정하는 것과 일체를 부정하는 것과 일부를 긍정하는 것과 일부를 부정하는 것이 있으나, 이 중 일체를 긍정하는 견해는 탐욕과 계박(繫縛)과 집착에 가깝고, 또 일체를 부정하는 견해는 그 견해에 크게 집착하는 까닭에 적이 생기고 장애가 나타나므로, 이 두 견해는 모두 다 버리지 않으면 안 된다"고 가르쳤다.

나중에 부처님이 돌아간 뒤 통솔자가 된 마하캇사파(Mahākassapa, 大迦葉)가 부처님의 제자가 된 것도 이때의 일이다. 마하캇사파도 마가다국 마하팃타(Mahātittha) 촌의 부유한 브라흐만 가문에서 태어난 사람이므로 어려서부터 매우 총명하고 말재주가 있었으며, 늘 출가해서 수도자가 될 것을 꿈꾸고 있었다. 그러나 부모의 권에 못 이겨 밧다카필라니(Bhaddākapilānī)라는 처녀와 결혼했던 것인데, 결혼 후에도 둘 다 서로 깨끗한 독신생활을 그리워하여, 부처님이 성도한 바로 그날 같이 출가하여 유행생활을 시작했었다고 한다. 어느 날 캇사파는 나라다 촌으로 가는 길가의 어떤 탑 옆에 앉아 있는 부처님을 보고 어쩐지 마음이 끌려 그 뒤를 따라 죽림원까지 가서 거기서 부처님의 제자가 되었다. 그의 처도 나중에 마하캇사파를 만나 부처님께 귀의하였다.

일찍이 부처님이 탄생했을 때, 아시타 선인은 고타마의 상(相)을 보고 그 성불을 예언한 바 있었다. 그는 자기 자신이 부처님이 성불하는 날까지 살아 있지 못할 것을 슬퍼하여 그의 조카 나라다(Nārada)에게 뒷일을 맡기고, 성불하는 날에는 꼭 자기를 대신해서 부처님을 찾아보고 그 가르침을 받으라고 지시한 일이 있었다. 나라다는 이제 부처님이 성도한 것을 알고, 죽림정사로 가서 부처님을 만나서 그 제자가 되었다. 나라다가 출가하게 된 동기를 불전은 다음과 같은 아름다운 이야기로 설명해 주고 있다.

나라다가 부처님을 찾아왔을 때, 용왕은 부처님이 세상에 나타났는지 아닌지를 알기 위해서 갠지스 강의 복판에 아름답게 차려입은 두 딸을 서게 하였다. 그리고 그들로 하여금 은알을 담은 금바리와 금알을 담은 은바리를 들고 부처님만이 알 수 있는 수수께끼의 노래를 부르게 하였다. 용왕은 선포하기를 그 노래의 뜻을 아는 자에게는 딸과 금은을 다 주겠노라고 약속을 했던 것이다. 그러나 아무도 그 수수께끼를 푸는 사람이 없었다. 그리하여 나라다는 몰래 부처님께 그 뜻을 풀이해 줄 것을 요청하고 그 의미를 알아 용왕에게 대답해 주었다. 그로 인하여 용왕은 정말로 부처님이 이 세상에 나타난 것을 알고 기뻐하였다. 그 일이 있은 뒤 나라다는 곧 출가를 하게 되었다는 것이다. 이 나라다는 부처님이 돌아가신 뒤까지 살아남아 파탈리푸트라의 문다(Muṇḍa) 왕이 애비를 잃고 슬픔에 잠겨 있을 때 그에게 부처님의 진리를 전해 주었다고 한다.

이제 부처님의 제자는 천 명을 넘게 되었다. 그렇게 많은 제자들이 한 곳에 머물러 있는 것은 용이한 일이 아니었다. 인도의 수행자들이 옛날부터 해 내려오던 식으로 부처님과 그 제자들도 여러 지방을 편력하면서 수행과 포교를 계속하였다. 부처님은 죽림정사를 나와 영취산

영취산. 붓다가 〈법화경〉을 설했다고 전해지는 장소가 위쪽으로 보인다.

에도 올라가고, 또 왕사성과 남쪽의 남산에도 가는 등 여러 곳을 순행(巡行)하였다. 그러나 아직 마가다국 밖으로는 나가지 않고 있었다.

또 이와 같이 비구의 수가 많아지게 되면 자연히 공동 수도생활의 통제상 여러 가지 규칙이 만들어지지 않으면 안 되게 되었다. 그리하여 부처님의 제자들의 집단인 상가(僧伽)의 비구들이 지킬 규율이 제정되어 갔다. 처음에는 부처님이 가르친 생활상의 대원칙인 '諸惡莫作 衆善奉行 自淨其意'로 족하던 것이 점차 외부적인 구속적 계율로 발전해 간 것이었다.

먼저 새로 들어온 비구들은 각각 일상적으로 가르침을 받고 감독을 받을 수 있는 스승을 정할 것이 규정되었다. 물론 최고의 스승이 부처님인 것은 사실이지만, 옷 입는 법, 식사하는 법으로부터 그 밖의 모든 일상적인 교훈에 이르기까지 아버지와 같이 가르쳐 주는 스승이 필요하게 되었던 것이다.

또 제자들을 받아들이는 의식도 처음에는 삼보에 대한 귀의를 선언하는 간단한 것이었는데, 점차 복잡해져 갔다. 그것은 많은 귀의자들 가운데 혹시 결심이 견고하지 않은 사람들이 섞이는 것을 미연에 방지할 필요도 있었기 때문이다.

3. 샤카족 사람들의 출가

태자가 성도하여 부처님이 되었다는 소식은 벌써 카필라성에 다다랐다. 아버지 숫도다나 왕은 사신을 보내어 부처님이 귀성(歸城)할 것을 간청하였다. 그러나 그 사신은 부처님을 만나자 그 사명을 잊고 그냥 출가하여 그의 제자가 되어 버리고 말았다. 부처님도 고향으로 찾아가 그가 깨달은 법을 모든 사람들에게 가르쳐 주고 싶은 생각이 없는 것은 아니었다. 그러나 그때가 올 것을 기다리고 있었다. 숫도다나 왕은 마침내 부처님이 어렸을 때부터의 친구이며 재간이 좋던 칼루다이(Kāḷudāyī)를 부처님에게 보냈다.

칼루다이도 왕사성 죽림정사에서 부처님을 만나 그 가르침을 듣고 출가하여 제자가 되었다. 그는 부처님이 귀성하여 고향의 모든 사람들을 교화해 줄 것을 권유했다. 그리하여 부처님은 비구들을 이끌고 카필라성의 교외에 있는 니그로다(Nigrodha) 나무의 숲으로 들어갔다.

불전에는 이때에 부처님이 샤카족 사람들의 교만한 마음을 깨뜨리기 위해서 여러 가지 신비스러운 일을 나타냈다고 기록되어 있다. 그것은 원래 샤카족 사람들이 인종적인 우월감을 가지고 퍽 교만했던 사실을 드러내는 것이다.

〈공중을 나는 붓다〉, 간다라. 고향을 찾은 붓다는 샤캬족의 오만함을 꺾기 위해 공중을 나는 신변(神變)을 보였다.

부처님은 다음 날 비구들을 데리고 성내에 들어가 집집을 돌면서 탁발을 하였다. 사람들은 놀라서 이 사실을 궁전에 보고하였다. 왕도 크게 당황하여 몸소 달려나와 부처님 앞에 서서 "어째서 우리를 부끄럽게 하려고 하오. 당신의 집에서는 이만한 사람들에게 공양을 올릴 수가 없다고 생각하는 것이오?"라고 하였다. 부처님은 "나는 다만 조상의 법을 지키고 있을 따름입니다"라고 대답하였다. 왕은 "무엇이라고? 당신의 조상은 마하삼마타 왕 이래로 아무도 걸식을 한 사람이 없소"라고 하였다. 부처님은 조용히 "왕이시여, 그것은 당신의 왕계(王系)입니다. 제 가계는 부처님의 가계입니다. 부처님의 법은 탁발로써 목숨을 유지하는 것입니다" 이렇게 대답하였다. 그리하여 부처님은 붓다의 법이 방일(放逸)을 떠나고 악을 피하여 마음을 바르게 하고, 이 세상에서나 내세에서나 한결같이 안락한 것이라고 말했다. 길 위에서 숫도다나 왕의 마음은 활짝 열렸다. 크게 기뻐하는 왕은 부처님의 바리를 들고 비구들과 더불어 부처님을 궁전으로 모셔가 그날의 식사를 공양하였다.

부처님은 마음과의 싸움의 승리자다. 그는 진리의 왕자다. 세속의 왕과 출세간의 왕 사이의 대화는 출세간의 승리, 진리의 승리로 나타났다. 위의 이야기가 역사적 사실이든 아니든, 그 의미하는 바는 명약관화한 것이다.

식사를 끝낸 뒤 부처님은 사리풋타와 목갈라나를 데리고 후궁으로 들어갔다. 방에 들어가자 야쇼다라 비는 부처님의 발에 머리를 부벼대며 예배를 드렸다. 불전에 의하면 부처님은 조용히 비(妃)를 내려다보고, 머지않아 그녀에게도 출세간의 광명이 비쳐 올 것을 믿으면서 자리에서 물러나왔다고 한다.

다음 날은 부처님의 이복동생인 난다(Nanda, 難陀)의 혼인날이었다고 한다. 학자들 사이에서는 그것이 혼인날이 아니고 그때 이미 난다는 혼인을 하고 난 뒤가 아니었을까 의문을 품는 이도 있으나, 그것은 지금 분명치 않다. 여하튼 난다가 어떤 미모의 여인에게 마음이 끌려 있었던 것은 사실인 모양이다. 부처님은 다시 성내에 들어와 궁전으로 가서, 출영나온 난다에게 바리를 주고, 그냥 궁전을 나와 성문을 거쳐 그가 거하던 숲으로 돌아갔다. 인도에서는 유행자를 대하는 태도로서, 어떤 사람이 유행자의 바리를 받고 그것을 그대로 내버려두는 것은 허용되지 않는 일이었다. 그러므로 난다는 할 수 없이 바리를 손에 들고 부처님 뒤를 따라 성문을 나서 부처님 있는 곳으로 갔다. 그러나 난다에게는 출가할 의사가 없었던 것이다.

난다는 그가 스스로 원해서 출가한 것이 아니었기 때문에 매우 불만스러운 심경이었다. 그렇다고 과감하게 환속을 할 수도 없고, 그리하

〈난다의 출가〉, 간다라. 왼쪽에 무릎을 꿇고 발우를 든 난다가 붓다를 올려보고 있다. 오른쪽의 실내에서 화장하는 여인이 난다의 부인인 듯하다.

여 난다는 세속의 욕심을 좇아 번민하는 나날을 보냈다. 그러나 부처님은 이 난다의 심경을 이해하고 그를 적당히 가르쳐 마침내 출가의 참된 목적을 이룩할 수 있도록 하였다고 한다.

부처님이 카필라성에 돌아온 지 7일째 되는 날이라고 한다. 부처님이 또 비구들에게 둘러싸여 성에 들어가자, 고루(高樓)에서 야쇼다라비는 그때 일곱 살 난 라훌라 왕자를 창가로 불러 "저기 저 분, 뭇 별들 가운데서 달처럼 빛나는 분, 저 분이 네 아버지시다. 가서 유산의 상속을 주시도록 말씀드려라" 이렇게 말하였다. 왕자는 어머니의 말을 듣고 기뻐하며 급히 계단을 내려와 거리로 나와, 비구들 사이를 헤치고 부처님 앞으로 다가서서 소매를 붙잡고 유산을 상속시켜 달라고 하였다. 부처님은 뒤돌아 자기 아들의 모습을 보고 '이 애는 아버지에게 세상의 재보(財寶)를 구하고 있으나, 그 재보는 정처 없고, 고뇌를 일으키는 원인이다. 오히려 내가 보리도량(菩提道場)에서 얻은 무상(無上)

한 보배를 주어 세속을 초월한 유산을 상속시키겠다'고 생각하였다. 그리하여 제자 사리풋타를 불러 라훌라를 숲으로 따라오게 해서 출가시켜 사미(沙彌)로 만들었다. 부처님의 교단에서 나이 어려 출가한 사람, 즉 사미는 라훌라 왕자가 최초이다. 사미란 사마네라(sāmaṇera)라는 인도말을 한자로 음역한 것인데, 사마나(samaṇa), 즉 사문(沙門)이 될 사람이라는 뜻으로, 출가는 했지만 아직 비구들이 받는 계, 즉 구족계(具足戒)를 받지 않아, 온전한 비구가 되지 못하고 있는 사람을 가리킨다.

〈라훌라의 출가〉, 인도의 아잔타 석굴. 유산을 청하는 라훌라에게 붓다가 발우를 주고 있다.

숫도다나 왕은 부처님이 돌아온 후, 아침에는 아들 난다를 빼앗기고, 저녁에는 손자 라훌라를 잃어 비통하기 짝이 없는 마음을 가지고 있었다. 특히 어린 손자를 잃은 슬픔은 이만저만한 것이 아니었다. 그리하여 왕은 부처님을 만나서 앞으로는 부모의 허락 없이 자식을 출가시키지 못하도록 금해 주기를 간청하여 그렇게 하기로 되었다.

부처님의 제자가 되어 그의 가르침을 좇음에 있어서 출가란 형식이 필수조건이 되는 것은 아니다. 그러나 욕망이란 악마의 함정에서 벗어나 그 지배에 항거하기 위해서는 출리(出離), 이탈, 포기가 필연적인 일임은 두말할 것도 없다. 그러므로 가족을 버리고 세속의 모든 생활

습관을 버리고 출세간의 길에 나서게 되는 것이다. 버리는 것은 얻기 위함이고, 이탈함은 포섭을 위함이다. 머지않아 법열(法悅)이 경험되는 것이다.

> 백의(白衣)라 할지라도 사문의 청정한 율의(律儀)를 봉지(奉持)하고, 거가(居家)에 처한다 할지라도 삼계(三界)에 집착하지 않고, 처자 있음을 나타내도 항상 범행(梵行)을 닦으며, 권속(眷屬)이 있음을 나타내도 항상 원리(遠離)를 좋아하며, 보식(寶飾)을 걸친다 할지라도 상호(相好)로써 몸을 단장하고, 또 음식을 취한다 할지라도 선열(禪悅)로써 맛으로 삼고, 만약 단혁희처(博奕戱處)에 이르면 곧 사람을 제도(濟度)하고, 여러 가지 이도(異道)를 받지만 정신(正信)을 훼손시키지 않으며, 세속의 전적(典籍)에 밝을지라도 항상 불법을 지킨다.

이것은 유명한 유마(維摩)거사의 경지다. 그것은 세간과 출세간이 다르지 않은 생활의 경지다. 그러나 이렇게 되기까지에는 세간을 거역하는 비극을 희생적으로 겪지 않으면 안 되는 것이다.

그 후 라훌라는 수행의 고통을 맛본다. 어떤 때에는 잘 자리가 없어서 부처님이 쓰는 뒷간에서 하룻밤을 보낸 일도 있었다. 부처님이 라훌라에게 한 교훈의 말씀들을 보면, 라훌라는 장난삼아 거짓말을 잘하는 버릇이 있었던 모양이고, 이런 버릇을 없애기 위해 부처님은 망어(妄語)하지 않는 것이 사문의 법임을 강조하였다고도 한다. 라훌라를 불전에서 '학족(學足)제일'의 제자라고 칭찬하고 있는 것을 보면, 그가 얼마나 공부에 열중했었는가 하는 것을 알 수 있다.

부처님은 오랜만에 고향에 돌아와 잠시 성 밖의 숲에 머물러 있었으나, 고향 사람들의 교화를 끝내고는 다시 왕사성으로 돌아가려고 말라족이 사는 아누피야라는 곳까지 갔다. 샤캬족의 유명한 젊은이들이 이곳까지 쫓아와 부처님의 제자가 되었다. 그 중에는 부처님의 사촌동생인 마하나마(Mahānāma)와 아누룻다(Anuruddha)라는 형제가 있었다. 마하나마는 그 동생을 보고 "우리 종족에서 부처님이 나셔서 많은 사람들이 그를 좇아 출가를 하였으니 우리들도 출가하는 것이 어떠냐?" 하고 물었다. 아누룻다는 그 말에 느끼는 바가 있어 출가할 결심을 세우고, 그 뜻을 어머니에게 전했다. 그러나 그 어머니는 좀처럼 승낙을 하지 않고 "만약 밧디야 칼리고다풋타(Bhaddiya Kālīgodhāputta)가 출가한다면 너도 출가해도 좋다"고 대답을 회피했다. 아누룻다는 밧디야에게 가서 그도 출가할 마음을 먹게끔 하고, 더 나아가 아난다, 바구, 킴빌라, 데바닷타의 출가를 권유하고, 또 이발사 우팔리를 데리고 부처님 뒤를 쫓아갔다.

국경을 넘어서자 그들은 몸에 매달았던 금환보식(金環寶飾)을 다 떼어 버리고, 이것을 우팔리에게 주어 귀국케 하려고 했다. 그러나 이발사 우팔리는 "만약 내가 이런 금은보식을 가지고 혼자 나라에 돌아가면 나는 공자(公子)님들을 죽인 사람처럼 오해를 받아 어쩌면 죽음을 당할는지도 모릅니다. 공자님네들도 출가를 하신다니 저도 출가하는 것이 좋겠습니다" 하고 귀국하기를 거절하였다. 그리고 우팔리는 공자들의 뒤를 따라 부처님을 만나서 그의 출가를 허용해 주기를 빌었다. 그때 공자들은 "우리 종족에는 교만이란 좋지 않은 버릇이 있으니, 저희들에게 오랫동안 심부름을 해 온 이 우팔리를 제일 먼저 출가시켜 우리들의 교만한 마음을 부숴 주십시오" 하고 부처님에게 탄원하였다. 그리고 여기에 일곱 사람의 새 출가제자가 생긴 것이다.

밧디야(跋提)는 칼리고다라는 부인의 아들인 것을 그 이름으로 알 수가 있다. 그러나 부처님과 어떤 관계의 사람인지는 분명하지 않다.

불전에 '귀성(貴姓)제일'이라고 한 것을 보면 샤캬족의 아주 고귀한 신분의 사람이었던 것을 짐작할 수 있다.

아누룻다(阿那律)는 '천안(天眼)제일'의 제자라고 불린다. 부처님이 열반에 들 때에도 머리맡에 있었던 분으로 부처님의 사촌동생이다. 언젠가 부처님이 설법을 할 때에 깜빡 잠이 들었다. 깊이 그것을 부끄럽게 생각한 그는 그 후 줄곧 잠을 자지 않아 안질이 생겼다. 부처님의 전교(傳教)를 도운 공로가 크다.

킴빌라(Kimbila)도 샤캬족 명문 출신인 것은 분명하나 부처님과의 관계는 분명치 않다. 출가 후 특히 아누룻다, 밧디야와 의좋게 지내며 수행한 분이다. 코삼비국에서 비구들 사이에 논쟁이 벌어졌을 때도 이 세 사람만은 숲 속에서 수행에 전념하여 부처님으로부터 칭찬을 받은 일이 있다. '독처정좌 전의염도(獨處淨坐 專意念道)'란 찬사를 받은 사람이다.

바구(Bhagu)도 역시 샤캬족 명문 출신인 것이 분명하다. 수행 중 자기가 태만한 것을 부끄럽게 생각하고, 방을 나가 대지로 올라가려고 하다가 넘어져 이를 계기로 증오(證悟)를 얻었다고 한다.

아난다(Ānanda, 阿難)는 부처님의 제자로서 너무나 유명한 분이다. 부처님의 사촌동생으로 한역경전에서는 대개 데바닷타의 형제라고 되어 있다. 마음씨가 곱고, 사람들에게 퍽 친절한 사람이었다. 나중에 부처님의 시자(侍者)가 되어 25년 동안 한결같이 부처님을 모셨다. 또 매우 기억력이 좋은 사람이었으며, 부처님 곁에서 들은 말씀들을 모조리 암기하고 있어, 최초의 불전 결집(結集) 때에는 경(經)의 송출자(誦出者)가 되어 '법의 장(藏)'이라고 불릴 정도였다. 그러나 너무 친절하고 착하여 남의 걱정만 하고 있었으므로, 오히려 자기 자신의 증오가 늦어져 부처님이 돌아간 뒤에도 도를 이루지 못한 형편이었다. 부처님의 유골을 받들고 울면서 사위성을 나와 왕사성으로 돌아온 아난다는 그 제자인 밧지풋타(Vajjiputta)로부터 몹시 매도당한 뒤, 크게 노력하여 증오를 얻었다. 부처님이 돌아간 뒤에는 마하캇사파와 더불어 교단의 중심인물로서 활약하였다. '다문(多聞)제일', '정념(正念)제일', '행지(行持)제일', '근시(近侍)제일'이라고 불린다.

데바닷타(Devadatta)는 한역경전에서는 대체로 아난다의 형제라고 하고 있으나, 팔리 경전에서는 야쇼다라 비의 오빠라고 하고 있다. 어느 쪽이 사실인지는 알 수 없으나, 인물로는 상당히 위대한 사람이었던 모양이다. 그는 긴요한 종교적 묘체(妙諦)를 미득(味得)하지 못하고 있었으므로, 엄격한 계율주의로 기울어져 있었다. 부처님은 물론 일방적인 계율주의자가 아니었다. 그 점을 부처님은 안타까이 생각하였다. 그리하여 데바닷타는 마침내 명리(名利)에 눈이 어두워 부처님에게 반역을 감행하기에까지 이르렀던 것이다. 그러나 후세에 이르기까지 그의 추종자는 남아 있었던 모양이다.

끝으로 우팔리(Upāli, 優波離)는 앞서도 말한 바와 같이 샤캬족 명문 인사들에게 봉사해 온 이발사였다. 불제자가 된 후 그는 늘 새로운 출가자들의 삭발체두(削髮剃頭)에 종사했으므로, 그때마다 부처님이 설하는 계율을 잘 기억하고 있었다. 그리하여 제1결집 때에는 계율의 송출자(誦出者)가 된 교단 유일의 법률가였던 사람이다. '지율(持律)제일'이라고 불리는데, 그 뜻은 계율을 기억수지(記憶受持)하기가 제일이라는 뜻이다.

부처님은 이와 같이 많은 제자를 고향에서 얻은 뒤 다시 왕사성으로 돌아갔다.

제8장

기원정사에서의 설법

1. 사위성

부처님은 또 다시 잠시 동안 왕사성에 머물러 있었다. 사위성에는 수닷타(Sudatta)라는 인정 많은 유명한 장자가 있었다. 그는 왕사성에 사는 어떤 장자의 친척이었다. 불쌍하고 고독한 사람들에게 여러 가지 은혜를 베풀어주었기 때문에, 아나타핀디카(Anāthapiṇḍika), 급고독(給孤獨) 장자라고 불리고 있었다. 그는 장사를 하기 위해 왕사성에 왔다가 부처님의 말씀을 듣고, 부처님 만나기를 간절히 원하였다.

이미 날이 저물었으나 밤이 새는 것을 기다리지 못하고, 그는 캄캄한 밤중에 성문을 나가, 새벽녘에 한림(寒林)이라는 묘지에서 경행(經行)하고 있던 부처님을 만날 수가 있었다. 한림은 왕사성 교외에 있었던 모양이며, 그곳은 왕사성 부근에 사는 고행자들의 수행지였다.

부처님은 수닷타에게 다음과 같은 말을 하였다고 전한다.

> 사람은 추위와 더위를 피하고 또 맹수도 피한다. 뱀, 모기, 찬 비, 그리고 심한 열풍이 불어오는 것도 피한다. 홀로 고요히 있도록(入定禪觀), 보호와 안녕을 주기 위해 상가(saṃgha)에 정사(精舍)를 바치는 것은 가장 좋은 일이다. 그러므로 자기에게 이익됨을 보는 현명한 사람은 쾌적한 정사를 지어 거기에 다문(多聞)하신 분들을 머무르게 해야 한다.
>
> 신심으로써 음식물과 의복, 좌와(坐臥)의 도구를 그들 바른 마음 가진 분들에게 드려야 한다. 그분들은 또 이 드리는 사람들을 위해 모든 고통을

없애는 이치를 말하고, 그리하여 그 말을 들은 사람은 그 이치를 알아 온전히 남김없이 니르바나에 들어갈 것이다.

수닷타는 부처님의 설법을 듣고 무척 기뻐하여 일생동안 우파사카로서 부처님의 가르침을 받들기로 맹세하였다. 그리고 수닷타는 이튿날 부처님을 왕사성의 자기 숙사(宿舍)로 모셔갔다. 거기서 그는 이 해의 우기(雨期)를 부처님이 사위성에서 보내 주셨으면 좋겠다고 간원(懇願)하였다. 부처님은 그렇게 하려면 한적한 곳이 필요하다고 말하였고, 장자는 부처님에게 바칠 정사를 건립할 결심을 하였다.

정사는 죽림정사의 경우와 마찬가지로 거리에서 너무 멀지도 않고 너무 가깝지도 않아 왕복하기가 좋으며, 낮에는 복잡하지 않고 밤에는 소란스럽지 않고, 사람들이 다니지 않아 숨어살기 좋은 장소가 아니면 안 된다. 장자는 교외를 돌아보고 사위성 남쪽 제타(Jeta, 祇陀) 왕자가 가지고 있는 동산이 가장 적당한 곳임을 알았다.

제타 왕자에게 곧 그 동산의 양여(讓與)를 간청해 보았으나, 왕자는 쉽게 넘겨주려 하지 않았다. 장자가 너무 열심히 청하였기 때문에, 이를 거절하기 위해서 왕자는 "만약 황금을 동산 일대에 깔고 쌓아 올린다면 그 값으로나 줄까" 하고 대답하였다. 장자는 좋아서 그냥 황금을 동산 일대에 깔기 시작하였다. 왕자도 그때에는 아주 놀라 마침내 그 동산을 양여하기에 이르렀다. 장자는 여기에다 부처님이 있을 곳, 제자들이 있을 방 등을 만들고 정사를 완성했다. 본래 제타 왕자가 가지고 있던 동산에 급고독장자가 건립한 정사라는 뜻에서 이곳을 기원급고독정사(祇園給孤獨精舍)라고 부르게 된 것이다.

사위성(舍衛城)의 원음은 팔리어로 사밧티(Sāvatthī), 산스크리트어로 슈라바스티(Śrāvastī)이며, 사밧타(Savattha) 왕이 건설한 도시란

〈기원정사의 보시〉, 인도의 바르후트 불탑. 제타 왕자의 동산에 급고독 장자가 황금을 깔고 있다.

말이다. 학자들은 지금의 사헤트-마헤트(Sāheth-Māheth)가 그 유지(遺址)라고 생각하고 있다. 사위성은 서기전 5~6세기경, 즉 석가가 탄생한 시기를 전후하여 그 융성이 극에 달해 있었다. 당시 인도의 2대(大) 중심지는 이 사위성과 왕사성이었던 것이다. 왕사성이 마가다국의 서울인 데 대하여, 사위성은 코살라국의 서울로서 히말라야 산록 일대의 특수한 문화의 요람지였음이 틀림없다. 그러므로 부처님이 이 2대 중심지를 교화할 수 있었다는 것은 곧 전 인도의 교화가 쉽게 이루어질 수 있었다는 전조(前兆)가 되는 것이다. 사위성의 교화는 성도 제4년 이후의 일이지만, 왕사성에서와 마찬가지로 대단히 활발히 진

사위성의 기원정사 터.

행되어 위로는 왕가의 주요 인물들로부터 밑으로는 도로 청소부에 이르기까지 사위성 일대의 모든 주민이 거의 다 제자가 되었다고 한다. 부처님은 여름의 장마철 때면 즐겨 이곳에 머물렀다. 인도의 우기는 석 달 동안이나 계속된다. 이 동안에 부처님은 제자들과 더불어 고요한 명상의 생활을 보내며, 제자들에 대한 교화를 해 나갔다. 아마도 이 사위성은 왕사성 다음으로 부처님이 오래 머물렀던 곳임에 틀림없다. 사위성에서 왕사성으로 가는 길은 세 개밖에 없다. 이 세 개의 길을 통해 부처님은 두 도시 사이를 왕복하며 제자들을 교화하였던 것이다.

부처님은 사위성에 머무는 동안에 또 많은 제자들을 얻었다. 경전에 나타난 제자들의 이름을 보면 사위성 출신의 비구가 80명이나 되며, 비구니가 14명, 우파사카가 19명, 우파시카가 10명이나 된다. 이 숫자는 개략적인 것이지만, 얼마나 사위성 사람들이 부처님의 가르침에 경도했던가를 알 수 있게 한다. 그 중에는 당시 인도 사회의 고질이었다고 할 수 있는 카스트제도를 무시한 각계각층의 사람들이 망라되어 있었다. 전기(前記)한 제자들 중에는 41명의 브라흐만이 들어 있었고, 11명의 크샤트리야(왕족), 49명의 바이샤(평민)가 들어 있으며, 슈드라(노예) 계급 출신도 8명이나 되었다. 그 밖에 경전에는 코살라국 출신의 제자라고 적힌 사람들의 수가 적지 않았다. 보통 전 인도에 걸쳐 부처님의 큰 제자로서 75명을 드는데, 그 중에 17명이 사위성 및 그 부근의 사람들이었던 것이다.

2. 성자의 길

이와 같이 기원정사가 생기고 많은 수행자들의 중심지가 생기고 보면, 당연히 그들의 생활규칙이 제정되지 않을 수 없었다. 율제(律制), 계율이 바로 그것이다. 탁발을 할 때에는 어떻게 할 것인가? 부녀자들에게는 어떻게 대할 것인가? 설법은 어떻게 할 것인가? 그러한 여러 가지 문제들에 대한 규칙이 생겨나게 되는 것이다. 초기 경전들에는 이와 같은 부처님의 말씀들이 적혀 있다.

> 내 너희들에게 성자의 길을 가르치리라. 그러나 이는 행하기 어려우니라. 너희에게 이를 말하리니, 불굴(不屈)하라. 견인(堅忍)하라.
>
> 비구는 때 아닌 때에 나아가 행각(行脚)하지 말라. 걸식을 하도록 정해진 때에만 걸식을 할 것이다. 그 까닭은 정해진 바 아닌 때에 나아가 행각하면, 탐욕의 집착이 따라다니기 마련이기 때문이다. …… 비구는 적당한 때에 아침 음식을 얻기 위해 마을로 들어가라. 시식(施食)을 얻고나면 홀

로 물러나, 그늘에 앉아 자기 자신을 반성하고 스스로 조심성 있게 하며, 마음을 외경(外境)에 산란케 하지 말라.

음식의 알맞은 정도를 알고, 즐기기 위해 먹는 것이 아니라고 관하고, 식사의 득실을 잘 알아 욕심을 적게 하고 탐내지 말라. 그리하여 비구는 바로 무욕안락(無欲安樂)한 것이며, 기아(飢餓)를 떠나 안락한 것이다. 숲 속에 있는 화염의 불꽃처럼 여러 가지 것을 날카롭게 느끼는 것이다.

여인은 침묵을 지키는 자들도 유혹한다. 침묵을 지키는 자는 여인에게 유혹되지 말아야 하느니라.

대소의 동물에 대해 남의 것이라고 미워하지 말고, 내 것이라고 애착하지 말라. 나는 마치 그들과 같고 그들은 마치 나와 같으니라. 스스로 죽이지 말며, 남으로 하여금 죽이게 하지 말라. 비구는 만일 말할 일이 있으면 좋은 이치(妙法)를 말하라. 남을 비방하는 말을 하지 말라.

이는 마치 도랑물과 강물에 비할 수 있느니라. 도랑은 소리를 내며 흐르고, 대하(大河)는 소리 없이 흐른다. 물이 모자라는 것은 소리를 내며, 물이 가득 찬 것은 그냥 고요하기만 하느니라. 범부는 반쯤 물이 든 병과 같고, 지자(智者)는 물이 가득 찬 병과 같으니라.

3. 오하일미(五河一味)

위에서도 본 바와 같이 부처님은 인도의 종성(種姓, 카스트)제도를 인정하지 않았다. 그는 실로 서기전 6세기에 난 참된 휴머니스트였다.

부처님이 사위성의 동방원림(東方園林) 녹자모(鹿子母)의 강당에 있을 때, 두 사람의 브라흐만이 있었다. 이들은 굳은 믿음을 가지고 세존에게 가서 출가하여 도를 이루었다. 이름을 바셋타(Vāseṭṭha)와 바라드바자(Bhāradvāja)라고 했다.

그때 세존은 정실(靜室)을 나와 강당에 들어 천천히 경행(經行)하고 있었다. 바셋타는 부처님이 경행하는 것을 보고 급히 바라드바자를 찾아가 이렇게 말했다.

"너 아느냐, 모르느냐? 여래께서 지금 당상(堂上)을 경행하고 계시는데 우리 함께 부처님 계신 곳으로 가도록 하자. 여래께서 하시는 말씀을 들으라."

그때 바라드바자는 그 말을 듣고 나서, 곧 부처님에게 가 이마를 땅에 대어 절하고, 부처님을 따라 경행하였다. 그때에 세존은 바셋타에게 이렇게 말했다.

"너희들 두 사람은 브라흐만 종성 출신으로 굳은 믿음을 가지고 내가 가르친 이치를 따라 출가수도를 하는 것이냐?"

두 사람은 대답하여 "그러하옵니다"라고 하였다.

세존은 말씀하기를 "너 브라흐만아, 지금 내가 가르친 법 안에서 수도를 함에 있어, 모든 브라흐만이 너를 싫어하고 책망하는 일이 없느냐?" 하였다.

대답하여, "그러하옵니다. 부처님의 크신 은혜를 입어 출가수도하옵는데, 실로 그 브라흐만 때문에 미움을 받고 책망을 받고 있는 중이옵니다"라고 하였다.

세존은 "그네들은 무엇 때문에 너를 싫어하고 책망하는 거냐?" 하고 물었다.

"그들은 이렇게 말하옵니다. '우리 브라흐만족 출신이 제일이고, 다른 것은 야비하고 비천하다. 우리 종성은 청백(淸白)하고, 다른 종성들은 검고 어둡다. 우리 브라흐만 종성은 범천의 입으로부터 생겼다. 이 세상에서 청정한 지혜를 얻었다. 너희들은 무엇 때문에 이와 같은 청정한 종성을 버리고 그 고타마의 이교(異教) 속에 들어갔느냐?' 세존이시여, 이와 같이 말로 그들은 우리를 미워하고 책망하는 것입니다."

세존이 바셋타에게 말하였다.

"지금 내 더할 나위 없이 바르고 진정한 도에서는 종성을 문제 삼지 않고, 교만한 마음을 믿지 않는다. 속법(俗法)은 이것을 문제 삼으나, 내 법은 그렇지 아니하니라. 만일 사문, 브라흐만이 있어 스스로 종성을 자랑삼고 교만한 마음을 품으면, 내 법 중에서는 마침내 무상(無上)의 증오(證悟)를 느끼지 못할 것이다. 능히 종성을 버리고 거기서 떠나 교만한 마음을 없애면, 즉 내 법 중에서 도의 증오를 얻어 정법을 받을 수가 있다. 사람들은 미천한 계급을 좋아하지 않으나, 내 법은 그렇지 않으니라."

세존은 이와 같이 말씀하고, 또 네 가지 종성의 구별이 아무런 절대적 의의를 가지지 못함을 강조했다. 왕족 중에도 살생하는 자가 있고, 도적질 하는 자가 있고, 음란한 자가 있고, 거짓말 하는 자가 있고, 두 혓바닥을 가진 자가 있고, 말버릇 나쁜 자가 있고, 쓸데없는 말을 많이 하는 자가 있고, 인색한 자가 있고, 또 질투하는 자가 있고, 사견(邪見) 있는 자가 있다고 말하고, 종성의 우열이 조금도 사람의 우열을 표시하는 것이 못됨을 지적했다. 문제는 행위에 있으며, 종성에 대한 하잘것 없는 집견(執見)을 버리는 것이 더 긴요하다고 설명하는 것이다.

부처님은 또 세속의 종성을 버리고 출가하면 모두 다 사문 샤캬의 사람이라고 불린다고 하였다. 후대에 중국에서 출가자들이 그 본래의 성씨를 버리고 '석자(釋子)'라고 한 것은 석가모니(釋迦牟尼), 즉 부처님의 아들이 되었다는 것을 의미하는 말인 것이다.

부처님은 이렇게 말하였다.

비구들아, 마치 세상의 모든 강이 대해(大海)로 모여들고, 하늘에서 내리는 빗줄기도 대해로 몰려가지만, 그것 때문에 대해의 물이 감소되거나 또 많아지는 것 같이 보이지 않는다. 그와 마찬가지로 비구들아, 가령 허다한 비구들이 니르바나의 경계에 들어간다고 할지라도, 그것 때문에 니르바나의 경계가 줄어들거나 또 많아진다고는 보이지 않는다. 비구들아, 마치 대해가 오직 한 맛(一味), 짠맛밖에는 없는 것과 같이 이 가르침은 오직 한 맛, 즉 해탈의 맛밖에는 없는 것이다."

그러므로 부처님의 가르침에 의하면 왕족이거나 브라흐만족이거나 또는 상인이거나 노예거나, 사람에게 있어서 가장 절대적인 우월성의 기준이 있다면 그것은 해탈의 맛, 니르바나의 맛밖에는 없는 것이다.

인도에는 다섯 개의 강이 특히 유명하다. ① 갠지스 강(강가 강), ② 야무나 강, ③ 사라부 강, ④ 아티라바티 강, ⑤ 마히 강, 이 다섯 개의 강이 결국은 한결같이 대해에 모여들어 다만 한 가지 맛만을 나타낸다는 진리를 간단히 '오하일미(五河一味)'라고 불렀던 것이다.

일미를 인도말로는 '에카 라사(eka rasa)'라고 한다. 이 말은 일찍이 『우파니샤드』의 선인들이 즐겨 쓴 바 있는 어구다. 그것이 여기에 다시 부처님에 의해 되풀이되고 있는 것이다. 이 일미가 곧 니르바나의 맛임은 앞서 언급한 바 있다. 후대의 대승이론가들은 그런 관점에서 이 '일미'란 말을 즐겨 쓰는 것이다.

4. 밭갈이하는 브라흐만

어느 때 부처님이 마가다국 남산의 브라흐만 촌으로 탁발을 하러 갔다고 한다. 이것은 부처님이 기원정사에서 한 설법이다. 농사에 종사하고 있던 브라흐만이 탁발 나온 부처님께 골탕을 먹일 양으로 자기 스스로 경작해서 먹으라고 권했다는 것이다. 그때에 부처님은 근육노동만이 노동이 아니라고 타이르고, 스스로 자기도 밭갈이하는 자임을 천명했다.

경전에는 부처님과 브라흐만 간의 대화가 다음과 같이 기록되어 있다.

〔브라흐만〕

"사문이여, 나는 밭갈이하고 또 씨를 뿌리오. 밭을 갈고 씨를 뿌리고 나서 먹소. 사문이여, 당신도 밭갈이하고 씨를 뿌리고 나서 먹으시오."

〔부처님〕

"브라흐만이여, 나도 또한 밭을 갈고 씨를 뿌리오. 밭갈이를 끝내고, 또 씨뿌리기를 끝내고 먹는 것이오."

〔브라흐만〕

"그러나 우리는 당신 고타마의 보습도, 쇠스랑도, 소도 보지 못하오. 그런데 당신은 '나도 밭을 갈고 또 씨를 뿌리며, 밭갈이를 끝내고, 씨뿌리기를 끝내고 먹는다'고 하오."

그때에 부처님은 다음과 같은 게송으로 대답을 하였다는 것이다.

믿음은 씨요, 마음을 가다듬는 것은 비요, 지혜는 내 보습이고 삽이오. 부끄러움은 끌채(轅)요, 의사(意思)는 묶는 밧줄이요, 깊은 생각은 쟁기머리

(犂頭)며 자침(刺針)이오. 몸을 막고, 말을 막고, 음식의 종류를 제한하고 먹는 것에 불과하오. 진실(眞實)로 풀베기를 하고, 유화(柔和)는 내 이액(離軛)이오. 부지런히 일함은 속박을 떠난 안온으로 이끄오. 내 일소(馱牛)는 근심 없는 곳에 이르러 다시 돌아옴이 없는 것이오. 내 밭갈이는 이렇게 진행되며, 내 밭갈이에는 감로의 열매가 있소. 사람은 이러한 밭갈이를 하고 나면 모든 고통에서 해탈되는 것이오.

이때 밭갈이하던 브라흐만은 황금의 바리에 우유죽을 가득 채워 부처님에게 바치고, "당신은 일하는 사람이오. 당신은 감로의 열매를 거두는 농사에 종사하기 때문입니다" 하고, 그의 제자가 되었다는 것이다.

또 어떤 날 기원정사에서 부처님은 모든 비구들에게 이렇게 말하였다.

나는 세간과 싸우지 않는다. 다만 세간이 나와 싸우는 것이다. 왜냐하면 비구들아, 진리를 진리라고 말하는 사람은 세간과 싸우지 않기 때문이다. ……

비구들아, 세간에는 세간의 법이 있다. 나도 또한 스스로 알고 스스로 깨달아 사람들에게 분별하여 연설하고 현시하였다. 세간의 눈먼 사람은 이를 알지 못하고 이를 보지 못하는 것이다. 이는 내 잘못은 아닌 것이다.

부처님이 말한 세간의 법이라는 것은 색 · 수 · 상 · 행 · 식이 무상(無常)하고 괴롭다는 것이다. 그러한 것을 그렇지 않다고 받아들이는 눈먼 속인의 반발을 부처님은 불쌍히 여기고 한 말씀이다.

또 부처님은 기원정사에서 비구들에게 그들이 부자와 같이 서로 돕고 서로 보살펴 주어야 한다고 다음과 같이 가르쳤다.

너희들 비구에게는 부모도 형제, 자매도 없다. 또 무슨 그 밖의 권속이 있지 않다. 그러므로 서로 보살펴야 한다. 각각 뿔뿔이 흩어짐은 잘하는 일이 못된다. 그러면 외도, 이학(異學), 브라흐만으로부터 조소를 받기 알맞을 것이다. ……

너희가 만약 그렇게 된다면 그들에게 너희는 굴복하는 것이 될 것이다. 이제부터 제자가 스승 모시기를 어버이 모시듯 하고, 스승이 제자 보기를 아들 보듯 하여, 죽을 때까지 그렇게 하기를 그치지 말라. 스승과 제자가 서로 사랑하고 존경하기를 영원토록 해야 한다. 모든 물건은 평등하게 나누어 가지되, 만약 가진 물건이 없거든 널리 보시할 수 있는 집을 찾아 권고하여 보시를 받도록 하라. …… 좋은 것은 병자들에게 나누어주고, 나쁜 것은 스스로 먹으라. 이웃이 병들어 있음을 보살피는 자는 곧 나를 보살피는 것과 같으니라.

이 말씀을 통하여 우리는 부처님에 대한 신심이 곧 적극적인 실천윤리로 나타나야 한다는 것을 여실히 알 수가 있다. 행(行)과 신(信)의 일치, 이것이 부처님 가르침의 근본적인 주장이었던 것이다.

또 부처님은 캇사파란 브라흐만 승려가 와서 "당신은 제사란 제사, 고행이란 고행은 모두 더러운 짓, 잘못된 일이라고 한다는데 그것이 정말인가?" 하고 물어 온 데 대해, 이런 말로 대답하였다.

캇사파야, 누가 만일 사문 고타마가 모든 제사의 법을 가책(呵責)하고, 고행인을 매도하고, 그것이 더럽다고 말한 듯이 전했다면, 그것은 옳은 말이 아니다. 나를 비방하기 위한 말이지, 성실한 말이 아니다.

부처님은 계속하여 그 이유를 말한다. 왜냐하면 제사를 일삼는 사람이나 고행자들 중에도 어떤 사람은 죽어 지옥에 떨어지고, 또 어떤 사람은 천상계의 좋은 곳에 태어나는 자가 있음을 보므로, 그냥 덮어놓고 제사와 고행을 나쁘다고 책(責)하는 것은 아니라고 말한다. 부처님에게 있어서는 무엇이든 절대적으로 좋고 절대적으로 나쁘다는 그런 견해가 서지 않는다. 부처님의 비판 태도는 어디까지나 중도(中道)이지, 시(是)는 시, 비(非)는 비라는 일향(一向)적인 입장을 벌써 초극(超克)하고 있는 것이다.

이와 관련해서 부처님이 가졌던, 일방적 훼예포폄(毁譽褒貶)의 잘못에 대한 견해, 이 세상에서 비방이 그칠 날이 없다는 사실, 따라서 비방에 대한 인욕(忍辱)이 무엇보다도 중요하다는 교훈이 들어 있는 경전의 말씀을 들어보기로 하자.

> 화살을 맞고 참는 전장의 코끼리 모양으로 나는 사람들의 비방을 참으리라. 세상 사람들은 실로 계를 지키지 않는 까닭이니라.
>
> 모두가 칼(刀杖)을 두려워하고, 모두가 죽음을 무서워한다.
>
> 자기를 좋은 예로 삼아, 남을 해치며 또 손상케 하지 말라.
>
> 비구들아, 이는 예부터 내려오는 말, 오늘에 시작된 것이 아니니, '사람은 가만히 앉아 있다고 비방하고, 많이 말한다고 비방하고, 또 적게 말한다고 비방한다. 아무도 이 세상에서 비방을 받지 아니하는 자가 없다.' 그냥 비방만 받고, 그냥 칭찬만 받는 그런 것은 지난날에도 없었고, 지금도 없으며, 또 앞으로도 없으리라. 한아름 되는 바위는 바람에 흔들리는 일이 없다.
>
> 그와 같은 마음 있는 자는 비방과 칭찬의 사이에서 동요되는 일이 없도다.

〈붓다의 설법〉, 간다라.

5. 나를 보는 것과 같이 하라

어느 날 부처님이 기원정사에 있을 때 모든 비구들에게 이런 말을 하였다.

"만일 은혜에 보답할 줄 아는 사람이 있거든 그 사람을 존경하라. ……

설사 나로부터 멀리 떨어져 있기를 천리 또는 만리라 할지라도 그것이 내게서 먼 이유는 되지 않는다. 그는 꼭 내 옆에 있는 것이나 다름이 없다. 왜냐하면 항상 나는 은혜를 갚을 줄 아는 사람을 칭찬하기 때문이다."

은혜를 아는 자, 갚을 줄 아는 자, 그는 부처님 옆에 있는 것이나 다름없다고 하였다. 부처님 옆에 가까이 있다는 것은 이미 그 이상(理想)에 가까이 접근해 있다는 말이라고 들어도 좋을 것이다. 실로 부처님은 자비로운 마음의 구족자(具足者)다. 인생의 고통을 아는 자, 그 원인을 아는 자가 어찌 은혜를 모를 리가 있으랴! 원융무애한 마음의 사도(使徒)인 부처님의 그 마음에 관한 설명은 또 계속된다.

부처님이 사위성에 있을 때, 어떤 신자들의 초청이 있었으나 사양하고 여러 승방을 두루 살피며 다닌 일이 있었다. 그때 부처님은 앓고 누워 있는 비구 한 사람을 보았다. 앓고 누워 있는데 아무도 돌보는 사람조차 없었다. 그냥 똥오줌 속에 누워 있는 것이었다. "어찌하여 그렇게 누워 있느냐? 돌보아 주는 사람도 없느냐?" 하고 묻자, 없다고 대답했다.

어째서 없느냐는 부처님의 물음에 그 비구는 이렇게 대답했다.

"제가 앓지 않을 때에 남이 병든 것을 보고 돌보아 주지 않았더니, 지금 아무도 저를 돌보아 주는 사람이 없습니다."

부처님은 "너희들이 서로 돌보아 주고, 간호해 주지 않으면 누가 그것을 하겠는가?" 하고 말하며, 그 비구를 일으켜 세우고, 옷을 벗겨 깨끗이 닦아 주며 모든 뒤처리를 다하였다. 옷을 빨아 말리고, 깔았던 낡은 풀을 다 버리고 그 자리를 깨끗이 청소하고, 새 풀을 뜯어다 깔고, 옷을 그 위에 펼쳐 놓고, 앓는 비구를 그 위에 누인 다음 다시 다른 옷으로 덮어 주고 돌아갔다.

이런 인연에 따라 부처님은 비구들을 모아 놓고 다시금 그 제자들이 서로 돕고 서로 보살펴 줄 것을 강조하였다.

"만일 나에게 공양하고자 원하는 자가 있거든 바로 병자들에게 공양할지니라."

우리는 이 평범한 말씀에서 현대사회에 있어서 종교인들이 해야 할 실천적 참여의 방향을 잘 알 수 있을 것이라고 생각된다. 부처님의 시대와 우리 시대의 차이는 규모와 정도의 확대란 한 가지 사실밖에는 없다. 우리에게는 지금으로부터 2,500여 년 전의 사람들보다도 더 확대된 무거운 책임이 부과되고 있는 것이다.

그 같은 이야기가 다른 경전에서는 다음과 같은 교훈과 더불어 기록되어 있다.

> 병든 자를 보살핌은 곧 나를 보살핌이다. …… 이 세상 모든 수행자의 시(施) 가운데서 이보다 더 나은 시는 없느니라. 이와 같은 시를 하면 큰 과보를 얻고 큰 공덕을 얻어, 영광이 두루 미치고 감로의 법미(法味)를 이룩하리라.

또 어떤 날 기원정사에 있을 때, 존자 마하캇사파가 녹자모의 강당에서 참선을 하다가 저녁 때 부처님 있는 곳으로 와 한편 구석에 앉았다. 그때 부처님은 마하캇사파에게 이렇게 말하였다.

"자네는 지금 이미 노경에 접어들어 체력이 몹시 쇠약하네. 누더기 옷은 무거울 것일세. 내 옷은 가벼운데, 자네도 이제는 절 안에 머무르면서 가벼운 옷을 입도록 하게."

캇사파는 부처님에게 대답하여, 자기가 오랫동안 숲 속의 수행을 배우고 그것을 찬양하며, 누더기 옷을 입고 걸식행각을 해 온 사실을 상기케 하였다. 그때 부처님은 그럼 무엇 때문에 숲 속의 수행을 해 왔던가 하고 도리어 그 뜻을 캇사파에게 물었다. 캇사파는 이렇게 대답하였다.

"세존이시어, 저는 두 가지 뜻으로 보옵니다. 이 육신생활을 위해서는 안락을 얻을 수가 있사옵고, 또 미래의 사람들을 위해서는 등불이 될 수 있사옵니다. 미래의 중생들은 이렇게 생각할 것이옵니다.

'옛날의 어른들은 출가한 지 오래되었고 정행(淨行)은 이미 성숙했었다. 세존께서는 칭찬을 하시고, 지혜 있는 수도자들은 따라 일하였다. 그들은 오랫동안 숲 속의 수행을 익히고 찬양하고, 누더기 옷을 입고 탁발하면서 그 걸식법을 찬양하였다.'

이와 같이 지난날의 수행자들이 숲 속에서 행한 수행상(修行相)을 듣는 사람은 깨끗한 마음으로 기뻐하게 되는 것이옵니다. 이 세상 긴긴 밤에 안락과 이익을 얻을 수가 있을 것이옵니다."

그때 부처님은 그와 같은 소욕(少欲)의 법을 칭찬하는 일이야말로 곧 나를 찬양하는 일이라고 의미심중한 교훈을 했다.

"착한 일이로다. 자네는 많은 이익을 주고 있고, 중생을 안락하게 하고 있으며, 세상을 불쌍히 여기어 천지를 안락케 하고 있네. 조금이라도 소욕의 법을 비방하는 자가 있으면, 이는 곧 나를 비방하는 것이 되네. 만일 소욕의 법을 찬양하는 자가 있으면, 이는 곧 나를 찬양하는 것이 될 것일세. 그 까닭은 소욕의 법은 내가 이 긴 밤중에 항상 찬양하고 찬탄한 바이기 때문일세."

우리는 지금까지 각자(覺者)로서 세존의 본령(本領)에 속하는 인간적인 면 세 가지를 살펴보았다. 은혜를 아는 인간, 병든 자를 보살피는 인간, 소욕의 법을 찬양하고 수행하는 인간, 이와 같은 이상적인 인간형이 나중에 대승불교의 보살(菩薩, 보디사트바) 이상으로서 강조되기에 이른다. 그러나 그와 같은 이론들은 새로이 현대적인 각도에서 그 의의가 탐구되어야 할 단계에 있다고 생각되는 것이다.

부처님은 또 사위성에 머무는 동안 자기 자신을 사랑함과 같이 남의 생명을 아껴야 한다고 가르친 일이 많았다. 아이들이 산 물고기를 괴롭히며 장난하는 것을 보고, 부처님은 "너희는 괴로움을 두려워하지 않느냐? 너희들 자신이 즐기지 않는 일을 남에게 해서는 안 된다"고 말하였다. 어떤 때에는 아이들이 뱀을 작대기로 죽이고 있는 것을 보고, 역시 같은 말로, 안락을 추구하는 모든 산 목숨을 해치지 말라고 가르쳤다. 부처님의 비폭력의 정신은 여기에도 역력히 나타나 있다고 하겠다.

그는 모든 좋지 않은 일은 멸망으로 이끄는 길이라고 경고하였다.

멸망의 발단은 무엇이냐? 착한 일을 바라는 사람은 흥하고, 착한 일을 싫어하는 사람은 멸망한다. 멸망하는 사람은 조용하지 않은 사람을 귀히 여기고, 조용한 사람을 귀히 여기지 않는다. 착하지 않은 사람의 행위를 좋아하는 것, 이것이 멸망의 발단이다.

수면을 상습으로 삼고, 집회오락을 상습으로 삼아, 태만하고 해이하고, 성내기 잘하는 사람이 있다. 이는 멸망의 발단이다.

혹은 어머니 아버지가 늙고 쇠약했음에도 불구하고, 또 스스로 생활이 유족함에도 불구하고, 이들을 효양(孝養)치 않는 사람들이 있다. 이는 멸망의 발단이다.

모든 브라흐만과 사문, 또는 그 밖의 걸식자를 거짓말로 기만하는 사람이 있다. 이는 멸망의 발단이다.

스스로 많은 재산을, 돈을 가지고서 혼자 호의포식(好衣飽食)하는 자, 이는 멸망의 발단이다.

가문과 재보(財寶)와 성씨를 믿고 스스로 존대불손(尊大不遜)하여 자기의 친척까지도 멸시하는 자, 이는 멸망의 발단이다.

여색에 빠져 술에 젖고, 도박에 잠겨 얻으면 얻는 대로 잃는 사람, 이는 멸망의 발단이다.

자기 아내만으로 만족치 못하고 창녀와 사귀며 또 유부녀와 관계하는 자, 이는 멸망의 발단이다.

장년을 지난 자가 팀바루(timbaru, 瓜果)의 열매와 같은 유방이 있는 젊은 부인을 끌어들여, 그녀에 대한 질투로 잠 못 이루는 자, 이는 멸망의 발단이다.

주육(酒肉)에 잠겨 재산을 탕진하는 남녀에게 가업(家業)의 실권을 맡기는 자, 이는 멸망의 발단이다.

지배자의 집안에서 태어나 재물은 적은데 욕심이 지나치게 커, 언제나 주권을 얻고자 바라는 자, 이는 멸망의 발단이다.

세상의 이와 같은 멸망을 식별하는 힘이 있는 성자는 바로 이러한 관찰에 의해 평안한 하늘 세계에 다다를 것이다.

이것은 12개조로 된 패망에 이르는 길이라는 것으로, 재가생활자를 위해서 설한 그렇게 흔하지 않은 교훈이다. 이것이 또한 오늘날의 사회윤리 내지는 위정자의 행동기준으로서 얼마나 유효적절한 가르침이냐 하는 것은 두말할 필요도 없을 것이다.

제9장

제자들과의 대화

1. 앙굴리말라

코살라국에 앙굴리말라(Aṅgulimāla, 指鬘, 손가락으로 만든 장식물이란 뜻)라고 하는 흉악한 도적이 있었다. 그는 성질이 매우 잔인하여, 항상 손에 피를 칠하고 사람 죽이는 것을 일삼고 있었다. 모든 생명 있는 것에 대한 연민의 정이란 하나도 없고, 죽인 사람의 손가락 끝을 모아 목걸이를 만들어 걸고 다니는 버릇이 있었다. 그는 숲 속, 나무 밑, 산골짜기 혹은 굴 속 등으로 거처를 바꾸어 살며, 곳곳에 나타나 그와 같은 무서운 일을 저질렀으므로, 어느새 마을 사람들은 멀리 사방으로 흩어지고 가까운 거리도 나날이 쇠잔(衰殘)해 갔다. 그리하여 그 지방 사람들은 왕궁 앞에 모여, 그런 사정을 진정하고 속히 이 도적을 잡아 줄 것을 청원하기에 이르렀다.

그때 부처님은 기원정사를 나와, 사위성으로 행걸(行乞)을 하기 위하여 들어왔다. 이른 아침부터 길거리에서 서성거리는 사람들의 근심을 알고 탁발을 끝낸 뒤, 부처님은 홀로 도적이 출몰하는 곳으로 향해 그곳의 큰길을 걸어갔다. 길 가던 소먹이는 사람, 농사꾼 등이 모두 지나가는 사문을 보고 놀라서 이와 같이 말했다. "스님, 이 길을 가지 마십시오. 열 명, 스무 명, 서른 명이 같이 간다 해도 모두 앙굴리말라의 밥이 되었거든요." 지나가는 사람들은 한사코 부처를 제지했으나, 그는 잠자코 걸음을 옮겼다.

도적 앙굴리말라는 멀리서 한 사문이 오는 것을 보고, "저 중은 일행

※ 〈앙굴리말라의 조복〉, 간다라. 오른쪽에서 앙굴리말라가 칼을 들고 어머니를 해치려 하고, 다시 왼쪽에서는 붓다를 향한다. 앙굴리말라는 손가락을 엮어 만든 관을 쓰고 있는데, 말라에는 '관'이라는 뜻도 있다.

도 없이 다만 홀로 이 길을 오는군. 내 목걸이의 손가락 수를 더 늘려야겠다" 하고 생각했다. 그는 칼과 방패를 쥐고 활에 화살을 달고 부처님의 뒤를 재빨리 미행하기 시작하였다. 그러나 도적의 발걸음으로는 쉽사리 부처님 가까이 접근할 수가 없었다. 도적은 화가 나 그 자리에 서서 큰 소리로 "야, 거기 가는 중, 잠시 서라!" 하고 외쳤다.

부처님은 그 말소리를 듣고 "나는 처음부터 서 있노라. 너야말로 속히 서라" 이렇게 말하였다.

"뭐라고? 너는 걸어가는 중인데 '나는 서 있노라' 하고, 나는 서 있는데 '너야말로 속히 서라' 하니 그게 무슨 말이냐?" 하고 도적은 반문했다.

부처님은 엄숙하게 이렇게 말했다.

"앙굴리말라야, 실로 나는 서 있노라. 나는 항상 살아 있는 모든 것에 대해 해 끼치는 마음을 버리고 있으니까 말이다. 그런데 너는 살아 있는 것들에 대해 아무런 자제의 마음도 없이 날마다 사람의 목숨을 해치고 있다. 그러므로 나는 서 있고, 너는 서 있지 못하는 것이다."

도적은 이 말을 듣고, 칼을 땅 위에 던져 버리고 부처님 발 밑에 몸을 엎드려 절하고 그의 제자가 되기를 원했다. "스님, 저는 당신의 말씀을 듣고, 이제 모든 지나간 잘못을 버리고자 하옵니다." 이렇게 말하자 부처님은 "오라, 비구여" 라고 말하면서 그를 데리고 기원정사로 돌아왔다.

앙굴리말라에 대해서는 팔리어 대장경 중 『중(中)니카야』, 『테라가타』, 그 밖에 『율대품(律大品)』 등에 나오고, 산스크리트 문헌으로는 『랄리타비스타라』 등에 언급이 있다. 이 이야기는 점차로 증광(增廣)되었던 모양으로, 한역에도 축법호(竺法護) 역의 『불설앙굴마경(佛說鴦堀摩經)』, 법거(法炬) 역의 『불설앙굴계경(佛說鴦堀髻經)』, 구나발타라(求那跋陀羅) 역의 『앙굴마라경(央堀魔羅經)』과 같은 세 개의 단독 경전이 있을 정도로 윤색이 많아졌던 것 같다.

위에 인용한 부처님 말씀 중에 '서 있다', '속히 서라'는 말 같은 것은 후대에 중국 당송(唐宋)의 선가(禪家)에서 발달시킨 공안(公案)의 원형이라고도 볼 수 있다. 그것은 부처님이 흔히 쓴 독특한 교화법의 하나라고도 할 수가 있는 것이다. 이 말씀과 관련하여 우리는 다음과 같은 부처님의 자비로운 교훈을 아울러 인용해 두는 것이 좋으리라고 생각한다. 『잡아함』에서 부처님은 이렇게 말하였다.

> 만일 도적이 있어 너를 붙잡고 톱으로 육신을 벤다고 할 때 너희들이 도적에 대하여 미워하는 마음, 매도하는 마음을 일으키면 스스로 장애를 만들게 될 것이다. 그러므로 비구들아, 만일 톱을 가지고 네 몸을 자르려고 하면, 오히려 그 사람에 대해 불쌍한 생각을 일으키되 원한을 품지 말라. 실

로 사방의 경계에서 자비로운 마음을 가지고 살아라. 이렇게 공부하여야 하는 것이다.

부처님이 도적 앙굴리말라를 그의 출가제자로 삼고 제타 숲으로 돌아간 뒤 얼마 있다가, 국왕 파세나디(Pasenadi)는 500명의 군사들을 이끌고 도적의 행방을 찾아 헤매다가 기원정사에 들르게 되었다. 차에서 내려 도보로 가까이 오고 있던 왕을 맞이하여, 부처님은 무엇 때문에 이렇게 많은 군인들을 이끌고 왔느냐, 릿차비족이라도 치러 가는 것이냐고 물었다. 왕은 대답하여 "아니오, 사람들의 청원에 따라 앙굴리말라라는 도적을 잡으려고 하는 것이외다"라고 하였다.

그때 부처님은 "만일 그 도적이 그 흉악한 지난 일들을 회개하고 출가해서 살생을 떠나 널리 착한 일을 하려고 하고 있음을 보면, 당신은 어떻게 하겠소?" 하고 물었다. 왕은 대답하여 "나는 오히려 그에게 경례(敬禮)할 것입니다. 일어서서 그를 맞이하고 그를 보호하겠나이다. 그렇지만 그와 같은 파계자를 누가 잘 교도(教導)할 수 있겠습니까?" 하였다. 그때에 부처님은 바른 팔을 들어 그 옆에 앉아 있는 한 제자를 가리키며, "왕이여, 이 사람이 바로 당신이 찾는 앙굴리말라요"라고 하였다.

왕이 크게 두려워 떠는 것을 보고 부처님은, "왕이여, 두려워하지 마시오. 사람이 만일 그가 행한 지나간 잘못을 회개하면, 그는 세상을 비추기를 마치 구름을 떠난 달과 같이 하는 것이오. 내 법을 듣고 최승(最勝)의 안식(安息)에 머물러 있는 그는 이제 아무도 해치는 일 없이 오히려 강한 자도 약한 자도 다 한결같이 사랑하여 보호할 것이 틀림없소"라고 하였다.

그 말씀을 듣고 왕의 마음은 가라앉았다. 왕은 앙굴리말라에게 가까이 가 "스님이 앙굴리말라이십니까?" 하고 물었다. 그 스님은 "그렇습니다, 대왕님. 저는 앞서 도적으로서 앙굴리말라라고 불렸습니다. 그러나 나는 이제 미혹의 원인을 없애고 세존께 귀의하기에 이르렀습니다"라고 대답했다.

"그러면 스님, 제가 이제 스님에게 의복과 음식, 상좌(牀座)와 의약을 바치겠습니다."

스님은 대답했다

"왕이여, 나에게는 이미 부족한 것이 없습니다. 나에게는 이미 삼의(三衣)의 행자로서 모든 것이 충족되어 있으니까 말입니다."

왕은 부처님 밑으로 가서 절하고 한쪽 구석에 앉아 말했다.

"훌륭하옵니다, 세존이시어. 세존의 교도(教導)는 최상이옵니다. 우리들이 무기로써도 끝내 항복시키지 못한 자를 세존께서는 능히 무기 없이 따라오게 하셨나이다."

2. 제분(除糞) 인부 니티

『현우경』, 『대장엄경론』, 그 밖에 『장로게』 등을 보면 불법에 편당(偏黨)이 없다는 데 관해 다음과 같은 이야기가 있다.

기원정사에 가까운 사위성의 국운이 날로 성하여 상공업이 크게 발달하고, 사방에서 모여든 사람들의 수가 날로 늘어갔다. 그 때문에 성 안에는 가옥이 난립해서 매우 좁았으므로, 변소를 집에 설치하는 사람이 적었다. 그래서 시내의 사람들 대부분은 성 밖으로 나가 용변을 하는 습관이 있었다. 다만 귀족이나 부잣집에는 변소가 있어, 그것이 차면 사람들을 시켜 이를 쳐 가게 하였다. 이때 니티(Niti)란 가난한 사람이 그런 집을 찾아다니며 변소를 치고 간신히 생계를 유지하고 있었다. 머리는 길게 자라고, 옷은 해지고 더러워 이루 말할 수 없을 정도였다.

하루는 가득 찬 똥통을 등에 지고 이를 버리러 가는 도중에, 아난다와 같이 걸행을 하고 있던 부처님이 오는 것을 보았다. 자기 직업이 천한 것을 부끄럽게 여긴 니티는 황급히 샛길로 돌아가 그들을 피하였다. 이제 막 성 밖으로 나아가려 할 즈음에 다시 부처님이 가까이 오는 것을 보고 당황하여 길을 피하려고 하다가, 길가 남의 집 벽에 부딪쳐 똥통을 전부 엎지르고 말았다. 옷과 그 일대에 악취가 가득 찼다. 니티는 더욱 부처님 보기가 황송해 머리를 푹 숙이고 서 있었다.

부처님은 니티에게 가까이 가 "너 어찌하여 내 가는 길을 피하는 것이냐? 설사 지금 네 옷이 더러워졌다고 할 망정 네 마음은 더할 바 없이 착하다. 그러므로 아름답기 한이 없는 향내가 네 몸에서 풍겨 오는 것이다. 자기 자신을 스스로 천히 여겨서는 안 된다"고 가르쳤다.

부처님의 이와 같은 말씀을 들은 니티는 그때야 비로소 안도의 숨을 쉬며 깨끗한 눈으로 부처님을 우러러 볼 수가 있었다.

세존은 말씀하기를 "네가 내 밑에서 출가하기를 원하느냐?" 하고 묻자, 니티는 "세존이시어, 만약 나와 같이 집안이 천한 자가 부처님의 은혜로 출가할 수가 있다면, 마치 지옥의 사람을 데려다가 천상계에 두는 것이나 다름이 없겠습니다"라고 하였다.

세존은 이렇게 설했다.

> 내 법은 깨끗한 물이 능히 모든 오물을 다 깨끗이 씻어 버리듯이, 빈부, 종성(種姓), 남녀의 차별 없이 다만 도를 닦을 수 있는 자만을 구도(救導)하

는 것이다. 나는 반드시 존귀하기 때문에 국왕이나 부자를 선택하는 것이 아니다. 언젠가는 비천한 가문의 출신인 우팔리, 빈궁했던 슈라타도 제도하였다. 어리석은 사람, 욕심 많은 사람, 나는 이 모든 사람들을 기(機)에 따라서 구도했던 것이다. 내 법에는 편당이 없고, 평등하고, 정도를 가르치어 모든 중생들을 위해 안온한 정로(正路)를 만드는 것이다.

이와 같은 부처님의 말을 듣고 니티는 출가할 마음을 굳게 하였다. 부처님은 아난다와 더불어 그를 이끌고 성 밖의 큰 강가로 가서, 거기서 손수 그 더러운 몸을 씻어 깨끗하게 해 주었다. 니티는 이때 부처님을 향해 합장하고 사문이 될 것을 맹세하였다.

사위성의 사람들은 니티가 부처님의 제자가 되었다는 소문을 듣고 원심(怨心)을 품고 저마다 이렇게 욕설을 퍼부었다.

"어째서 세존은 그런 천한 자에게 출가수도를 허락하셨을까? 만약 우리들이 공양을 드리는 일이 있어 부처님과 그 제자들께 와 주십사 한다면, 그 똥 푸는 아이 니티가 따라올 게 아니냐. 그 더러운 아이가……."

그때 부처님은 비유를 들어 이렇게 사람들을 설복시켰다고 한다.

사람들이 천한 나무라고 여기는 아주까리(인도에서는 아주까리가 일년생 초본이 아니라 다년생 목본이 되며, 그 나무를 흔히 伊蘭이라고 한다)의 고목을 마찰시키면 불이 붙는 것과 마찬가지로, 또 더러운 진흙 속에서 아름다운 청련화(靑蓮花)가 꽃을 피우는 것과 같이, 종성, 직업으로 그 값어치를 정하기는 어렵다. 오직 그 덕행에만 의하는 것이다. 지위가 낮지만 훌륭한 행위가 있으면 너희는 마땅히 그 사람을 공양하라.

❀ 〈붓다와 제자들〉, 간다라.

팔리어 『장로게』에는 이 제분 인부의 이름을 수니타(Sunīta)라고 하고 있으므로, 니티가 정확한지, 수니타가 정확한지는 잘 알 수 없다. 다만 『장로게』에 실린 이야기에는 후세의 윤색이라고 생각되는, 이 수니타에게 최고신격인 제석천이나 범천마저 합장하고 공양했다는 기술이 들어 있다. 이 『장로게』에는 수니타가 출가함으로써 '브라흐만이 된 것이다'라는 일구(一句)가 들어 있어, 브라흐만의 신성성이 종성에 의한 것이 아니라 실로 그 마음가짐에 있음을 과감하게 설파한 것이라고 해석된다. 부처님의 혁명적 역할은 여기에도 뚜렷이 나타나 있다고 할 수가 있다.

3. 열네 가지 죄악

부처님이 왕사성의 죽림정사에 있을 때의 일이다. 성안에 부유한 한 거사의 아들이 있었다. 이름을 싱갈로바다(Siṅgālovāda)라고 하였다. 그는 이른 아침에 일어나 시내를 나와 성 밖으로 가서, 의발(衣髮)을 깨끗이 하고 합장하여 동 · 서 · 남 · 북 · 상 · 하의 육방(六方)을 예배하는 것을 일과로 삼고 있었다.

부처님이 탁발하는 도중 우연히 그 광경을 보았다. 그에게 가까이 가 무엇 때문에 그렇게 일찍이 육방을 예배하느냐고 물었다. 싱갈로바다는 이렇게 대답하였다.

"부처님, 저의 아버지가 임종에 즈음하여 저에게 이렇게 유언하셨습니다. '사랑하는 아들아, 너는 꼭 육방을 예배하라.' 그래서 부처님, 저는 아버님의 명을 따라 그렇게 하고 있을 뿐이옵니다."

그때 부처님이 "성자의 율에서는 그렇게 의미 없이 육방을 예배해서는 안 되는 것이다"라고 하자, 싱갈로바다는 "그러면 부처님, 어떻게 하면 좋습니까?" 하고 그 가르침을 청했다.

부처님의 말씀은 다음과 같다.

"성자(聖者)의 길을 부지런히 가는 자는 네 가지 업구(業垢)를 떠나고, 네 가지 이유 때문에 악업(惡業)을 하지 않고, 재물을 산일(散佚)하는 여섯 가지 원인을 행하지 않으면, 열네 가지 죄악에서 벗어나, 육방을 잘 지키고, 이 속세의 고통에서 떠나 좋은 곳에 이르는 것이다.

없애 버려야 할 네 가지 업구란, ① 생명 있는 것을 해치는 일, ② 도적질하는 일, ③ 천한 욕정을 좇아가는 일, ④ 거짓된 말을 토해 사람을 속이는 일, 이와 같은 것들로서, 그러한 행위(업)는 모두 현자(賢

者)가 하지 않는 바다.

또 네 가지 이유로써 악업을 하지 않는다는 것은 무엇이냐 하면, 대개 사람들이 탐욕과 진에(시기와 질투, 분노)와 우치와 공포, 이 넷 때문에 도(道) 아닌 일을 하고 악업을 하는 까닭에, 도를 구하는 사람은 이러한 네 가지 악업을 하지 않는 것이다.

그리고 또 싱갈로바다야, 실로 재(財)를 잃는 여섯 가지 원인이란 무엇이냐 하면 음주에 빠져 방일에 흐르는 것 등이다. 때 아닌 때 가로(街路)에서 장난치고 목적 없이 돌아다니는 것도 그러하다. 그 밖에 제례무용(祭禮舞踊)의 객석에 들어가 앉아 시간 가는 줄 모르고, 도박에 정신을 잃고, 저급한 일에 만족하고, 혹은 나쁜 동무와 사귀며, 나태를 부리는 것이다. 이와 같은 여섯 가지의 사실은 모두 재를 잃는 원인이다.

술에 젖어 방일에 흐르는 자는, 싱갈로바다야, 곧 저축을 잃고, 싸움만 늘어나게 하고, 병의 원인을 낳고, 명예를 손상시키며, 숨겨야 할 곳을 나타내고, 지력(智力)을 경감시키는 여섯 가지 화(禍)가 있다.

또 싱갈로바다야, 때 아닌 때 가로에서 장난치고 목적 없이 돌아다닌다는 것은 그 자신에게나 처자에게나 그 재산에 대해 보호가 없게 되고, 나쁜 일이 있으면 의심을 받게 되고, 실제 그렇지 않은 말썽이 그에게 생기고, 많은 고법(苦法)이 그를 둘러싸기에 이르는 것이다. 이것이 여섯 가지 화다.

싱갈로바다야, 제례무용의 객석에 들어가 시간 가는 줄 모르고 지낸다는 것은 어디에 춤이 있나, 어디에 노래가 있나, 어디에 강담(講談)이 있나, 그런 것을 찾아 헤매며 재물과 시간을 잃는 것을 말한다. 이것이 여섯 가지 화다.

싱갈로바다야, 도박에 정신을 잃는 자란, 지면 원한을 말하고, 이기면 얻은 재부를 잃을 것을 두려워해 마음에 근심이 생겨, 실제로 저축을 잃는 것이다. 법정에 들어가면 그 말을 믿는 사람이 없고, 벗은 그를 경모(輕侮)하고, 혼인은 거절되고 도박꾼은 아내를 얻을 자격이 없다고 비난받는다. 이것이 여섯 가지 화다.

싱갈로바다야, 나쁜 친구와 사귀지 말라고 말했으나, 그 까닭은 실로 그 화가 곧 뒤따르기 때문이다. 나쁜 친구란 교활한 자, 노름꾼, 대주가(大酒家), 사기꾼, 포악한 자를 가리킨다. 야비한 것과 사귀고, 견고한 것을 사귀지 않으면, 자신도 또 악에 물들어 이를 가까이 하게 마련이다.

싱갈로바다야, 끝으로 나태에 젖음으로 말미암아 생기는 화는 사사건건 구실을 만들어 너무 춥다, 너무 덥다고 하고는 일을 게을리하고, 너무 이르다, 너무 늦다고 하여 일을 하지 않고, 혹은 배가 고프다, 목이 마르다고 하여 업무를 등한히 하면, 이익은 마침내 젊은이에게서 떨어져 나갈 것이다. 이는 여섯 가지의 화다. 그러므로 주위를 조금도 의식하지 않고 사람으로서 의(義)를 행하는 자는 반드시 행복을 놓치는 일이 없을 것이다.

싱갈로바다야, 다음과 같은 네 가지 종류의 사람은 사실은 원수이면서 벗과 비슷한 모습의 자임을 알라. 즉 무엇이든지 가지고 가는 자, 말이 교묘한 자, 감언(甘言)이 많은 자, 유탕(遊蕩)의 반려가 되는 자 등이 그렇다. 무엇이든지 가지고 가는 자는 종류를 가리지 않고 가져가고, 작은 것을 주고 큰 것을 얻으려고 원하고, 두려움에서 일을 하고, 사리사익만을 위해서 일한다. 말이 교묘한 자는 과거, 미래에 우정있는 듯이 가장하고 무의미한 애교를 부리면서, 일단 해야 할 일이 목전에 닥쳐오면 곧 변모한다. 감언이 많은 자는 다만 상대방의 나쁜 일에만 보조를 맞추고, 좋은 일에는 동의하지 않고, 그 사람 면전에서는 칭찬을 하고 그 배후에서는 조소한다. 유탕의 길동무가 되는 자는 술에 빠져 헤어나지 못하고 돌아다닐 때만 좋은 벗이 되며, 때 아닌 때에 가로를 유행(遊行)하고, 제례무용의 객석에 들어가 시간 가는 줄 모르며, 도박장에서 가까운 친구가 된다. 현자는 이러한 네 가지 종류의 사람이야말로 모두 적이라고 미리 알고, 그들을 멀리 피하여야 하는 것이다.

싱갈로바다야, 다음의 네 가지 벗은 마음 착한 자들이라고 알라. 즉 힘센 후원자가 되는 벗, 즐거우나 괴로우나 항상 변하지 않는 벗, 착한 말만 하는 벗, 동정 있는 벗 등이 그러하다. 힘센 후원자가 되는 벗이란 친구가 취해 있을 때에 그 재산을 지켜주고, 두려워할 때 비호자가 되는 것이다. 해야 할 때면 그는 내가 필요로 하는 두 배의 재산이라도 줄 것이다. 즐거우나 괴로우나 언제나 변하지 않는 벗이란 자기의 비밀을 말해 주고 그가 간직하는 비밀은 이를 숨기고, 궁핍에 제(際)해서는 남을 버리지 않고, 친구의 이익을 위해서는 자기의 한 목숨이라도 버리는 것이다. 착한 말을 하는 벗이란, 죄가 생기는 것을 막고, 선한 일을 행하게 하고, 아직 듣지 못한 것을 듣게 하고, 하늘나라로의 길을 가르치는 것이다. 동정 있는 벗이란, 친구의 쇠미(衰微)를 기뻐하지 않고, 그 융성을 기뻐하며, 비방하는 사람을 막아내고, 찬양하는 사람을 칭찬하는 것이다. 이와 같은 네 사람이야말로 실로 내 벗이라고 현자는 예지하고 이러한 벗들에게 봉사하라.

싱갈로바다야, 성자(聖者)의 율(律)로서 육방(六方)이라 함은 동방은 부모, 남방은 사장(師匠), 서방은 처자, 북방은 붕우(朋友), 하방은 노복(奴僕), 상방은 사문 · 바라문이라고 이해되는 것이다.

싱갈로바다야, 동방으로 배(配)해진 부모는 아들에 의해 봉사(奉仕)되어야 한다. 육양(育養)을 받은 우리는 양친을 부양하고 양친을 위해서 일하고, 가독(家督)을 상속함과 더불어 그 상속을 바로 하고, 또 모든 돌아가신 조령(祖靈)에 대해 때에 따라 공물을 바치라. 그리하여 아들에 의해 봉사를 받는 부모는 아들을 사랑하는 까닭에 그 아들을 죄악으로부터 멀리 하게 하고, 착한 일을 행하게 하고, 기능을 훈련시키며, 적당한 처를 맞아 시기에 응해 가독을 양도하는 것이다. 이와 같이 하여 동방은 수호되고 안온하며 포외(怖畏)가 있을 수 없다.

싱갈로바다야, 남방에 배해진 스승은 제자에 의해 봉사되어야 하며, 입례(立禮, 일어서서 절함)와 근사(近事, 가까이 섬김)와 종순(從順)과 급사(給仕)를 받는다. 또 스승은 좋은 훈련법으로 제자를 순치(馴致)하고, 잘 지켜야 할 것을 지키게 하고, 모든 학예(學藝)를 습득케 하고, 붕우지인(朋友知人) 사이에 있어서 칭양(稱揚)하고, 여러 방향에서 수호를 받게 한다. 이와 같이 하여 그 남방은 수호되며 안온하고 두려움이 있을 수 없는 것이다.

싱갈로바다야, 서방에 배해진 처자는 남편에 의해 봉사되어야 한다. 즉 경의와 예의와 불사행(不邪行)과 권위를 주고 또 장식품을 준다. 또 처는 다음과 같이 남편을 사랑해야 하는 것이다. 가사를 잘 정돈하고, 일꾼들에게 친절히 하고, 정숙하며, 재산을 잘 지키고, 모든 일에 대해 교묘하며 또 근면해야 하는 것이다. 그리하여 그 서방은 수호되고 안온하며 두려움이 있을 수 없는 것이다.

싱갈로바다야, 북방에 배해진 붕우(朋友)는 좋은 집안의 자제들에 의해 봉사되어야 한다. 즉 보시(布施)에 의하여, 애어(愛語, 좋은 말)에 의하여, 이행(利行, 이로운 행동)에 의하여, 동사(同事, 협동)에 의하여, 속임 없는 진실성에 의해서 말이다. 또 좋은 가문의 제자들을 사랑해야 하는 것이다. 즉 그들이 취했을 때에 그 재산을 지켜 주고, 두려워 할 때 비호자가 되고, 곤궁할 때에 버리지 않고, 그 밖의 동족을 존중해야 하는 것이다. 그와 같이 하여 그 북방은 수호되고 안온하여 두려움이 없는 것이다.

싱갈로바다야, 하방(下方)에 배해지는 노복용인(奴僕傭人)은 주인에 의해 봉사되어야 한다. 즉 노복용인은 그 힘에 따라 일이 과해지거나 양식과 급료를 받으며, 병에 걸렸을 때는 위로와 진미(珍味)의 식사가 분여(分與)되고, 때로는 휴식으로써 봉사를 받는다. 또한 그들은 주인을 사랑해야 한다. 그들은 주인보다도 아침에 일찍 일어나고 나중에 잠자리에 들고, 주어진 물건만을 받으며, 그 일을 잘하고, 그 주인의 명예와 칭찬을 제고(提高)해 주어야 한다. 그와 같이 하여 그 하방은 수호되며 안온하고 두려움이 없다.

싱갈로바다야, 상방(上方)에 배해진 사문 · 브라흐만은 좋은 집 자식들에 의해 봉사되어야 한다. 즉 친절한 행동, 친절한 마음에 의해 문호(門戶)를 닫지 않고 음식물을 줌으로써 말이다. 사문 · 브라흐만은 또 좋은 집 자식들을 사랑해야 한다. 죄악에 가까이 가지 못하게 하고, 선을 행하게 하고, 착한 마음으로 사랑하고, 아직 듣지 못한 것을 가르쳐 주고, 이미 들은 것은 확실하게 하고, 하늘나라로 가는 길을 제시하는 것이다. 이와 같이 하여 상방은 수호되며 안온하고 두려움이 없어진다."

4. 연화색 비구니 이야기

부처님이 왕사성 죽림정사에서 설한 『법구경』 가운데에 다음과 같은 인과응보(因果應報)에 관한 설법을 한 일이 있다. 선인(善因)에는 선과(善果), 악인(惡因)에는 반드시 악과(惡果)가 있는 것, 설사 그 인과(因果)의 성숙(成熟)에 시간상의 늦고 빠름은 있을지 모르지만, 결국 사람은 자업자득, 거기서 도망할 수 없는 도리를 말한 것이다.

그 죄업이 익는 날까지 어리석은 사람은 그것을 꿀과 같다고 생각하고, 그 죄업이 이제 막 무르익는 날 그는 비로소 고통을 맛본다.

저지른 악업은 새로 짜낸 우유처럼 곧 굳어짐이 없다. 그러나 그 업은 재가 뒤덮인 불과 같이 연기를 내며 그 사람을 쫓아가는 것이다.

악의 열매가 아직 익지 않은 동안은 악을 행한 사람도 행복을 맛보는 일이 있을 것이다. 그러나 악의 열매가 무르익게 되면 그 사람은 마침내 불행을 만날 것이다.

'그 과보가 설마 내게는 안 오겠지' 이렇게 생각하고는 악을 경시하지 말아야 한다. 물방울이 떨어져 물독을 채우는 것처럼 어리석은 사람은 이윽고 악을 채우는 것이다.

이와 같은 교훈을 설명하는 흥미 있는 이야기가 하나 있다. 이 이야기는 『사분율』 6과 『근본설일체유부비나야』 49, 두 개의 율에서 초출(抄出)한 것이다.

인도의 서쪽 아반티국에 웃제니(Ujjenī)라는 도시가 있다. 그곳에 웁팔라반나(Uppalavannā, 蓮華色)라는 이름의 아름다운 여인이 있었다. 혼인할 나이가 되자 그 부모는 이 웁팔라반나를 결혼시키고 사위를 맞아들였다. 얼마 후 그 젊은 부부 사이에는 딸이 생겼는데, 그때 웁팔라반나의 아버지가 별안간 병으로 세상을 떠났다.

어느 날 웁팔라반나가 갓난애를 안고 자기 방에 있을 때, 남편을 잃고 고독을 못 이기던 그녀의 어머니는 사위와 몰래 정을 통하고 말았다. 하녀가 이것을 보고 곧 그 사실을 웁팔라반나에게 말하였다. 어머니와 남편의 이와 같은 불의(不義)를 알고 분노와 슬픔을 금치 못한 그녀는 갓난아기를 방에 그대로 둔 채 집을 나와 버리고 말았다.

그녀는 먼 길을 걸었다. 웃제니를 출발하여 바라나시 성에 도달하였다. 성문 밖에 서서 정신을 잃고 허탈한 심정에 잠겨 있었다. 아름다웠던 육체는 이제 먼지와 흙에 뒤덮이고, 발에는 상처가 나서 피가 흐르고 있었다. 그때 이 성에는 상처(喪妻)한 장자가 있었다. 때마침 무료함을 달래기 위해 성 밖으로 나와 교외를 거닐려고 하던 참에 성문 밖에 홀로 서 있는 웁팔라반나를 보았다. 장자는 그 아름다운 모습에 마음이 끌려 차를 세우고 그 여자의 앞으로 갔다. "당신은 어느 누구의 아내이시오?" 여자는 "나는 누구의 아내가 아니올시다"라고 대답하였다. "당신이 독신이시라면, 내 아내가 되어 줄 수는 없소?" 이런 대화가 오고 간 뒤에 그녀는 그 뜻을 수락하였다. 장자는 여인을 차에 태우고 집으로 돌아와 아내로 삼았다.

얼마 동안의 세월이 흘렀다. 장자는 큰돈을 모았다. 그는 장사를 위해 웃제니로 가야할 일이 생겼다. 웃제니는 두말할 것도 없이 그 아내 웁팔라반나의 고향이다. 장자가 거기에 갔을 때 그는 우연히 그 지방의 처녀들이 화려하게 차려입고, 명절을 맞아 기쁘게 뛰놀고 있는 장면을 보았다. 그 중에는 웁팔라반나가 낳은 딸도 섞여 있었다. 어머니를 닮은 미모에 장자는 크게 마음이 동하여, 그 옆의 사람에게서 이름과 주소를 알아내 그 집으로 찾아가, 그 처녀의 아버지를 만나 수만금을 주고 그 딸을 데리고 올 수가 있었다.

장자는 고향에 돌아와서 자기 집에서 멀지 않은 곳에 그녀를 숨겨두고 가졌던 돈의 절반을 거기에 남겨두고 돌아왔다. 아내는 돈이 적은 것을 보고 그 까닭을 물었다. 장자는 "도적을 만나 절반을 빼앗겼다. 이제 가서 곧 도적을 잡아야겠다"고 대답했다. 남편이 떠난 뒤 친구가 와서 "장자는 어디로 갔느냐?"고 물었다. "돈을 빼앗아 간 도적을 찾으러 갔습니다" 이렇게 대답하니까, 그 친구는 "도적을 쫓아간 것이 아니라 여자를 찾아간 것일 게다"라고 여행 중에 생긴 모든 일을 그녀에게 이야기해 주었다.

얼마 안 있어 장자가 돌아오니까, 아내는 말하기를 "당신은 왜 나를 속이려고 하오. 이미 딴 여자가 생겼으면 어째서 내 집에 데려오지 않소?"라고 하였다.

"두 아내가 한 집에 있으면 싸움이 생길 염려가 있어서 그랬소."

"그렇지만 제가 잘 참을 것입니다. 절대로 싸우지 않겠습니다. 만일 나와 나이가 비슷하면 자매 같이 지낼 것이고, 나이가 어리다면 딸 같이 대하겠습니다."

장자는 아내의 말대로 그 여자를 데리고 집으로 돌아왔다. 웁팔라반나는 그 여자가 동향인이라고 하는 것을 듣고 더 친근한 뜻을 표했다.

어느 날 웁팔라반나는 그 여인의 머리를 빗어 주고 있었다. "당신이 웃제니 사람이라는데 집은 어디에 있었소? 그 거리 이름은 무엇이고 아버지 이름은 누구요?" 하고 자세히 물었다. "당신 어머니의 이름은?" "저는 어머니를 모릅니다. 다만 사람들이 말하기를 어머니 이름은 웁팔라반나라고 한다고 하며, 어렸을 때 나를 버리고 집을 나가셨답니다." 웁팔라반나는 그 여자가 바로 자기 딸임을 알고 앞이 캄캄해짐을 느꼈다. "내가 한때는 어머니와 남편을 같이 했는데, 지금은 또 딸과 남편을 같이 하게 되다니 이 무슨 죄악일까?" 그녀는 다시 집을 버리고 나가 걷잡을 수 없는 마음으로 이 거리 저 거리를 방황하였다.

바라나시 성문을 나서서 울며 울며 가다가 도달한 곳이 왕사성이었다. 거기에 온 지 며칠 안 되는 동안에 그의 미모에 대한 소문이 성안의 노름패들 사이에 자자하였다. 500명의 노름꾼들이 500금을 웁팔라반나에게 주고, 같이 꽃밭으로 가서 놀고 있었다. 그때에 존자 목갈라나가 그 동산 안에서 나무 밑을 산보하고 있었다. 이 노름꾼 중의 한 사람이 "너 저 존자에게 같이 놀고 싶은 마음을 일으킬 수 있겠느냐, 없겠느냐?" 하고 물었다. 이 말에 그녀는 "내 옛날에 수많은 남자의 마음을 녹였는데, 어째서 저런 사람 하나쯤 녹이지 못하겠느냐?" 하고 대답했다. 모든 사람들이 그 사람의 도심(道心)은 견고하기 때문에 그것은 어려울 것이라고 하였다. 그러자 그녀는 존자 있는 곳으로 가서 갖은 교태를 다 부리며 육박해 갔으나, 존자의 마음은 숲과 같이 조금도 동요함이 없었다.

그때 존자 목갈라나는 이 여인을 보고 이렇게 말하였다.

"여인이여, 깊이 스스로 반성하라. 네 몸은 미워해야 할 것이다. 더러운 그 몸집은 뼈가 되고, 뼈의 둘레를 도는 근육과 혈맥이 얼키고 설키고, 나쁜 피가 그 사이를 흐른다. 위의 주머니는 언제나 더러운 것으로 가득 차 있고, 아홉 개의 구멍에서 나오는 구정물은 그칠 사이가 없고, 더러운 기운이 늘 몸에 넘치고 있다. 내가 만일 네 몸의 부정을 사람들에게 이야기한다면, 마치 여름철의 변소와 같이 사람들은 너를 버리고 멀리 가 버릴 것이다. 그러나 어리석은 사람은 진실을 찾는 눈이 없기 때문에 항상 우치(愚癡)의 안개에 뒤덮여 마음이 미혹되어, 너를 가지고 쾌락을 누리려는 모습이 마치 늙은 코끼리가 깊은 진흙구덩이에 빠져 가는 것과 같다."

웁팔라반나는 찬찬히 이 말을 듣고 자신의 부정(不淨)을 깨닫고, 멀리 물러나 존자께 절하고 이렇게 대답하였다.

"높으신 분이여, 제가 지금 알았습니다. 미워해야 할 이 육신이 항상 부정에 가득 차 있는 것을. 존자께서 아시는 바와 같이 만일 사람들이 내 진실을 안다면, 여름날의 변소가 가까이 할 바 못 되는 것과 마찬가지로 나를 버리고 멀리 떠나가 버릴 것이옵니다. 원하옵건대 높으신 분이여, 저를 위해 그 가르침을 다시 깊이 설해 주옵소서. 저는 가르침에 따라 출가하고 마음을 바로잡아 도를 닦겠나이다."

존자 목갈라나가 이를 불쌍히 여겨 스승의 법을 가르쳐 주었더니, 그녀의 마음은 갑자기 열려 거듭 출가를 애구(哀求)하고, 같이 왔던 노름꾼들이 있는 곳으로 가서 받았던 돈을 돌려주었다. 존자 목갈라나가 그녀를 데리고 부처님에게로 가서 사정 말씀을 드렸더니, 부처님은 이를 다 듣고 나서 웁팔라반나의 출가를 허락하였다.

5. 니승(尼僧)교단의 성립

최초의 비구니는 부처님의 양모 마하파자파티였다. 이야기가 다시 소급되어 가지만, 부처님이 성도한 후 4년째 되는 해에 사위성의 기원정사에 있을 때의 일이다. 그 해는 한발이 심해 강에 물이 줄고 논밭의 관개에 많은 곤란이 있었다. 카필라성과 콜리야성 사이의 로히니 강도 물이 줄어, 두 도시의 사람들 사이에 분쟁이 생겨 마침내 막대기니 칼을 들고 피를 보기 직전에 이르렀다. 부처님은 이 이야기를 듣고 카필라성에 들어가 서로 맞서고 있는 두 도시 사람들의 중간에 들어섰다. 사람들은 부처님을 보고 "부처님, 부처님" 하면서 서로 활을 쏘지를 못했다. 그리하여 이 군중들은 한 사람 두 사람 대열을 떠나 부처님 주위로 모여들었다. 부처님이 무엇 때문에 모여 있는 것이냐고 묻자, 사람들은 물 때문이라고 하였다. 부처님은 물은 사람의 목숨을 위해 있는 것인데, 물 때문에 목숨을 버린다면 그처럼 어리석은 일이 또 어디 있느냐고 그 싸움을 화해시켰다.

그리고 나서 부처님은 바이샬리로 가서 그곳의 대림(大林)에 안거(安居)하고 있었는데, 그때 아버지 정반왕이 와병중이라는 이야기를 듣고 급히 카필라성으로 돌아가 노왕의 머리맡에 섰다. 부처님의 광명이 노왕의 병상을 비추어 그 병고(病苦)는 경감되었고, 부처님은 법을 설하여 노왕을 깨닫게 하였다. 그렇게 한 지 7일 만에 79세의 고령으로 왕은 마지막 숨을 거두었다.

부처님은 부왕의 최후를 법으로 빛내고 마하파자파티를 비롯한 일족의 사람들에게 진리를 가르쳐, 장송 날에는 자기 자신이 관의 한쪽 끝을 잡아 나무 위에 올려놓고 손수 불을 붙여 화장을 하였다. 그 후 잠시 카필라성 안의 니그로다 동산에 체재하고 있었다. 이미 남편인 왕과 사별하고, 부처님의 빈번한 설법을 듣고 그 교법의 세계를 즐겨하던 이모 마하파자파티는 자신도 출가수도 하기를 여러 차례 간청하기에 이르렀다. 부처님은 세 차례의 탄원을 모두 다 물리치고, 카필라성을 떠나 바이샬리로 돌아가 그 대림의 중각(重閣)강당에 들어가 있었다.

마하파자파티는 도저히 출가할 의사를 버릴 수가 없어, 여자의 몸이지만 먼지를 뒤집어쓰고 그 뒤를 따라와 대림의 강당 앞에 이르러 거기에 섰다. 야쇼다라 비와 그 밖의 샤캬족의 귀부인들도 그 뒤를 따랐다. 아난다는 이 광경을 보고 불쌍히 생각하여 그녀들을 대신하여 부처님에게 허락해 줄 것을 청원했다. 아난다가 두 차례나 그렇게 했지만, 부처님은 그때마다 거절하였다. 마지막으로 아난다가 "이 가르침을 좇아 출가하면 부인들이라 할지라도 깨달음을 얻을 수가 있을 것입니다. 마하파자파티는 부처님을 양육하신 큰 공로가 있으신 분이니 그것을 생각하셔서 출가를 허락하소서" 하고 말씀드렸다. 그때 부처님은

〈여인의 출가를 간청하는 마하파자파티와 아난다〉, 간다라. 붓다의 왼쪽이 아난다, 오른쪽이 마하파자파티이다.

다음과 같은 경법(敬法)을 지킨다는 조건하에 이를 허락하겠노라고 하여, 이에 부인들의 출가가 시작되었다. 출가한 여자 수도자를 비쿠니(bhikkhunī, 비구니)라고 한다. 그리하여 불교의 니승(尼僧)교단이 성립하게 된 것이다.

그 여덟 가지 경법(八敬法)이란 다음과 같다.

① 가령 법랍(法臘, 불법에 들어와 安居를 치르고 얻는 출가수도 생활의 연세) 100세의 비구니도 당일 수계(受戒)하는 비구에 대하여 자리에서 일어나 예배 합장하고 존경하지 않으면 안 된다.

② 비구니는 비구 없는 곳에서 안거해서는 안 된다.

③ 반 달마다 비구니는 비구의 상가(교단)로부터 포살(布薩) 날을 듣고 설법을 청하지 않으면 안 된다.

④ 안거를 끝내고 비구니는 비구와 비구니의 상가에서 자기네들의 죄를 끄집어내어 책망하도록 청하지 않으면 안 된다.

⑤ 죄를 범한 비구니는 비구, 비구니의 두 상가로부터 반 달 동안 별거할 것을 청하지 않으면 안 된다.

⑥ 식카마나(sikkhamānā)로서 2년 동안 육법(六法)을 배우고 난 뒤 두 상가에서 수계(授戒)를 해 주도록 청하지 않으면 안 된다.

⑦ 비구니는 여하한 일이 있더라도 비구를 매도하고 비난해서는 안 된다.

⑧ 비구니는 비구의 죄를 들추어내서는 안 된다. 비구가 비구니의 죄를 들추는 것은 허락된다.

이 팔경법은 비구니 상가가 비구 상가에 종속하고 그 감독 밑에 있음을 정한 것이다. 부처님의 생각으로는 그 수도(修道)공동체, 즉 상가의 근본이 비구에게 있었다. 그리고 나머지 다른 남녀들은 재가의 제자로서 처우하려는 것이었다고 생각된다. 그러나 부인들의 이와 같은 요구가 강하고 이것을 제지하기도 어려운 점이 있음을 느끼고 출가를 허락은 했지만, 바른 교리(정법)가 오래 머무르도록 하기 위해 비구 상가와 비구니 상가의 관계를 밝힌 것이라고 볼 수 있다. 그러나 위에 인용한 바와 같은 형식의 팔경법은 상당히 후세에 정리된 것이라고 생각된다. 왜냐하면 그 안에는 부처님 생존 당시에는 아직 제정되어 있지 않던 형식적인 행사며 규칙이 상세하게 발전될 것을 예상하고 있는 점이 있기 때문이다. 안거나 포살이 없었던 것은 아니겠지만, 부처님 당시에는 그런 규칙들이 훨씬 자발적이며 덜 율법주의적이었다고 생각하고 있는데, 여기 이 팔경법에는 지나친 형식주의, 율법주의의 냄새가 풍기기 때문이다.

안거(安居)라는 것은 3개월 동안의 우기에 제각기 인연 있는 땅에서 비구나 비구니가 따로따로 모여 교단의 계율조항을 같이 읽어 가며 서로 그 조항을 범하고 있지 않나 하는 것을 반성하는 것이다. 식카마나(sikkhamānā, 式叉摩那)란, 비구의 경우 사미(沙彌)가 된 후 만 20세 이상이 됨으로써 비구계를 받는 것이 허락됨에 반하여, 비구니의 경우는 사미에 해당하는 사미니(沙彌尼)와 비구니의 사이에 2년 동안 식카마나의 기간을 두고 임신 등의 유무를 조사했던 것이다. 아마 이 팔경법은 비구니교단이 성립될 그 시초에 명명됐던 것이 아니라, 율의 모든 복잡한 규정이 생기고 난 후에 성립되었든지, 정리되었던 것이라고 생각된다.

니승교단의 성립은 부처님이 기꺼이 한 것은 아니었지만, 부녀자들의 구제를 위해서는 여러 가지로 막대한 도움이 되었던 것이 틀림없다. 오늘날까지 이름이 알려진 비구니가 103명인데 그 중에는 지혜제일의 케마(Khemā), 신통제일의 웁팔라반나, 지율(持律)제일의 파타차라(Paṭācārā), 법화(法話)제일의 담마딘나(Dhammadinnā), 조의(粗衣)제일의 키사고타미(Kisāgotamī), 그리고 샤캬족의 왕궁의 궁녀였던 비사카(Visākhā)가 교단의 칠상속니(七相續尼)라고 불리고 있다.

6. 제일가는 제자들

어느 때 부처님은 그 제자들 중에서 여러 가지 점에서 각각 제일가는 모범적인 제자들의 이름을 들어 그 본을 받도록 촉구한 일이 있다. 수십 명의 제자들이 십인십색 각각 자기의 천분과 특징을 가지고 그 스승의 교화사업을 도왔던 것을 알 수가 있다. 그들은 모두 삼보에 대한 귀의란 그 신앙에 있어서는 일치했지만, 각자 자기의 특색을 살려

마하캇사파 존자, 중국의 돈황석굴.

가며 수행과 교화에 종사했던 것이다. 이것은 수행생활이 천편일률적인 획일적 성격을 띠는 것이 아니었음을 가르쳐 주는 귀중한 교훈이라고도 할 수 있다.

"제자들아, 이제 말하는 사람들은 내 제자들 중에서 제일가는 사람들이다. 출가한 지 오래되기로 제일인 자는 지자(智者) 콘다냐다. 지혜로 제일가는 사람은 사리풋타이며, 부사의(不思議)의 힘을 가지기로는 마하목갈라나가 제일이고, 청빈(淸貧)을 설하기로 제일인 자는 마하캇사파이고, 세속을 초월한 눈을 가지기로 제일인 자는 아누룻다이고, 가문이 높기로 제일인 자는 밧디야 칼리고타야풋타이고, 아름다운 음성으로 제일인 자는 라쿤타카 밧디야(Lakuṇṭaka-Bhaddiya)이다. 사자후를 하기로 제일인 자는 핀돌라 바라드바자(Piṇḍola-Bhāradvāja)이며, 설교자로서 제일가기는 푼나 만타니풋타(Puṇṇa-Mantāniputta)이고, 짧게 설해진 것을 상세하게 해설하기를 제일 잘하는 사람은 마하카차야나(Mahākaccāyana)이다.

제자들아, 내 제자로서 생각으로 형상을 나타내기를 제일 잘하고 마음을 해탈하는 데 있어 교묘하기로 제일인 자는 출라판타카(Cūḷapan- thaka)이다. 지(智)에 있어 해탈하는 데 교묘하기로 제일인 자는 마하판타카(Mahāpanthaka)이다. 평화로운 마음에 주(住)하기로 제일이고 보시를 받을 만하기로 제일인 자는 수부티(Subhūti)다. 숲 속에 살기로 제일인 자는 레바타 카디라바니야(Revata-Khadiravaniya)이다. 마음의 평안이 제일인 자는 칸카 레바타(Kaṅkhā-Revata)이다.

싫어함이 없이 부지런히 노력하기로 제일인 자는 소나 콜리비사(Soṇa-Kolivīsa)이다. 아름다운 말을 하기로 제일인 자는 소나 코티칸나(Soṇa-Koṭṭikaṇṇa)이다. 탁발을 잘 받기로 제일인 자는 시발리(Sīvali)이며, 믿는 마음이 굳기로 제일인 자는 밧칼리(Vakkali)이다.

아난다 존자, 중국의 돈황석굴.

제자들아, 내 제자로서 배우는 것을 좋아하기로 제일인 자는 라훌라이다. 신심으로써 출가한 제일인 자는 랏타팔라(Raṭṭapāla)이다. 맨 처음으로 음식표를 탄 자는 쿤다다나(Kuṇḍadhāna)이다. 제일가는 시인은 방기사(Vaṅgīsa)이며, 모든 사람을 분기(奮起)시키기로 제일인 자는 우파세나 방간타풋타(Upasena Vaṅgantaputta)이다. 여러 천인들이 좋아하기로 제일인 자는 필린다 밧차(Pilinda-vaccha)이며, 기민한 천분을 가지기로 제일인 자는 바히야 다루치리야(Bāhiya-Dārucīriya)이다. 설법이 정성스럽기로 제일인 자는 쿠마라 캇사파(Kumāra-Kassapa)이며, 지장 없는 배당을 찬양하기로 제일인 자는 마하코티타(Mahākoṭṭhita)이다.

제자들아, 내 제자로서 가장 많이 설법을 듣고, 깊이 깨닫고, 기억력도 좋고, 태만하지 않고, 그리고 또 내 옆에서 시봉하기로 제일인 자는 아난다이다. 많은 사람들에게 둘러싸이기로 제일인 자는 우루벨라 캇사파이며, 집집마다 기쁨을 주기로 제일인 자는 칼루다이이며, 앓지 않는 것으로 제일인 자는 바쿨라(Bākula)다. 전생에 관한 투시력이 제일인 자는 소비타(Sobhita)이며, 승단의 규율을 지키기로 제일인 자는 우팔리다. 여자수행자들을 가르쳐 인도하기로 제일인 자는 난다카(Nandaka)이며, 안 · 이 · 비 · 설 · 신 · 의 등 제근(諸根)의 문을 잘 지키기로 제일인 자는 난다이다. 제자들을 교도(教導)하기로 제일인 자는 마하캇피나(Mahākappina)이며, 불(火)에 관해 교묘하기로 제일인 자는 사가타(Sāgata)이며, 문제를 내세우기로 제일인 자는 라다(Rādha)이며, 녹의(鹿衣)를 입기로 제일인 자는 모가라자(Mogharāja)이다."

7. 마하캇사파 존자

부처님이 사위성의 기원정사에서 법회를 열고 새로 들어온 제자들에게 진리를 가르친 일이 있었다. 그때 마하캇사파 존자는 병으로 왕사성 근처의 핍팔리구하(Pippalīguhā)라는 산굴에서 정양을 하고 있었다. 이 소식을 전해 들은 존자는 오랜만에 누더기 옷을 몸에 걸치고 머리와 수염을 길게 기른 채 부처님 곁으로 왔다. 멀리 존자가 오는 것을 보고, 부처님은 잘 왔다고 미리 자기 자리의 절반을 나누어 그 자리에 앉도록 하였다. 존자는 부처님 앞에 가서 경례하고 물러서서 이렇게 말하였다.

"부처님, 저는 여래 말좌(末座)의 제자이옵니다. 저를 위해서 자리를 나누어주시니 황송하옵니다."

그때 사람들은 생각하기를 "이 노도사(老道士)에게 무슨 특별한 덕이 있어서 부처님이 저렇게 자리를 나누어주기까지 하시는 것일까?" 하였다. 부처님은 대중의 의혹을 알고, 널리 이 마하캇사파의 훌륭한 행동을 사람들에게 알려주었다.

"존자 마하캇사파가 도를 닦는 모습이 마치 나와 같고, 대자비로써 모든 중생을 불쌍히 여기고, 인정으로써 사람들을 구제하려 함이 모두 내 대자대비와 다름이 없다."

마하캇사파는 소욕지족(小欲知足)하고, 언제나 청빈을 그 덕으로 삼고 있었다. 그는 천인(天人)들이 보시하는 음식을 받기보다는 오히려 가난한 사람들의 공양을 달게 받았다고 한다.

위의 이야기는 『중본기경』에서 나온 이야기인데, 부처님이 제자들에게 얼마나 자애로운 태도를 취하였던가 하는 것을 잘 보여주는 것이다.

『장로게』에는 또 마하캇사파 존자의 게(偈)라고 하여, 그가 왕사성의 거리에서 문둥병 환자의 공양을 받은 이야기를 전하는 감격적인 대목이 있다. 그는 서민을 사랑하였다. 가난뱅이, 거지의 군중 속에 섞이기를 좋아하였다. 그리고 그는 거기에서 시(詩)와 각오(覺悟)를 발견하였다. 이것은 후년 중국의 당송시대 이래의 선풍(禪風)에도 통하는 바가 있다.

> 산골짜기의 잠자리에서 나와, 나는 걸식을 위해 거리에 나섰다. 문둥병 환자가 밥을 들고 있는 것을 보고, 나는 공손히 그에게 가까이 갔다. 그는 썩은 손을 가지고 나에게 그 밥을 들기를 권하였다. 내 바리 속에 밥을 던져 넣자 그 손가락도 같이 썩어 떨어졌다.
>
> 우물가에서 나는 그 밥을 먹었다. 먹고 있는 중에도, 먹고 난 뒤에도 내게는 싫은 생각이 나지 않았다. 보시의 음식이 오는 대로 이에 따라 먹고, 소의 오줌을 약으로 쓰고, 나무 밑을 잠자리, 앉는 자리로 하고, 기워 만든

누더기를 옷으로 삼는다. 이런 것을 받아쓰는 사람, 그 사람이야말로 이 세상에서 훌륭한 사람이다.

소의 오줌을 약으로 쓰는 것은 의학상 근거가 있는 것이고, 누더기를 걸치고 다니는 것은 승단의 관습이었다.

8. 사리풋타의 교훈

사리풋타가 어떠한 인물이었던가 하는 데 대해서는 이미 간간이 언급한 바 있다. 『잡아함』 35를 보면, 사리풋타가 언제나 부처님의 설법을 들으며 조금도 싫은 기색이 없이 항상 즐거워하는 모습을 보고, 다른 종교의 한 수행자가 이상하게 생각한 일이 있어 그 까닭을 설명하는 이야기가 실려 있다.

기원정사에서의 일이었다. 부처님의 설법을 듣고 즐거운 마음으로 돌아오는 사리풋타를 보고 그 수행자는 이렇게 묻는다. "어디서 돌아오는 거요?" 사리풋타는 그가 부처님의 가르침을 듣고 오는 길임을 말했다. 그때 수행자는 "당신은 지금도 아직 젖을 떼지 않았소? 스승에게서 법을 들어야 하오?" 하고 묻는다. 사리풋타는 그가 스승의 교훈을 계속해서 듣고 있다고 대답했다. 수행자는 "나 같은 사람은 벌써 젖을 떼었소. 스승의 설법 듣기를 그만 두었소"라고 말한다. 그때 존자 사리풋타는 그 잘못을 타일러 이와 같이 말했다고 한다.

당신이 배우는 법은 의지할 만한 법이 아니요, 찬양할 만한 법도 아니요,

출리(出離)를 위한 것도 아니요, 올바른 깨달음의 길도 아닙니다. 또 당신의 스승도 올바로 깨친 사람이 아닐 것입니다. 그런 까닭에 당신네들은 일찍이 젖을 떼고 스승의 교법을 떠나는데, 이는 마치 젖소의 성질이 사납고 소란하고 또 젖이 적은 까닭에 그 송아지를 일찍 버려 버리고 마는 것과 같습니다. 그러나 우리들의 법은 모두 다 올바른 법으로서 출리, 정각의 길이며, 찬양할 만하고 의지할 만한 것입니다. 또 우리 큰 스승은 남김없이 온전히 깨닫고 계신 것입니다. 그러므로 우리는 언제까지나 그 젖을 마시며 큰 스승의 가르치심을 듣는 것입니다. 마치 젖소의 성품이 유화(柔和)하고 젖이 많은 까닭에, 송아지가 그 젖을 마시며 조금도 싫어함이 없는 것과 같습니다. 내가 따르는 법도 그와 같습니다. 이는 올바른 법입니다. 그러므로 오래오래 큰 스승의 설법을 들어도 싫음이 없는 것입니다.

수행자는 존자 사리풋타의 이 말을 듣고 기뻐하며 돌아갔다는 것이다.

사리풋타는 항상 비구가 어떻게 수행할 것인가에 관해 스스로 다짐했다. 『장로게』와 『법구경』에 나오는 다음의 구절은 부처님의 정신을 그대로 표현한 것이라고 생각된다.

진 것, 또는 마른 것을 먹되 지나침이 없고, 배 가득 참이 없이 음식에 정도를 지키며, 정념(正念)을 가지고 비구는 유행(遊行)하라. ……

숲 속은 즐거워라. 범부는 이곳을 즐겨할 줄 모르나 욕심을 떠난 사람들은 이를 즐기도다. 그들은 온갖 욕(欲)을 구함이 없는 까닭이니라. 나의 잘못을 가르쳐 주고 과실을 책하는 지자(智者), 그런 현자(賢者)를 보면 어디에 보배가 있는가를 가르쳐 주는 사람처럼 대접하라. 그러한 사람을 섬기는 자에게는 좋은 일이 있으되 나쁜 일이 있을 수 없느니라. ……

밑이 깊은 못이 맑고 고요함과 같이 마음 있는 자는 도를 듣고 마음이 안태(安泰)하니라. 마음 있는 자는 어디에서든지 명랑하게 걸어간다. 그런 사람은 이 욕심, 저 욕심 때문에 근심하고 걱정함이 없도다. 행복을 만나건 고통을 만나건, 마음 있는 사람은 그 생각에 들뜸이 없도다.

대해(大海)나 대지(大地), 산도 불도 세존의 훌륭한 해탈에는 비할 바 없도다. 부처님을 본받아 법륜을 굴리며, 대지(大智)가 있고, 장로(長老)는 땅과 물과 불과 같이 물들지 않고 더럽힘이 없다. 지혜의 완성에 도달한 대지자(大智者)는 어리석은 것 같으나 어리석지 아니하며, 항상 청정하게 유행한다. 나는 스승을 모시며, 부처님의 가르침을 완성하고, 무거운 짐을 내리고 미혹의 원인을 없앴노라.

9. 어리석기 때문에 깨달았네

출라판타카라는 한 제자가 있었다. 원래 그는 어리석어 부처님의 제자 500명 중의 한 사람으로 매일 같이 그 가르침을 받았으나, 3년 동안에 시 한 수도 외우지를 못했다. 그러므로 다른 제자들이 모두 그 어리석음을 알고 있었다. 같이 배우던 형 마하판타카가 그 어리석음을 꾸짖고 동생에게 "불도를 닦아도 그렇게 진전이 없으니 속히 절을 떠나 집으로 가라"고 하였다. 출라판타카는 형의 무서운 책망을 듣고 홀로 기원정사의 문 밖에 서서 눈물을 흘리고 있었다. 그때 세존은 거실에서 일어나 문 밖으로 나와서 그가 서 있는 것을 보고, 옆으로 불러 "너는 어째서 여기에 와 슬피 우느냐?" 하고 물었다. 그 까닭을 말하는 출라판타카에게 부처님은 이렇게 말하였다.

"네 어리석음을 두려워하고 슬퍼하지 말라. 내가 도달한 깨달음의 길은 네 형의 인도에 의하는 것이 아니다."

이렇게 말씀하고 부처님은 그 손을 붙잡고 다시 정실(靜室)에 들어가 앉히고, 그를 가르쳤다. 그때 부처님은 그에게 빗자루를 주며 이렇게 말하였다.

"이 빗자루를 가지고 '먼지를 털리라, 때를 없애리라' 이 말을 되풀이 되풀이 외우라."

그리하여 출라판타카는 빗자루를 쥐고는 입버릇처럼 이 말을 외웠다. 날이 감에 따라 점점 익숙해져서 그냥 이 말이 술술 나오게 되었다. 어느 날 그는 혼자 생각하였다.

'부처님께서 말씀하시는 먼지란 무엇이기에 그것을 털고, 또 때란 무엇이기에 없애라고 하는 것일까? 먼지란 마음의 먼지, 때란 마음의 때가 아니냐? 사람마다 각자의 마음에 더러움이 있다. 내 먼지를 털고 내 때를 없애는 일, 이것이 불도의 수행 아니냐? 인간 세상의 미로(迷路)는 때다. 지혜는 바로 마음의 빗자루다. 내가 지금 지혜의 빗자루로 어리석은 내 미혹을 쓸어 버리리라.'

그리하여 그는 깨달은 상태에 들어갔다. 그리고 곧 부처님에게로 가 "부처님, 제가 지금 지혜의 빗자루를 가지고 이 마음의 먼지를 쓸겠나이다"라고 하였다. 부처님은 이 말을 듣고 "착하도다, 내 제자야. 네 말과 같다. 지혜는 능히 사람과 세상의 미혹을 없앤다. 내 제자가 닦는 것은 오로지 이 길이니라" 하였다.

10. 탄금의 법

소나 코티칸나란 제자가 있었다. 스승의 가르침을 따라 밤낮 없이 노력정진하였으나 쉽게 깨달음을 얻지 못하였다. 그는 고행을 한 나머지 다리에 상처가 생기고 피가 흘러, 마치 도살장에서 굶주린 새들이 와서 흐르는 피를 마시는 것과 같았다. 그는 스스로 마음이 초조하여 환속할 생각까지 하였다. 그는 이렇게 생각하였다.

"세존께서 나로 하여금 '고행정진 제일'이라고 하셨다. 그러나 나는 오늘도 아직 마음의 미혹에서 떠나지를 못하고 헛되이 행을 거듭하고 있는 것이다. 그런데 나는 원래 장자의 아들로서 재산은 헤아릴 수 없이 많으니 빨리 집으로 돌아가, 차라리 범속한 생활에 만족하여, 가난한 사람들에게 널리 보시를 하고 공덕을 쌓는 것이 낫지 않을까?"

부처님은 그의 마음을 알고 직접 그에게로 가서 비유로써 이렇게 물었다.

"코티칸나야, 내 이제 너에게 묻노니, 네 집에 머물러 있을 때 탄금(彈琴)을 잘하였느냐?"

코티칸나는 그러했다고 대답했다.

"그러면 네가 탄금을 할 때, 현 타기를 지나치게 급하게 하면 그 소리가 좋으냐?"

"좋지 않습니다."

"그러면 지나치게 느리면 그 소리가 좋더냐?"

"아닙니다, 부처님. 탄금에 있어서 완급이 적당하지 않으면 좋은 소리가 나지 않사옵니다."

이때에 부처님은 그에게 말하였다.

"도를 닦는 것도 꼭 그와 같다. 다만 한결같이 급하면 초조한 마음이 생기고, 정진하는 마음이 없으면 태만에 흐르는 것이다. 그런 고로 너무 치우쳐 생각하지 말고 중도에 처해서 도를 행하면, 머지않아 이 속세의 미혹을 떠날 것이다."

그는 부처님의 가르침을 받고 고요히 반성하고 그 가르침대로 수도하여 마침내 중도를 얻었다 한다.

승려, 간다라.

11. 다만 때가 옴을 기다리네

레바타란 장자가 있었다. 그는 모든 생류(生類)를 사랑하며 생사의 어느 편에도 집착함이 없이 다만 때가 옴을 기다리는 안심입명(安心立命)의 경지를 잘 표명한 다음과 같은 시를 남기었다. 우리는 이 제자의 말을 통하여 부처님의 경지를 엿볼 수 있다고 생각되는 것이다.

나, 재가로부터 출가의 신분이 된 이래
야비하고 또한 그릇된 생각이
내게 일어난 일이 있음을 알지 못하노라.
생명 있는 것들을 치고 죽이고 괴롭히려는
그런 생각이 이 오랜 기간 내게 생긴 일이 없었노라.
무량한 자비가 잘 수련되어

부처님의 가르침을 따라 점차로 쌓여 모여진 것을 내 아노라.
모든 생명 있는 것들을 어버이로 하고, 벗으로 하고
모든 생명 있는 것들을 애민(哀憫)하노라.
나, 언제나 진에(瞋恚)의 마음이 없기를 좋아하고
자비를 닦아 스스로 동요하지 않는 마음을 기뻐하노라.
나, 착한 사람들이 행한 맑고 깨끗한 행위를 본받아 닦으니
마치 바위산이 우뚝 솟아 동(動)하지 않음과 같이
비구는 우치(愚癡)를 다 없앴으므로
더럽히지 않음이 산과 같노라.

나는 죽음을 기뻐하지 않으며
나는 삶을 기뻐하지 않으며
염(念)을 바로 하여 다만 때가 옴을 기다리노라.
나, 스승을 받들어 섬기며
부처님의 가르침을 이룩하고 무거운 짐을 풀어
다시 태어나는 모든 원인을 없앴노라.
집착 없이 항상 청정을 바라는 자에게는
티끌만한 사악도 허공처럼 크게 보이는 것이니
나는 죽음을 좋아하지 않으며
마치 일을 끝낸 종처럼 다만 때가 옴을 기다리노라.

12. 발 씻은 물은 마실 수 없다

『법구비유경』 3, 『중아함경』 3, 『근본설일체유부비나야』 35 등을 보면 부처님의 아들 라훌라는 출가 후에도 거동이 거칠고 거짓말을 잘하는 버릇이 있었다고 한다. 부처님이 왕사성 죽림정사에 있었을 때, 라훌라도 그 근처의 온천 가까이 숲 속에 살고 있었는데, 누가 와서 부처님 있는 곳을 물으면, 늘 거짓말을 하여 공연히 사람들을 이리저리로 피곤하게 오가게 하는 버릇이 있었다. 그와 같은 일이 매우 빈번하였기 때문에 그 말이 부처님의 귀에도 들어갔다.

어느 날 부처님은 온천림으로 그를 찾아갔다. 멀리서 부처님이 오는 것을 보고 라훌라는 가서 마중하여, 그 의발(衣鉢)을 받고 물을 떠서 부처님의 발을 씻어 드렸다. 발을 씻은 뒤, 마련된 자리에 앉은 부처님은 라훌라와 이런 대화를 나누었다.

"너 발 씻은 물을 마실 수 있느냐, 없느냐?"

"마실 수 없습니다. 이 물은 원래 맑고 깨끗하던 것인데 이제 발을 씻어서 더러워졌으므로 마실 수가 없습니다."

그때 부처님은 다음과 같이 훈계하였다고 한다.

"너도 그와 꼭 마찬가지다. 내 아들로서 왕손으로 태어나 속세의 영화를 버리고 사문이 되었다고는 하지만, 정진해서 몸을 닦고 입을 지킬 생각을 안 한다. 그와 같이 삼독(三毒)의 더러움이 네 가슴속에 충만한 것이 마치 이 물과 같아서 다시 쓸 수 없는 것이다."

부처님은 라훌라에게 그 물을 버리게 하고 말씀하였다.

"너 이 그릇에 음식을 담을 수 있겠느냐?"

"아닙니다. 그릇이 벌써 부정(不淨)한 물 때문에 더럽혀졌으므로 음식을 담기에 알맞지 않습니다."

"너도 또 그와 같으니라. 사문이 되었다고 하지만, 입에 성실함이 없고 마음에 정진함이 없으면, 마치 그릇이 부정한 물로 더럽혀진 것과 같다."

부처님은 발가락으로 그 대야를 밀어 보냈다. 그랬더니 그 대야는 땅으로 떨어져 굴러가다가, 혹은 튀다가 마침내는 그냥 멎고 말았다. 부처님은 그 장면을 가리켜, 다시 라훌라에게 이렇게 말씀하였다.

"너 이제 그릇이 굴러가는 것을 보고, 그릇이 깨질 것을 두려워하지 않았느냐?"

"발 씻는 그릇은 값이 매우 쌉니다. 아까운 마음이 있을지 몰라도, 깨지는 것을 그렇게 안타까이 두려워하지는 않았습니다."

부처님은 말씀하였다.

"너도 또한 그와 같으니라. 설사 사문이 된다 할지라도, 몸가짐을 닦지 않고, 쓸데없이 거짓말을 농하고, 세상 사람들을 괴롭히는 일이 많으면, 사람들이 그를 좋아하지 않는다. 지혜 있는 사람도 그를 아끼지 않는다. 마치 발 씻는 그릇이 땅에 떨어져 굴러가다가 깨져도 아까워하지 않는 것과 같다. 미혹의 세계를 전전하는 그 고뇌야말로 한이 없을 것이다."

우리는 이와 같은 부처님의 훈계가 얼마나 준엄한 것인가 하는 것을 절실히 느낀다. 부처님은 자비의 권화(權化)다. 그러나 그 육친의 아들에 대한 교화는 유례없을 정도로 격한 자애(慈愛)의 교훈인 것을 알 수 있다.

라훌라는 이 말씀을 듣고 깊이 느끼는 바 있어, 스스로 면려(勉勵)하여 도를 잊지 않고 몸가짐을 엄격하게 하며, 인욕(忍辱)하는 마음 품기를 마치 대지와 같이 하기에 이르렀다고 한다.

13. 전도자의 결의

재간이 뛰어나고 특히 변설(辯舌)이 좋아 설법제일의 명성이 높았던 푼나가 어느 날 부처님에게 와서 서방 수나파란타(Sunāparanta)국으로 스승의 진리를 전하러 가는 것을 허용해 주기를 요청하였다. 부처님은 그에게 전도자의 결의가 어떠해야 하는가를 다음과 같이 가르쳤다.

"내가 전해 듣건대 그 나라 사람들은 심성이 사납고 흉악한 성질이 있어, 사람을 매도하고 수치를 주는 일이 많다고 한다. 만약 그 나라 사람들이 너에게 욕설을 퍼붓고 망신시킨다면, 너는 어찌할 것이냐?"

"부처님, 설사 그 나라 사람들이 저를 매도하는 일이 있다손 치더라도, 그들의 성질이 그래도 착하고 지혜가 있다면, 주먹을 쥐고 때리는 일은 없을 것입니다."

"푼나야, 만약 그들이 주먹으로 너를 때린다면, 너는 이를 어찌하겠느냐?"

"부처님, 설사 그 나라 사람들이 주먹으로 저를 때린다고 할지라도, 그들은 그래도 칼이나 막대기를 가지고 덤벼들지는 않을 것입니다."

"만약 그 사람들이 칼이나 막대기를 가지고 너를 해친다면, 너는 어찌할 것이냐?"

"설사 칼과 막대기를 가지고 저를 해친다 할지라도, 그들은 그래도 성질이 착하고 지혜가 있으므로 저를 죽이기까지는 안할 것이옵니다."

"그러나 만약에 그들이 네 생명을 빼앗는다면, 너는 어떻게 할 것이냐?"

"부처님, 만약 그 나라 사람들이 제 생명을 빼앗는다면 그때 저는 이런 생각을 할 것입니다. 도를 닦는 세존의 제자로서 화(禍) 많은 육신을 싫어하여 스스로 생명을 끊는 자도 있는데, 그 나라 사람들은 그 본

바탕이 착하고 지혜가 있어서 저의 보잘것없이 늙은 이 육신을 죽여 능히 이 세상의 고뇌에서 이탈케 해 주었다고 생각하겠나이다."

이때 부처님은 다음과 같이 말하였다.

"착하도다, 내 제자 푼나야. 너는 도를 잘 닦아 참고 견디는 마음을 배웠도다. 너야말로 서방 수나파란타국의 사람들 사이에서 능히 견디어낼 수가 있을 것이다. 이제부터 가서 아직 안온을 얻지 못한 자들을 깨달음에 들도록 하라."

그리하여 따뜻한 스승의 격려를 받은 푼나는 서방으로 길을 떠났다. 그는 수나파란타에 가서 한 여름을 보내고 진리의 씨를 뿌려 500의 신도를 얻고 많은 절을 지었으나, 그 해에 그곳에서 죽고 말았다.

이 이야기는 『잡아함경』 11, 팔리어 『중니카야』 제115경에 나와 있는 것이다. 우리는 이 말들 가운데서 다시 한 번 절실히 무엇이 영광이며, 무엇이 승리인가 하는 것을 깨달을 수 있으리라고 믿는다.

14. 일곱 가지 종류의 아내

부처님이 기원정사에 있을 때, 장자 수닷타의 아들에게 시집온 수자타(Sujātā)라는 여인이 있었다. 원래 재산 많은 집에 태어나 그 집안을 자랑하고, 시부모나 남편을 극진한 순종으로 섬기는 일이 없고, 항상 하인들에게 욕설만을 퍼부으며 지내고 있었다. 어느 날 부처님이 장자에게 설법을 한 일이 있었는데, 그 며느리의 거친 말소리를 들은 부처님은 그녀를 부르게 하여, 아내에는 일곱 가지 종류가 있다고 말하고, 네가 그 어느 것에 속하는가를 생각해 보라고 다음과 같이 말하였다고 한다.

마음이 바르지 않고, 사람들의 이(利)를 생각함이 없이 딴 사람에게 마음을 두고 자기 남편을 소원(疎遠)하게 다루고, 금은을 주고 사들인 것들도 살려가지 않는 그런 아내는 '살해(殺害)의 처'라고 불릴 것이다.

남편이 무슨 기술이나 매매, 경작 등에 종사하여 아내를 위해 재산을 얻었는데, 그 약간을 얻어 가지기를 바라는 아내는 '투도(偸盜)의 처'라고 불릴 것이다.

근로를 좋아하지 않고 태만하며, 먹는 욕심만 많고, 거동을 노골적으로 하며, 완고하고 말은 정중하지 않고, 노비를 학대하는 아내는 '태만의 처'라고 불릴 것이다.

어머니가 아들을 대하듯, 언제나 사람들의 이(利)를 생각하고, 남편을 보살피며, 남편이 모아 온 재산을 잘 지키는 아내는 '엄마와 같은 처'라고 불릴 것이다.

누이가 동생을 대하듯 스스로 남편을 공경하고 겸양하여 그 지시에 따르는 아내는 '누이와 같은 처'라고 불릴 것이다.

오래 헤어져 있던 벗이 온 듯, 남편을 맞아서는 마음으로부터 희열에 가득 차 품위 있게 남편을 섬기는 그런 아내는 '친구와 같은 처'라고 불릴 것이다.

매도를 당하건 매를 맞건, 조용히 참고 마음을 바로 잡고, 무엇이든지 남편이 시키는 대로 하는 그런 아내는 '비녀(婢女)와 같은 처'라고 불릴 것이다.

이 말씀을 듣고 나서 교만한 부잣집 딸인 수자타는 "저는 비녀와 같은 처가 되겠나이다" 하고 대답했다는 것이다.

15. 병상의 설법

역시 장자 수닷타와 관련된 이야기이다. 언젠가 부처님이 기원정사에 있을 때의 일이다. 장자의 병이 매우 위독하였다. 그리하여 장자는 사람을 부처님과 사리풋타 두 분에게 보내어 두루 문안을 드리고 난 뒤, "장자 수닷타의 병이 매우 중하여 위독한 상태에 있습니다. 장자가 무척 존자를 뵈옵기 원하나 쇠약한 그로서는 이곳에 올 수가 없으니, 존자께서 그를 불쌍히 여겨 와 주시면 좋겠습니다" 하는 뜻을 전하도록 하였다.

심부름 온 사람에게서 부처님은 그 뜻을 전해 듣고 "외로운 사람들의 보호자인 장자 수닷타가 안온하고 쾌유하기를 바란다"고 말하였다. 심부름 온 사람은 다시 존자에게로 갔다. 그 뜻을 들은 존자 사리풋타는 아무 말 없이 그 청을 받아들여 이튿날 아침 바리를 들고 장자의 집으로 갔다.

사리풋타가 그곳에 이르러 병문안을 하니, 장자가 대답하기를 "병환이 매우 심하여 괴롭고 식욕이 없으며, 아픔이 더욱 더할 뿐이옵니다" 라고 하였다. 그때 사리풋타는 누워 있는 장자를 향하여 이와 같이 타일렀다.

> 장자여, 두려워하지 마시오. 장자여, 두려워하지 마시오. 만약 사람이 믿지 아니하면 나쁜 곳에 태어날 테지만, 장자는 오늘 최상의 믿음을 가졌으니 고통은 사라지고 경쾌함이 생길 것이오.
>
> 장자여, 두려워하지 마시오. 사람에게 만약 계율상 좋지 않은 것이 있다면 나쁜 곳에 태어날 것이지만, 장자에게는 다만 선계(善戒)만이 있으니 고통은 사라지고 낙이 생길 것이오.

〈붓다와 브라흐만 수행자들〉, 간다라.

장자여, 두려워하지 마시오. 만약 사람이 다문(多聞)이 아니면 나쁜 곳에 태어날 테지만, 장자는 다문인 까닭에 고통은 줄고 낙이 늘어날 것이오.

장자여, 두려워하지 마시오. 사람은 욕심 많고 인색함으로써 나쁜 곳에 태어나겠지만, 장자에게는 그런 마음이 없고 다만 은혜로운 보시만을 했으니 아픔은 덜하고 경쾌함이 올 것이오.

장자여, 두려워하지 마시오. 장자에게는 선혜(善慧)가 있고, 정견(正見)이 있고, 정지(正志)가 있고, 정해(正解)가 있고, 정탈(正脫)이 있으며, 정지(正智)가 있으니, 이로써 고통은 가시고 쾌락이 올 것이오."

이 설법을 듣자 장자의 병은 곧 나았다. 건강을 회복한 그는 자리에서 일어나 존자 사리풋타를 찬양하며 이렇게 말했다 한다.

"착하도다, 착하도다. 병을 위해 진리를 설함이 몹시 기특하옵니다. 존자여, 제가 교화(教化)의 요법(療法)을 듣자, 아픔은 사라지고 더할 나위 없는 쾌락이 생겼습니다. 이제 제 병은 고쳐졌습니다. 평상시와 같습니다."

16. 군적(群賊) 오백인의 교화

대중부의 율인 『마하승기율(摩訶僧祇律)』에 의하면 부처님이 군적(群賊) 500명을 제도하였다는 이야기가 있다. 사위성에서 바이샬리로 향하려고 하던 불교의 한 수행승이 도적을 만났다. 거기에 왕의 관리가 달려와 도적을 붙잡고, 그 일당 500명을 역시 사로잡았다. 왕의 관리는 이 도적들의 머리에 적갈색의 가죽띠를 달아 표지로 삼고, 북을 치며 방울을 흔들면서 네거리로 끌고 나와 이들을 죽이려고 하였다. 도적들은 크게 통곡하기 시작하여 그 소리가 무척 요란하였다고 한다.

"어디서 이와 같이 요란스러운 울음소리가 들려오는 것이냐?" 하고 부처님은 주위의 비구들에게 물었다. 비구들은 "부처님, 500명의 도적들이 왕의 명령으로 사형을 받을 참입니다. 그래서 울고 있는 것입니다"라고 대답했다.

부처님이 아난다에게 말하였다.

"네가 가서 왕에게 이렇게 말하라. '당신은 국왕입니다. 백성을 사랑하기를 아들 대하는 것과 같이 하지 않으면 안 되는데, 어째서 일시에 500명을 죽이려는 것이오?'라고."

아난다는 그 말대로 왕에게 가서 부처님의 말을 상세하게 전달하였다. 이에 대해 왕은 다음과 같이 대답하였다.

"존자 아난다여, 그런 것은 나도 알고 있습니다. 만약에 사람 한 명을 죽인다 해도 내 죄보(罪報)는 매우 크다고 하겠습니다. 그런데 하물며 500명을 죽이면 죄보가 더 클 것은 두말할 필요도 없습니다. 그러나 이 도적들은 자주 와서 우리 마을을 파괴하고 백성들의 재산을 약탈해 갔습니다. 만약 부처님이 이들에게 다시는 도적질을 하지 못하게 하겠다고 말씀한다면 풀어 놓아주겠습니다."

그리하여 아난다가 부처님에게 가서 왕이 이렇게 말하더라고 했더니, 부처님은 아난다에게 다음과 같이 말하였다.

"그러면 가서 왕에게 이렇게 말하라. '임금님, 그냥 놓아만 주십시오. 그들이 오늘부터 도적이 되지 않도록 할 것이니.'"

그러나 아난다는 곧 왕에게 가지 않고 먼저 형장에 가서 형리(刑吏)를 불러 이렇게 말하였다.

"이 모든 죄인은 부처님이 이미 구제한 것이니 바로 죽여서는 안 됩니다."

또 도적들을 향해서는 "너희가 출가하겠느냐, 안 하겠느냐?" 하고 물었다. 도적들은 "존자여, 우리들이 처음부터 출가해 있었다면, 이런 고통은 받지 않았을 것입니다"라고 대답했다. 이 말을 듣고서 아난다는 왕에게 가서 부처님의 말을 전하였다.

"부처님께서 임금님께 이렇게 말씀드리라고 하십니다. '오늘부터 다시는 그들이 도적이 안 되도록 내가 지도하겠습니다.'"

왕은 그 관리에게 명령하였다.

"생명을 허락해 주자. 그러나 아직 포승을 풀어 주지는 말라. 부처님께 보내면 부처님 자신이 그들을 놓아 줄 것이다."

도적들의 집단이 결박된 채 부처님 있는 곳으로 인도되었다. 부처님은 그들을 구제해 주려고 밖에 나와 앉아 있었다. 도적들이 멀리서 부처님의 모습을 고마운 마음과 부끄러운 마음을 가지고 우러러보았을 때, 포승은 저절로 풀렸다고 한다. 도적들은 이마를 부처님 발에 비비며 예배하고 물러나 한쪽 모퉁이에 앉았다. 부처님은 그들의 숙연함을 보고, 보시, 지계(持戒), 업보, 사성제 등의 진리를 가르쳤다. 그들은 그리하여 수도의 첫 단계에 들어간 것이다.

"너희들이 출가하기를 원하느냐?" 이렇게 묻는 부처님의 물음에 대하여, 그들은 출가를 허락해 달라고 간청하는 것이었다. "너희들 참으로 잘 왔다, 비구들아." 부처님이 이렇게 말씀하자, 500명의 도적이 입고 있던 가지각색의 더러운 옷들은 변하여 수행자의 삼의(三衣)가 되고, 그들은 어엿한 출가수행자의 면모를 다 갖추기에 이르렀다는 것이다.

제10장

석가의 만년과 입멸

1. 데바닷타의 독립

부처님의 전도의 나날은 매우 순조롭게 진행되어 갔다. 개천이란 개천은 모두가 바다로 흘러 들어가는 것과 같이 사람들이 부처님의 가르침에 귀의했다고 전해질 정도다. 이는 한결같이 부처님의 성품이 지닌 원만무결한 덕이 그렇게 한 것이었다.

'부처님은 세상과 다투지 않는다'고 하였다. 큰 곳, 높은 곳에서 세상을 바라다보고, 세상을 받아들이며, 세상을 품고 간 때문이다. 그러므로 새로운 종교의 선전에 뒤따르기 마련인 박해는 부처님이 아는 바 없던 일인 것이다. 다만 몇 가지 전해진 것으로는 앞서 기록한 바와 같이 코삼비에서 포교를 할 때 처음에 약간의 비방이 있었던 사실과, 그리고 언제의 일이었는지는 알 수 없으나 사위성에서 외도(外道)가 친차(Ciñcā)라는 미녀를 시켜 부처님을 중상한 사실, 그리고 또 같은 기간의 일이지만 순다리(Sundarī)라는 여인이 외도를 이롭게 할 목적으로 부처님과 관계가 있었던 듯이 날조하여 말을 퍼뜨리고 다닌 사실이 있을 뿐이다. 그러나 그것도 근거 없는 사실이었으므로 곧 사라지고 말았고, 부처님이 있는 곳에서는 초목이 바람에 나부끼듯이 사람들의 귀의(歸依)가 있었던 것이다.

그런데 부처님의 만년에 이르러 부처님과 불교교단에 있어서 처음으로 중대한 사건이 일어났다. 그것은 데바닷타의 반역이었다.

데바닷타는 앞서도 말한 바와 같이, 아난다의 형이란 설과 야쇼다라

〈술 취한 코끼리의 조복〉, 인도의 아마라바티. 데바닷타는 왕사성에서 사나운 코끼리에게 술을 먹여 붓다를 해치려 했다. 그러나 코끼리는 붓다 앞에 오자 오히려 무릎을 꿇고 경배했다. 붓다는 오른쪽 끝에 불기둥 상징으로 표시되어 있다.

의 동생이라는 설이 있다. 후자가 옳은 것 같이 생각되지만, 어쨌든 샤캬족의 명문 출신으로 상당한 인물이었던 것은 틀림이 없다. 부처님의 근친(近親)으로서 명문 출신이고, 위풍도 당당하고 아름다우며, 인물도 착실하였으므로, 사람들의 신망이 상당히 두터웠으리라는 것도 짐작할 수 있다. 그러나 그에게는 세간에 대한 집착심이 근절되어 있지 않고, 출세간의 일, 다시 말하면 종교의 일을 세간의 이익을 얻기 위한 방편으로 삼으려는 심사가 마음 한 구석에 도사리고 있었던 것 같다. 무엇인가 세간의 이득을 얻고자 하는 마음이 어디에든지 드러나던 것이, 그의 교단 안에서의 지위가 점차 향상됨에 따라 더욱 격화되어, 자연히 반기를 들지 않을 수 없게 된 것이었다.

그것이 어느 때의 일인지는 분명치 않다. 그러나 아자타삿투(Ajātasattu) 왕의 왕위 찬탈이 부처님이 돌아가시기 8년 전의 일이었다고 한다면 그때가 부처님이 71세 때의 일이고, 이것보다 1~2년 앞선, 즉 부처님이 69세 또는 70세 때의 일이었다고 짐작된다. 이때 데바닷타의 나이가 몇이었는지는 잘 알 수가 없다. 가령 24~25세 때에 출가했다고 하면, 그때부터 32년, 또는 31년은 지났으므로 56~57세는 되어 있어야 한다. 야쇼다라 비의 동생이라고 한다면 7~8세 차의 동생이 되며, 아난다의 형이라고 한다면 2~3세 차의 형이 될 것이다. 출가 후 30여 년은 그럭저럭 무사히 지내왔으나, 56~57세 때에 태자의 지위에 있으면서 여러 가지 사정으로 불평이 많던 아자타삿투 태자의 귀의를 받게 되자, 반역의 심사가 더욱 굳어졌다고 생각된다.

데바닷타가 부처님을 괴롭혔다는 것은 상당히 오래된 시대의 시구 속에서도 나오고 있다.

> 데바닷타는 지자(智者)로서 알려지고, 몸을 닦은 자로서 존숭되고, 명예는 불길처럼 높았다. 그러나 그는 게으름에 젖어 여래를 괴롭혀서, 네 개의 강이 있는 무거운 아비(阿鼻)지옥에 떨어졌다고 전해진다.

이 시구에서는 데바닷타가 게으름에 젖어 여래를 괴롭혔다고 되어 있다. 그러나 본래 그의 명성이 자못 무시할 수 없는 것이었음도 알게 해 준다. 그가 게으름에 젖었다는 이야기가 무엇을 의미하는지는 확실치 않다. 왜냐하면 표면상으로 볼 때 그는 오히려 엄격한 고행주의를 표방하고, 부처님의 중도의 정신을 배척하기까지 하였기 때문이다. 후대의 기록들을 보면, 그는 불교교단의 수행방법이 당시 인도의 다른 종교에 비해서 미온적이라고 생각하고 있었던 것이 틀림없다. 데바닷타는 교단 안에서 다음과 같은 5개조의 준엄한 실행을 요구했다고 한다.

① 죽을 때까지 숲 속에 살 것

② 죽을 때까지 탁발하며, 초대를 받아 포식하지 말 것

③ 죽을 때까지 누더기를 기워 입고, 남이 주는 시의(施衣)를 입지 말 것

④ 죽을 때까지 나무 밑에서 살며, 지붕 밑으로 들어가지 말 것

⑤ 죽을 때까지 어육(魚肉)을 먹지 말 것

이 다섯 가지 조항은 경전에 따라서 조목이 다른 것이 있으나, 대체로 같은 정신을 나타내 주고 있다. 다섯 조항 중의 ①과 ④는 본래 같은 것이며, 이 중에서 ①, ②, ③은 비구, 비구니가 지켜야 할 필수조건으로 되어 있는 것이므로 무슨 새로운 주장이 아닌 것 같이 생각될 수가 있다. 그러나 부처님은 이 원칙들에 대해 예외를 허락하여 그 실행을 완화하고 있었으므로, 당시 고행자의 견지에서 보면 문제가 안 될 정도로 쉬운 일이라고 생각되었을지 모른다. 그렇기 때문에 데바닷타는 이 원칙을 엄격히 실행할 것을 주장하고, 일반 민중들로부터도 존숭을 받을 수가 있게 되었던 것임을 짐작할 수가 있다. 그러므로 앞서 인용한 시구 중의 '게으름에 젖어'란 말은 부처님의 법을 제대로 따르는 그 정신적인 면에서 소홀했다는 이야기가 되는 것이 아닌가 한다. 부처님의 정신이 '마음' 위주라고 한다면, 데바닷타의 원칙은 '율법조항' 위주라고 할 수가 있다. 부처님에게는 무소득(無所得)의 마음이 있었는데, 데바닷타에게는 어디까지나 유소득(有所得)의 마음이 있었던 것이다. 부처님이 이러한 데바닷타의 요구를 듣지 않자, 데바닷타는 500명의 비구들을 데리고 상두산(象頭山)으로 들어가, 거기에 자리잡고 분당(分黨)을 획책했던 것이다. 이 중에는 코칼리카(Kokālika), 카타모라카팃사카(Katamorakatissaka), 사뭇다닷타(Samuddadatta) 등이 있었고, 그 강력한 지지자며 공모자로서 아자타삿투 태자가 있었다.

부처님의 교단 안에는 물론 여러 가지 분자가 들어와 있었고, 그들은 대부분 인도의 고행주의 풍습에 익숙한 자들이었다. 그러므로 데바닷타의 율법주의에 동조하는 자가 결코 적지는 않았던 것이며, 불교 교단에는 일대 동요가 생긴 것이다. 그러나 다행히 이 데바닷타의 일당에 가맹한 대다수는 사리풋타와 목갈라나 양대 제자의 힘에 의해 복귀하였다. 그렇지만 데바닷타와 그 측근들의 반대공세는 더욱 맹렬해지는 것이었다.

2. 왕사성의 비극

이러한 시기에 마가다국의 왕사성에는 하나의 비극이 생겼다. 실로 그것은 정법의 왕 빔비사라가 그 아들 아자타삿투에 의해 살해되고 왕위를 찬탈당하는 비극이었다.

빔비사라 왕은 부왕의 뒤를 이어 앙가, 참파 등의 지방을 새로 그 영토로 삼아, 밖으로 크게 국위를 떨치고 안으로는 인정을 베푼 불법을 지킨 대왕이었다. 그에게는 세 명의 왕비가 있었다. 코살라(Kosala) 비(妃), 베데히(Vedehī, 韋提希) 비, 케마(Khemā) 비의 셋이었다. 베데히 부인은 이웃 비데하국의 왕가 출신인데, 이 두 나라 사이에 부득이한 정략적 견지에 의해 혼인이 이루어졌던 것 같다.

이 베데히 부인에게 아자타삿투 태자가 태어났다. 이 아자타삿투 태자와 관련하여 이러한 이야기가 있다. 즉 빔비사라 왕은 아들이 없었으므로 점을 쳐 보았더니, 점쟁이가 장차 아들이 될 만한 선인이 어디에 있다고 가르쳐 주었다. 왕은 아들을 얻고자, 그 선인의 수명이 다하기도 전에 그를 죽게 하였다. 그래서 새로 왕자로 태어나기는 하였으나, 날 때부터 부왕을 해치고자 하는 마음을 품고 있었던 것이라 한다. 그런 사정을 알고 베데히 부인은 아들이 태어나자마자 이를 죽이려고 했으나, 이루지 못하고 만 것이었다. 아자타삿투란 말은 곧 '미생원(未生怨, 낳기 전부터 원한을 품은 자)'이란 뜻이다.

아자타삿투는 그 긴 태자 시대에 데바닷타를 알게 되어, 그로부터 "당신은 신왕(新王)이 되시오. 나는 신불(新佛)이 되겠소. 신왕, 신불이 함께 세상을 다스려 나갑시다"라고 찬탈을 사주 받았다고 전한다. 그리하여 태자는 부왕을 감금하고, 그에게 먹을 것을 주지 않아 아사(餓死)시켰다는 것이다. 심지어는 남몰래 식사를 부왕에게 보내던 생모 베데히 부인을 투옥하기에까지 이르렀다는 것이다. 이런 일이 있은 것은 아마 부처님이 돌아가시기 8년 전의 일이고, 아자타삿투 태자의 나이가 30에서 40세에 이르는 그 중간의 일이 아니었을까 생각되고 있다.

그러나 일단 이와 같은 방식으로 부왕을 죽이고 왕위에 오르자, 그 마음의 불안은 이루 말할 수 없을 정도였던 것 같다. 신왕(新王)은 매일같이 그 죄악에 대하여 고민하며, 잠시도 평안한 시간이 없었다. 후회 때문에 생긴 번뇌의 열이 전신에 종창(腫瘡)을 낳게 하고, 그리하여 심신이 모두 병들어 대단한 고통에 빠져 있었다. 대승의 『대반열반경』이 기록하는 바에 의하면 병든 아자타삿투 왕은 그 병을 고치고 마음의 평화를 얻어 보려고, 당시의 여러 유명한 예언가들의 소견을 차례로 들었다. 육사외도의 이름이 모두 다 열거되고 있다. 그들은 대체로 결정론적인 숙명주의의 견해로 대답하거나, 또는 허무론적인 쾌락주의의 입장에서 대답하며 안심하라고 타이르는 것이었다. 그 모든 답변에 만족을 느끼지 못한 왕은 지바카(Jīvaka)란 의사의 안내로 대의(大醫)인 부처님을 찾아보게 된다. 이 지바카에게 말하는 왕의 고백은 극악한 죄인이 어떻게 회개하고 부처님의 제자가 될 수 있는가 하는 것을 잘 나타내 주고 있다고 하겠다.

지바카가 "임금님께서는 잘 주무십니까, 못 주무십니까?" 하고 묻는데 대하여, 왕은 맨 처음에 다음과 같은 시구로 대답한 뒤 그 심정을 술회한다.

이 삼계를 떠나
모든 번뇌와 망상에서 헤어날 수 있다면
나는 잘 잘 수가 있겠네.
만약에 대열반을 얻으리라 생각하고
참된 브라흐만의 의미를 알게 된다면
나는 잘 잘 수가 있겠네.
내 몸과 입으로 아무런 나쁜 일도 하지 않고
내 마음으로 아무런 의심도 품지 않는다면
나는 잘 잘 수가 있겠네.
내 마음 속에 아무 번뇌도 없고
적정(寂靜) 속에 안주하며
무상(無上)한 기쁨을 얻을 수 있다면
나는 잘 잘 수가 있겠네.
여러 가지 생각에 집착함이 없이
증오를 버리고 싸움 없이
화목하게 행동할 수 있다면
나는 잘 잘 수가 있겠네.
아무런 나쁜 짓도 하지 않고
신중하고 겸손하게 행동하며

죄의 과보를 믿는다면
나는 잘 잘 수가 있겠네.
부모에 대한 효성이 가득 차 있으며
단 하나의 목숨도 해치지 않고
어느 누구의 재산도 훔치지 않는다면
나는 잘 잘 수가 있겠네.
내 모든 오관(五官)을 통제하고
선지식(善知識)들과 좋은 관계를 유지하며
악마의 무리들을 쫓아낼 수 있다면
나는 잘 잘 수가 있겠네.
행과 불행, 고와 낙에 대해 근심함 없이
윤회 속에 유전(流轉)하기를 그친다면
나는 잘 잘 수가 있겠네.
평화롭게 잘 수 있는 자
그들은 부처님일세.
그들은 깊은 공삼매(空三昧)에 잠겨
확고부동한 평화 속에
생각과 행동을 안주시키는 것일세.
평화롭게 잘 수 있는 자
그들은 자비의 마음으로 가득 찬 사람들이네.
그들은 끊임없이 도를 닦으며
중생을 아들같이 생각하네.
오, 어리석음 때문에 안목이 어두워진 사람들
그들은 비애와 번뇌의 원인들을 모르며
항상 나쁜 짓을 거듭할 뿐일세.

그들은 결코 평화 속에 잠들 수 없으리.
나 자신과 또 남들을 향해
나는 열 가지 좋지 않은 행위들을 범하여 왔네.
그러므로 나는 잘 자지 못하는 것일세.
내 개인의 유락(遊樂)을 위하여
그릇된 충고를 받아들이고
죄 없는 부왕을 죽였으니
이것이 내 잠 못 이루는 원인일세.
찬물을 탐내어 지나치게 마시고
병과 고통을 얻었으니
이것 또한 내 잠 못 이루는 원인일세.
왕이라 자처하고 왕위에 앉았을 때
혼인한 여인, 또는 혼인치 않은 처녀들을 향해
나쁜 생각을 가졌네.
이것이 또 하나 그 원인일세.
그 밖에 더 많은 원인이 있네.
그것은 마치 계율을 지키며
아직 그 과보를 얻지 못하여 초조해 하는 자 같고
왕위를 갈망하나
아직 얻지 못한 왕자와 같고
물건 훔치기를 원하나
아직 뜻을 이루지 못한 자와 같으니
그들이 모두 잠 못 이루게 하는 것일세.
오, 지바카여, 내 입장은 위급하네.
지극히 바르고 지극히 충실한 한 임금에 대해

좋지 않은 생각을 가졌었으니 말일세.
이런 내 병고(病苦)에 대해
무슨 효력 있는 처방이 있으리라곤 생각되지 않으이.
실로 법대로 나라를 다스리던 부왕
아무런 비난의 여지도 없던 부왕을 내가 죽였네.
땅 위에 놓인 한 물고기가 어찌 행복할 수 있으리.
갓난 사슴이 아직 무엇을
어떻게 즐겨야 할지 모르는 것과 같은 것 아닐까?
전쟁에 져서 남의 땅으로 도망쳐 온 왕
내 사정이 이와 비슷한 것이 아닌가?
나는 불치를 선언 받은 병자나 다름없고
죄과의 고백을 요구당한 파계승과도 같네.
어떻게 내가 능히 잠을 이룰 수 있겠나?

지바카가 이런 깊은 참회의 뜻을 가진 아자타삿투 왕을 부처님에게 인도하여 갔을 때, 왕은 그냥 감격하여 엎드려 울었다. 부처님은 그 뜻을 충분히 알고, 왕의 죄는 이미 그 마음의 정화를 통해 구해지고 있다고 가르치고, 그 귀의의 뜻을 받아들였다고 한다. 그 생모 베데히 부인도 옥중에서 부처님을 보기를 간절히 소원하여 그 뜻을 이루고, 부처님이 가르치신 타력본원(他力本願)의 가르침을 배웠다고 한다. 즉 아미타불(阿彌陀佛)을 믿음으로써 구제를 받을 수 있다는 타력신앙의 타당성이 강조되기에 이른 것이다.

부처님의 구원을 받은 아자타삿투 왕은 이후 깊이 부처님께 귀의하여 선정(善政)을 베풀고 대(大)마가다국의 기초를 튼튼히 하였다고 한다. 그러나 그는 그가 가장 사랑한 왕자 우다야밧다(Udayabhadda)에 의해 살해되어 그 일생을 마친 것으로 되어 있다. 업연(業緣)의 부사의(不思議)함을 가리키는 사실로 보아야 하겠다.

3. 샤캬족의 멸망

석가의 만년에는 매우 슬픈 일들이 계속해서 일어나고 있었다. 육신을 갖춘 인간으로서의 부처님에게, 인간세계의 비애가 피할 수 없는 사실로서 나타났다는 것을 우리는 이상스럽게 생각해서는 안 된다. 앞서는 제자이면서 또 혈육의 관계를 가진 데바닷타가 반역을 했고, 계속해서 왕자(王者)로서는 비할 바 없이 착실한 신자였던 빔비사라 왕의 옥사(獄死)가 있었고, 이번에는 또 얼마 안 되어 코살라의 왕 파세나디의 객사가 있었고, 그와 더불어 비두다바(Viḍūḍabha)의 카필라성 공략이 있어 샤캬 일족은 비운의 죽음을 당하였다.

처음에 파세나디 왕은 부처님의 가르침을 믿고, 부처님의 일족인 샤캬족 사람들과 혼인관계를 맺기를 원하여 샤캬족 왕가의 딸을 구해 왔다. 교만한 샤캬족은 그 혼인을 좋아하지 않았다. 그렇다고 샤캬족 측에서는 파세나디 왕의 세력이 두려워 사절할 수도 없었으므로, 의논한 결과 마하나마가 비천한 계급의 여인과 관계하여 낳은 바사바캇티야(Vāsabhakhattiyā)를 보냄으로써 적당히 처리하기로 하였다. 파세나디 왕과 이 여인 사이에서 난 아들이 비두다바였다. 이 비두다바가 아직 어렸을 때 어머니의 고향인 카필라국으로 간 일이 있었다. 비두다바는 여기서 그가 비천한 하녀의 몸에서 난 사람이라고 크게 모욕을 당하고 돌아왔다. 장성하여 그는 보복의 념을 잃지 않고 그 기회를 노리고 있었다.

그런데 이에 앞서 파세나디 왕은 그 부장 반둘라(Bandhula)의 세력과 인기가 증대하는 것을 보고, 이를 시기하여 반둘라와 그 아들들을 모조리 죽인 일이 있었다. 그러한 죄악을 범한 이래 파세나디 왕의 부처님에 대한 신심과 겸손은 더욱 깊어갔다. 언젠가는 시신(侍臣) 디가카라야나(Dīghakārāyaṇa)와 함께 부처님을 찾아갔는데, 모든 왕장(王章)을 다 떼어 그것을 시신에게 주고 맨발로 부처님에게 접근해 갔다. 왕장은 곧 왕위의 심볼인 것이다. 시신 디가카라야나는 앞서 왕이 죽인 반둘라 장군의 조카였다. 그리하여 그는 언제나 복수의 기회만을 노리고 있었다. 디가카라야나는 그가 맡은 모든 왕장을 다 가지고 사위성으로 달려가 그 아들 비두다바에게 주고, 그를 새 왕으로 옹립하였다. 노왕 파세나디는 만사가 다 끝난 것을 알고, 사위인 마가다국의 아자타삿투 왕에게 의지하려고 그 성문에 이르러, 거기서 마침내 죽고 말았다. 새 왕인 비두다바는 왕위에 올라 진작부터 생각해 온 샤캬족의 살육을 계획해 갔다.

비두다바 왕은 그 옛날의 모욕에 대한 보복의 군대를 카필라성으로 향해 보냈다. 전하는 바에 의하면, 그때 부처님은 죽은 나무 밑에 앉아 명상을 하며 비두다바 왕의 군대를 기다렸다 한다. 왕은 세존에게 "어찌하여 죽은 나무 밑에 계십니까?" 하고 물었다. 이에 대해 부처님은 "친척의 그늘은 서늘하다" 하고 대답하고, 왕의 군대를 멈추기를 세 번이나 하였지만, 그래도 왕이 계속해서 출병하므로 할 수 없는 일이라고 생각하여 그대로 내버려두었다. 왕은 군대를 이끌고 카필라성으로 들어가, 이를 함락시키고 샤캬족을 섬멸하기에 이른 것이다.

어떤 문헌에는 이때 샤캬족은 부처님의 자비심을 체득하고 있었으므로 무저항주의를 취하고, 죽이는 대로 내버려 둔 것이라고 한 기사가 있으나, 아마 그것은 사실과 어긋나는 기록일 것이라고 생각된다. 실제로 코살라와 같은 대국의 공격을 당하면, 카필라성의 병사가 아무리 용감하다 할지라도 막을 길이 없었을 것은 틀림없는 사실이다.

복수의 화신이 되어버린 비두다바 왕은 샤캬족에 속하는 사람을 한 사람도 살려두지 않을 결심을 하고 무참한 살육을 계획하고 있었다. 그때 그 할아버지가 되는 샤캬족의 왕 마하나마는 비두다바 왕의 진(陣)으로 와서 꼭 한 가지 청을 받아들여 달라고 청원하였다. 즉 자기가 연못 물 속에 들어가 깊숙이 잠겨 있을 터이니, 그 동안에 성문을 열고 도망치는 샤캬족 사람들만은 살려주도록 간청했다. 그 간청이 허락되어 마하나마 왕은 물속에 잠겼으나, 언제까지나 떠오르지 않으므로 많은 샤캬족 사람들이 도망칠 수가 있었다. 왕이 이상히 생각하여 마하나마를 끌어올려 보니까, 자기 상투를 풀어 물 속에 있는 나무의 뿌리에다 결박하고 죽어 있더라는 것이다. 이때에 도망친 샤캬족 사람들은 갠지스 강 남안에 이르러 다시 나라를 세웠다고도 전해지고 있다. 그러나 부처님이 돌아가신 후 샤캬족 사람들이 부처님의 유골을 그 고향 가까이에 봉안하고 있는 사실을 보면, 샤캬족은 멸망당해 그 독립을 상실하였지만 여전히 이 지역을 고향으로 하여 남아 있었음을 알 수 있다.

비두다바 왕은 이 잔학무도한 행위 때문에 불타 죽어 지옥에 떨어졌다고 전해지고 있으나, 그것도 꾸민 이야기가 아닌가 싶다. 그 후 이 왕에 관해서는 더 전해지는 바가 없고, 그 왕통(王統)도 곧 끊어졌던 것 같다.

4. 석가의 입멸

부처님의 그 바쁜 교화의 나날이 지나, 어느덧 그 종언(終焉)이 가까워 왔다. 사위성의 동원(東園) 녹자모 강당에 있으면서, 저녁 때 선정(禪定)에서 일어나 목욕을 끝내고 등을 말리며 앉아 있으니, 시자 아난다가 왔다. 그는 부처님의 등을 만지며 "부처님, 그 옛날에는 살결이 아름답고 부드러우며 빛났는데, 이제는 많은 주름이 나타나고, 몸도 앞으로 많이 굽었습니다" 이렇게 말했다.

부처님은 아난다에게 젊음에는 늙음이, 건강에는 병이, 삶에는 죽음이 있음을 면할 길이 없다고 가르쳤다. 아마도 그것이 부처님이 78~79세에 다다랐을 무렵의 일이 아닌가 한다. 또 어떤 때에는 파세나디 왕이 타다가 내버린 아름다운 차(車)를 멀리 바라보면서, 차도 시간이 가면 쓸모가 없어지게 되는 것과 마찬가지로 이 몸도 늙음 때문에 파괴되기 시작한다고 말하였다.

부처님의 입멸(入滅)에 관한 이야기를 적은 기록은 상당수에 달한다. 그 주요한 것으로는 팔리 경전의 『장(長)니카야』에 「대반열반경」이 있고, 한역 『장아함경』에 「유행경」이 있다. 우리는 이러한 경전들에 입각하여 부처님의 만년에 관한 여러 면모를 엿보기로 한다.

부처님이 사위성에서 왕사성으로 돌아와서 영취산에 있을 때의 일이다. 그때 아자타삿투 왕은 밧지족의 나라를 정복하려는 생각을 가지고 있었다. 그리하여 앞서부터 부처님의 가르침을 받고 있던 밧사카라(Vassakāra)란 대신을 시켜 부처님에게 문안을 드릴 겸 은근히 그 뜻을 타진하게 하였다.

부처님은 밧사카라의 뜻이 어디에 있는 것인가 하는 것을 알고, 아난다를 보고 이렇게 물었다.

① 밧지 사람들은 자주 회의를 열며, 그 회의에는 많은 사람들이 모이느냐?
② 밧지 사람들은 상하가 항상 화목하게 같이 국사를 돌보느냐?
③ 밧지 사람들은 선인(先人)이 정한 것을 깨뜨리지 않고 중시하며, 그것을 함부로 고치는 일을 하지 않느냐?
④ 밧지 사람들은 장유(長幼)의 서(序)를 지켜 나이 많은 사람들은 존경하느냐?
⑤ 밧지 사람들은 남녀의 별(別)이 있어, 부녀자를 폭력으로 끌어내 약탈하는 등 불법을 행하지 않느냐?
⑥ 밧지 사람들은 국내외의 종묘(宗廟)를 숭상하고 의전(儀典)을 폐(廢)하지 않고 지키느냐?
⑦ 밧지 사람들은 도(道)를 존숭하고 덕(德)을 경애하며, 도인이 오면 후하게 맞이하느냐?

이러한 질문을 받은 아난다는 "그렇게 하고 있습니다" 하고 대답하였다. 부처님은 "이것은 일곱 가지 불쇠(不衰)의 법이다. 이것을 지키고 있는 한 밧지족의 나라는 쇠약하지 않을 것이다"라고 말씀하였다. 밧사카라가 그 말씀을 듣고 돌아간 후, 부처님은 왕사성 안의 모든 수행승들을 영취산에 다 모아 놓고, 밧지 사람에 관해서 한 설법과 같은 내용의 칠불쇠법(七不衰法)을 여러 차례 설하였다고 한다.

마가다국과 밧지국은 당연히 충돌하지 않을 수 없는 정세에 놓여 있었다. 그것을 간신히 막고 있던 것이 빔비사라 왕의 정략결혼이었다. 그러나 이제 그 충돌은 부처님의 말씀에 의해 중지되지 않을 수 없었다. 그러나 대세는 어쩔 수 없었던 것으로, 아자타삿투 왕은 부처님이 돌아간 뒤에 이 나라를 병탄(倂呑)하고 말았다.

부처님은 그 뒤 산을 내려와 왕사성의 암바랏티카촌으로 갔다가 다시 날란다(Nālandā)로 향했다. 도중에 부처님은 기회에 따라 설법을 하면서, 날란다를 거쳐 파탈리푸트라의 전신인 파탈리가마(Pāṭaligāma)촌으로 들어갔다. 날란다는 왕사성에서 파탈리촌으로 가는 통로에 있으므로, 부처님이 그곳을 지나갔다는 것은 거의 확실한 일이다. 그러나 부처님 당시에 날란다가 무슨 중요한 의의를 가진 곳이었다는 기록은 하나도 없다. 이 날란다는 후세에 매우 중요한 불교 중심지가 되었던 곳이다. 파탈리촌은 당시 갠지스 강의 작은 항구에 불과했던 것이지만, 나중에 난다 왕조 내지 마우리야 왕조 시대에는 인도 전체의 수도가 되어 번영을 이루었다. 지금의 파트나시가 그곳이다.

파탈리촌에 들어간 그날은 밤늦게까지 마을 사람들에게 식욕을 즐기고 방자(放恣)하는 것의 해를 누누이 설명하였다. 그때 아자타삿투왕은 밧지국에 대비하기 위해, 갠지스 강 남안에 위치한 이 촌락에 밧사카라와 수니다(Sunidha)라는 두 대신을 보내어 성시(城市)를 만들게 하였다. 부처님은 지세(地勢) 상으로 보아서 이 마을이 나중에 인도의 중심을 이루는 중요한 도시가 될 것을 예상하고, 그 장래에 대해 경고하였다. 다음 날에는 밧사카라의 공양을 받았다.

그리고 나서 부처님은 갠지스 강을 건너 코티가마(Koṭigāma)촌, 나디카(Nādika)촌을 지나 바이샬리로 들어갔다. 부처님은 그곳의 한정(閑靜)한 교외에 암바팔리(Ambapālī)란 부인이 소유한 동산에 머물렀다. 암바팔리 부인은 원래 유명한 창부(娼婦)였는데, 부처님에게 귀의하여 비구니가 된 사람이다. 경전은 암바팔리 부인이 이때 처음으로 부처님에게 귀의한 것처럼 기록하고 있으나, 아마 벌써 이전부터 불제자가 되어 있었던 것이 사실일 것 같다.

부처님은 더 나아가 펠리바(Peḷiva)촌에 들어가 거기서 마지막 안거를 시작하였다. 그런데 이 촌락은 퍽 작고, 게다가 그 해는 흉년이 들어서 여러 사람이 한 곳에서 안거에 들어갈 수가 없었으므로, 부처님은 제자들에게 간절히 타일러 각 지방으로 가서 따로따로 안거를 하도록 하였다. 그때 부처님은 이렇게 말하였다고 전한다.

> 너 자신을 이겨야 한다. 좋은 것을 얻어도 좋아하지 않고, 나쁜 것을 얻어도 싫어하지 않고, 식사는 다만 몸을 유지하는 것으로서, 탐을 내어서는 안 된다. 탐내기 때문에 생사가 끊임없는 것이므로, 육신을 통제하고 자기 스스로를 이겨 적정(寂靜)을 얻어야만 한다.

이 안거 중에 부처님의 신체에는 병상(病狀)이 나타나 참기 어려울 정도의 고통이 있었으나, 부처님은 마음으로써 이 병을 극복하고 이를 고쳤다.

아난다가 부처님에게 마지막 설법을 간청하자, 석존은 이와 같이 말씀하였다.

> 아난다야, 수행승들이 나에게서 무엇을 요망하는 것이냐? 나는 내외의 구별 없이 (모조리) 법을 설하였다. 온전한 사람의 교법에는 무엇을 제자에게 숨기는 것과 같은 그런 스승의 주먹(拳)은 없다. ……
>
> 아난다야, 나는 이미 노쇠하여 인생의 여로를 다 겪어 나이 팔십이 되었다. 아난다야, 예컨대 낡은 차가 가죽끈의 덕택으로 간신히 움직이는 바와 같이, 내 차체도 가죽끈의 덕택으로 유지되고 있는 것이다. 그러나 아난다야, 향상(向上)코자 노력한 사람이 모든 상(相)에 마음을 둠이 없이 하나하나의 감수(感受)작용을 없앰으로써, 상이 없는 마음의 통일에 들어가 머무를 때, 그때 그의 몸은 건전한 것이다. 그러므로 아난다야, 이 세상에

서 너 자신을 섬(島)으로 삼고, 너 자신을 의지처로 하며, 다른 사람을 의지처로 하지 말고, 법을 섬으로 삼고, 법을 의지처로 하며, 다른 것을 의지처로 삼지 말라.

사리풋타는 이때까지 오랫동안 부처님을 따라 유행해 왔으나, 부처님이 입적(入寂)할 시기가 점점 임박해 옴을 알고, 또 자기가 죽을 때도 가까워 온 것을 알고, 부처님에게서 잠시 동안 떨어져 있을 것을 원해 자기 고향인 나라다촌으로 돌아갔다. 그때까지도 그의 노모가 살아있었다고 한다. 사리풋타는 노모를 뵙고 부처님의 가르침의 맛을 보이고, 고요히 니르바나에 들었다. 혹은 이보다 앞이라고 하고 혹은 뒤라고도 하지만, 어쨌든 대개 같은 시기에 목갈라나도 니르바나에 들었다. 그의 죽음은 귀한 순교의 죽음이었다고 전한다.

안거가 끝난 뒤 부처님은 다시 바이샬리로 가서 차팔라 체티야(Cāpāla cetiya)에 머물렀다. 체티야는 팔리어이고, 산스크리트어로는 차이티야(caitya)라고 한다. 체티야는 흔히 '묘(廟)' 또는 '예당(禮堂)'이라고 한역되기도 하는데, 석조 또는 벽돌로 된 탑파(塔婆) 모양의 것은 대개가 서기전 3세기의 마우리야 왕조 이후에 만들어진 것이다. 부처님 당시에 있었던 가장 원시적인 것은 죽은 사람의 유골 위에 만들어진 토총(土塚), 또는 그 위에 심어 놓은 나무를 의미하였다. 그 후에 세상을 떠난 성자의 유골이나 유품 위에 총(塚)을 만들게 되면서부터 체티야는 스투파(stupa, 탑파)와 같은 뜻으로 이해되게 되었던 것이다. 부처님 시대에 바이샬리 교외에는 큰 나무가 있어, 그 나무 그늘에서 부처님과 아난다는 뜨거운 일광의 직사를 피하며 휴식을 취하고 있었던 것이다.

부처님은 아난다에게 옷을 벗어 깔게 하고 거기서 쉬면서 그가 석

달 후면 니르바나에 들 것을 예언하였다. 아난다가 슬퍼하는 것을 보고, 부처님은 아난다를 이렇게 위로하였다.

"아난다야, 근심하지 말아라. 설사 일겁(一劫)이라는 긴 기간 살아 있었다 할지라도, 서로 만난 사람이 한 번은 이별하지 않을 수 없다. 그것이 존재하는 모든 것의 양상이다. 또 설령 이 육신이 사라진다 하더라도, 지금까지 설해 온 묘법신(妙法身)은 언제까지나 남는 것이 아니냐?"

그날 밤 부처님은 바이샬리 주변에 있는 비구들을 모두 모아 놓고 이렇게 가르쳤다.

비구들아, 지금까지 내가 너희들에게 말한 모든 가르침을 생각하고 외우고 닦지 않으면 안 된다. 욕심을 억제하고, 자기 자신을 이기고, 몸을 바르게 하고, 뜻을 바르게 하고, 말을 바르게 하고, 분노를 버리며, 탐욕을 버리고, 항상 죽음에 마음을 쓰라.

마음이 사(邪)를 원하더라도 따르면 안 된다. 마음이 욕심을 일으키더라도 그런 마음을 허락해서는 안 된다. 마음은 사람에 따라야 하는 것이로되, 사람이 마음을 따라가서는 안 된다. 이 마음은 신도 되고, 사람도 되고, 악령도 되고, 귀신도 되고, 또 명오(明悟)를 열 수도 있는 것으로서, 모든 것은 다 이 마음에 의해 생겨나는 것이다. 그러므로 너희들은 마음을 바로 하여 도를 행하지 않으면 안 된다. 도를 행하는 자만이 세상에서 안온을 얻는 것이다.

비구들아, 나는 지금 너희들을 위해 이 세상의 종말에 이르기까지 고독(苦毒)의 나무를 변화시켜, 감로(甘露)의 열매를 맺도록 하려고 원한다. 너희들은 이 법 안에서 서로 화목하고 서로 존경하고 다투지 말아야 한다. 물과 우유 같지 않으면 안 된다. 비구들아, 나는 스스로 이 법을 깨닫고 다른 사람을 위해 설하였다. 이 법은 오래 너희들의 스승이 되어 너희들을 해탈의 경지로 들어가게 할 것이다. 나는 이 삼월을 지나 니르바나에 들어갈 것이다.

비구들은 부처님의 입열반(入涅槃)이 가까운 것을 듣고 비탄에 젖어 오체(五體)를 땅에 던지고 명열(嗚咽)하는 자마저 있었다. 부처님은 생(生) 있는 자가 반드시 사(死)를 피할 수 없다는 것을 말하며, 이들을 위로하고 격려하였다.

부처님은 그리고 바이샬리의 릿차비 사람들에게도 작별을 고하고 반다가마(Bhaṇḍagāma)촌, 핫티가마(Hatthigāma)촌, 암바가마(Ambagāma)촌, 잠부가마(Jambugāma)촌을 지나 보가(Bogha)시에 들어갔다. 가는 곳마다 비구들에게 법을 설하고 파바(Pāvā)로 나아가, 그 교외에 살고 있던 대장장이 춘다(Cunda)의 숲으로 들어갔다.

이튿날 춘다의 집에서 공양을 받았는데, 그 음식물 중에 전단수(旃檀樹)의 버섯이 있어 그것을 먹고 복통을 느끼기 시작하였다. 불편한 몸을 이끌고 부처님은 쿠시나라(Kusināra)로 갔다. 춘다의 공양은 부처님에게 그와 같이 병을 얻게끔 하였으나, 이것이 인간세계에 있어서 부처님에게 드린 마지막 음식이었다.

도중에서 부처님은 아난다에게 웃옷을 벗어 깔게 하고 쉬면서 물을 구해 마신 다음, 풋쿠사(Pukkusa)라는 사람에게 법을 설하여 옷의 공양을 받았다. 그는 다시 더 나아가 카쿳타(Kakuṭṭha) 강에 이르러 여기서 목욕을 하고, 몸을 깨끗이 씻었다. 그때 자기가 바친 음식 때문에 병들게 된 것을 슬퍼하여 따라온 춘다를 위로하기도 했다. 부처님은 몇 번씩이나 쉬면서, 히란냐바티(Hiraññavatī) 강을 건너 쿠시나라의 우파밧타바(Upavattava)란 이름의 사라(沙羅)나무 숲으로 들어갔다. 아

쿠시나라. 멀리 보이는 탑 앞의 당(堂)에는 부처님의 열반상이 모셔져 있다.

난다가 사라의 쌍수(雙樹)가 나란히 서 있는 사이에 자리를 만들고, 그 위에 부처님을 모셨다. 이것이 부처님의 마지막 잠자리였던 것이다. 머리를 북쪽으로 하고, 서쪽을 향하여 바른쪽 옆구리를 밑으로 깔고, 발은 포개고 누웠다. 모든 천인들이 나무 위에 나타나 천상의 꽃들을 뿌리며 공양하였다. 부처님은 아난다에게 "이것은 참말로 부처님을 공양하는 길이 아니다. 참된 공양은 정법을 닦는 것이다"라고 말하였다.

아난다가 부처님의 명을 받들어 쿠시나라의 모든 사람들에게 부처님이 입멸할 시간이 온 것을 알렸다. 그러자 부처님은 울며 슬퍼하는 모든 사람들을 위로하는 것이었다. 수밧다(Subhadda)라는 한 외도 수도자가 꼭 부처님을 만나겠다고 야단하는 것을 아난다가 안 된다고 하며 옥신각신하는 것을 보고, 부처님은 수밧다를 불러 인견(引見)하고 법을 설하여 마지막 제자로 삼았다. 제도해야 할 모든 사람들을 다 제도하고 난 뒤, 부처님은 조용히 때가 오는 것을 기다렸다.

〈열반〉, 간다라. 붓다의 열반을 맞아 제자들이 슬퍼하고 있다.

그날 밤 달은 밝고 바람도 없으며, 숲 속은 적연히 소리도 없었다. 천지가 다 대사(大師)의 입열반(入涅槃)을 슬퍼하여 우는 듯했다. 부처님은 다시 입을 열고 제자들에게 이렇게 말하였다.

> 너희들은 내가 죽은 후 스승이 없어졌다고 생각해서는 안 된다. 내가 말한 법과 율이 너희들의 스승이다.
>
> 너희들이 만약 마음에 무슨 의심이 있으면 지금 묻는 것이 좋다. 후일, 내가 있을 때 들었더라면 좋았을 것 하고 후회하는 일이 있으면 안 된다.

그러나 아무도 입을 열고 질문하는 이가 없었다. 부처님은 두 번 세 번 거듭 재촉하였으나, 그래도 묻는 이가 없었다. 아난다가 사람들을 대신하여 "부처님, 우리들은 깊이 삼보를 믿어 도를 의심하는 마음은 조금도 없사옵니다" 하고 말했다.

〈붓다의 관 앞에서 애도하는 제자들〉, 간다라.

부처님은 이를 기쁘게 여기며 이렇게 말하였다.

> 이 법에는 스스로를 이롭게 하고 남을 이롭게 하는 일이 다 갖추어져 있다. 나는 인간계와 천상계에 있어서 이미 제도할 만했던 모든 사람들을 다 제도했고, 아직 제도되지 않은 자도 구제받을 수 있는 인연을 맺어 놓았다. 이제부터 너희들이 스승과 제자가 서로 아끼며 이 법을 전해가면, 여래의 법신(法身)은 영원히 존재하여 멸망치 않으리라.

말을 끝내고 부처님은 소리 없는 숲 속에서 고요히 대열반에 들었다. 그것은 인도력으로 둘째 달 벳사카 달의 15일, 만월(滿月)날 아침이었다고 전해 온다.

제11장

불멸 후의 불교

1. 불교의 전파와 마우리야 왕조

부처님이 입적한 뒤 불교의 교단은 장자 마하캇사파 등이 중심이 되어서 석가가 가르친 올바른 법(法)과 올바른 율(律)을 유지하기에 힘썼다. 그 결과 불교는 마가다 지방을 주요한 근거지로 하여 여러 도시의 왕후(王侯)나 일반 서민의 귀의를 얻으면서 각지로 전파되어 갔다.

그러할 무렵에 인도 땅에는 획기적인 사건이 생겼다. 그것은 마케도니아의 알렉산더 대왕이 페르시아를 정복한 여세를 타고 북부인도에 침입해 온 것이었다. 대왕의 인도 원정(서기전 327~326)은 토착 인도왕의 저항과 원정군의 피로로 인해 펀잡 지방의 입구에서 저지되고, 그 군대는 그 일대에 몇몇 도시를 건설해 놓고 퇴각하지 않으면 안 되었다. 그러나 알렉산더 대왕의 침입이 가져온 가장 커다란 영향은 인도 사람들 자신으로 하여금 이 외세의 침입에 대항하여 마우리야(Maurya) 제국이란 일대 통일국가를 형성케 한 것이었다.

마우리야 제국의 시조 찬드라굽타(Candragupta, 서기전 321~299 재위)는 전하는 바에 의하면 자이나교도였다고 하며, 다음 왕 빈두사라(Bindusāra, 서기전 297~264)는 브라흐만교도였다고 한다. 당시 대부분의 주민은 농경생활에 종사하고 있었으나, 한편 도시를 중심으로 상공업에 종사하는 자의 수도 늘어나고 있었다. 대가족제도가 유지되고 있었고, 대체로 각 가정에서는 브라흐만교에 의한 의례가 채용되고 있었으며 시바 신이나 비슈누 신에 대한 신앙도 상당히 보급되어 있

아쇼카 왕이 사르나트에 세운 석주의 4사자 주두.

었다. 그러는 동안에 불교와 자이나교는 각각 성전(聖典)의 정비와 교권의 확립을 위해 노력하면서 서서히 주민의 각층에 침투하고 있었다.

마우리야 왕조 제3대 왕을 아쇼카(Aśoka, 阿育王, 서기전 268~232)라고 한다. 그는 조부의 종교를 존숭하기도 하였지만, 자기 스스로는 열렬한 불교도였다. 왕은 즉위 8년에 칼링가(Kaliṅga) 지방을 정복하기 위한 대전쟁을 일으켰으나, 그 전쟁의 참상에 깊이 느끼는 바 있어 참회하고 불교에 귀의하였다. 그는 전쟁을 포기한다고 선언했다. 그리고 불교의 정신에 따라 정치를 행했다. 왕은 '법에 의한 승리'만이 참된 진리라는 신념 아래, 국민에게 그 취지를 철저히 주지(周知)시키고, 법의 실천을 촉진시키기 위해 법칙(法勅)을 반포하고 자주 순행(巡行)을 하는 등 크게 민중교화에 힘썼다.

왕은 여러 가지 위업을 남겼지만, 특히 불교의 발전에 관해 직접적으로 많은 공헌을 하였다. 그는 교단에 대해서 원조를 하였고, 불적(佛跡)의 보존, 불탑 및 가람의 건립, 불전의 편찬, 그리고 포교사의 파견 등 다방면에 걸친 일을 하였다. 불교를 각 지방으로 전파시키기 위해서 왕은 장로들을 9개 지방으로 파견하고, 각지에서 비교적 평이한 경전의 말씀을 중심으로 포교케 했다. 이로써 카슈미르, 간다라 지방을 비롯한 인도 각지와 박트리아의 그리스인 거주지, 스리랑카, 버마 등의 국외 여러 지역으로까지 불교가 처음으로 널리 퍼지게 되었다. 특히 스리랑카로는 그 아들 마힌다(Mahinda) 일행을 보냈고, 또 뒤이어 그 딸 상가밋타(Saṅghamittā)까지 그곳으로 가서 부처님의 가르침을 전했다. 상가밋타는 부처님의 유골과 어린 보리수를 스리랑카로 전했다고 한다. 왕의 불교에 대한 열의가 어떠했던가를 잘 알 수 있게 해주는 사실이라고 하겠다. 스리랑카는 그 이래 오늘날까지 불교국으로서 번영하여, 동남아시아에 있어서 불교의 기지(基地)가 되었다.

2. 부파불교의 전개와 대승운동

아쇼카왕 뒤에 마우리야 제국은 점차로 쇠퇴하여, 머지않아 슝가(Śuṅga)와 야바나(Yavana)의 시대(서기전 187～30)가 되었다. 슝가왕조는 배불주의(排佛主義) 정책을 쓰고, 브라흐만교의 비약적인 발전을 이룩했다. 한편 야바나로는 메난드로스(Menandros, 彌蘭陀)와 같은 불교 귀의자로 이름난 왕이 나타났다. 야바나라는 말은 그리스인을 가리키는 말이었는데, 이 인도에서 태어난 그리스인 왕인 메난드로스가 불교의 학승(學僧) 나가세나(Nāgasena, 那先比丘) 장로와 교환한 불교의 철학적 논의는 『밀린다판하(Milindapañhā, 나선비구경)』란 문헌으로 지금까지 남아 있다.

인도에 살아 온 그리스인들은 주로 서북인도에서 세력을 펴고 있었고, 한때는 중인도까지도 진출하였으나, 힌두 왕들의 반격을 받고 곧 후퇴하였다. 그때(서기전 90경) 바로 서쪽 국경을 넘어 샤카(Śaka, 塞種)족이 침입해 들어왔다. 샤카족은 그리스인들이 있던 곳으로 뚫고 들어와 점차로 그 세력을 증강시켰다.

그러는 동안에 불교는 계속하여 여러 지역으로 전파되어 갔다. 그러나 불교가 각지로 전파 유통하게 되자, 교단의 통솔 면에서는 적지 않은 문제가 생겼다. 즉 부처님이 돌아가신 후 100년경에 전통적 보수파와 진보적 자유파가 계율에 관한 해석을 둘러싸고 서로 대립하여, 마침내는 상좌부(上座部)와 대중부(大衆部)의 두 파로 분열하기에 이르렀다. 그리고 다시 이 두 파가 각각 분열하여 서력기원을 전후하는 시기까지에는 18개 또는 20개 정도의 부파(部派)가 생겨나게 되었다. 이와 같은 부파의 발생은 학설의 상이(相異)에 따르는 것도 있지만, 학설보다도 지도적 장로를 중심으로 하여 일파를 형성한 것, 지리적으로 너무 떨어져 있기 때문에 일파를 이룬 것들도 있었다. 그리고 이들 각 부파에서는 각각 자기 파의 권위를 올리고 그것이 정통파인 것을 나타내기 위해, 각자 독자적인 성전을 편찬해 가지고 있었다. 불교의 성전(聖典)은 제1회의 결집(結集) 이래 구전(口傳)으로 암송(暗誦)되어 전해 내려왔는데, 팔리어 성전은 서기전 1세기경에 스리랑카의 상좌부에서 비로소 필록(筆錄)된 것이라고 알려지고 있다.

이와 같은 불교의 부파적 전개는 반드시 불교의 발전이라고는 할 수가 없다. 왜냐하면 분파에 의하여 불교는 부처님 당시와 같은 순수성 내지는 발랄성을 잃고, 율이나 경에 대한 해석, 즉 아비다르마(abhidharma, 阿毘達磨)의 학문이 발달해서, 자연히 승원(僧院) 중심, 출가 중심의 학문불교화하고 대중성을 잃게 되었기 때문이다. 그리고 그 반면에 저속한 미신적 신앙을 성하게 하는 결과도 되었다. 이에 대해서 불교를 본래의 모습으로 복귀시키려는 운동이 생겨났다. 그와 같은 움직임은 특히 진보적인 대중부의 비구들과 재가 신도들 사이에서 일어났다. 이것을 대승불교 운동이라고 하는 것이다.

대승불교가 흥기한 것은 서기전 1세기경의 일이라고들 하나 대승사

〈불탑의 경배〉, 간다라.

상의 맹아가 싹트기 시작한 것은 그보다 훨씬 앞서부터이다. 대승사상의 근간을 이루는 불타관(佛陀觀), 보살(菩薩)사상, 수행론 등은 불전(佛傳), 『자타카』(본생담), 『아바다나(avadhāna)』(비유문학) 및 아비다르마 불교의 우주론 등의 발달과 더불어 조금씩 점차적으로 이루어져 왔다. 그리고 그와 같은 사상이 조직적으로 종합되어 소위 대승경전이 생기게 되었던 것이다.

1세기의 후반에 이르러 새로이 서북인도에 침입한 쿠샤나(Kuṣāṇa)족은 점차로 세력을 부식(扶植)하여 대제국을 만들었다. 그 제국의 세 번째 왕인 카니슈카(Kaniṣka, 128~151 재위)는 아쇼카 다음 가는 불교의 보호자였다. 그는 푸루샤푸라(Puruṣapura, 페샤와르)에 서울을 정하고, 북인도의 대부분, 서인도의 북반, 중앙아시아, 아프가니스탄을 포함하는 광대한 지역을 지배하였다. 왕의 친우(親友) 가운데 아쉬바고샤(Aśvaghoṣa, 馬鳴)가 있었는데, 그는 불교시인으로서 유명하였으며 『붓다차리타(Buddhacarita, 佛所行讚)』라는 불전을 지었다. 왕은 국내 각지에 불탑이나 가람을 건립하고 교단에 대해 공양을 올렸다. 불교는 이때에 파르티아와 소그디아나 지방에까지 보급되고, 머지않아 그곳의 학승들이 중국으로 가서 불전의 번역에 종사하기에 이르렀다. 실로 이때에 쿠샤나 제국의 영토는 인도와 중국을 연결하는 역할을 했기 때문이다.

이 시기에 간다라 지방에서 마투라 지방에 걸치는 지역에는 유부(有部), 대중부(大衆部), 음광부(飮光部), 법장부(法藏部), 화지부(化地部) 등의 여러 부파가 병립해 있었으나, 그 중에서도 유부가 가장 세력을 가지고 있었다. 그리고 이 유부가 중심이 되어서 불교의 아비다르마적 발전을 더 한층 추진시켰다. 그 결과 유부 학설의 일대집성인 『대비바사론(大毘婆娑論)』이 카슈미르의 학승들에 의해 편찬되었고, 그 책을 중심으로 하는 학문이 성행하였다.

이런 부파의 세력 사이에서 대승운동은 활발한 움직임을 보였던 것이다. 적어도 4세기경에는 '대승사(大乘寺)'라고 불리는 사원이 있었던 것 같다. 그리고 대승불교의 특징은 아비다르마 불교가 훈고학(訓詁學)에 치중한 데 대하여 실천신앙에 중점을 두고, 출가주의보다도 재가주의의 입장을 취하였다. 부처님이 출가수도한 본뜻은 모든 사람들이 그 고뇌에서 해탈하도록 하는 데에 있었다. 대승은 이 석존의 근본정신으로 되돌아가, 보살도(菩薩道)라고 하는 여섯 개의 완전한 덕의 길(육바라밀)을 실천함으로써 모두 다 불과(佛果)에 도달할 것을 설하는 것이다.

푸루샤푸라를 중심으로 하는 간다라지방은 쿠샤나 시대의 초기에 그리스풍의 불교미술이 발전했던 곳으로 또한 유명하다. 조각과 건축, 그 밖의 장식의장에 헬레니즘의 영향이 강한 이곳 미술의 경향은 순수한 인도미술과도 다른 지방적 미술이기도 하였지만, 불상을 처음으로 만들어냈고, 후대 아시아 각 지방의 미술에 많은 영향을 주었다는 점에서 불교미술사상 중요한 위치를 차지하고 있다. 그 사상적 배경으로서 생각되는 것은 종래부터의 부파불교이지만, 거기에는 또한 부파불교에서 대승으로 옮겨가는 전환적인 움직임도 간취된다. 이곳의 미술은 카니슈카 왕의 치세에 그 극성기를 맞이했고, 그 후 한동안의 침체기가 있었으나, 4~5세기경에는 다시 새로운 부흥이 있었다. 그 뒤 그곳에서 불교가 쇠미해지자, 그 미술도 또한 자취를 감추고 말았다.

간다라 불상.

3. 불교의 융흥(隆興)과 쇠퇴

대승불교가 사상적으로 성숙해 가고 있던 서기전 1세기에서 3세기까지의 사이에 수많은 대승경전들이 나타났다. 초기 대승경전의 주요한 것들은 『반야경(般若經)』, 『유마경(維摩經)』, 『법화경(法華經)』, 『아미타경(阿彌陀經)』, 『십지경(十地經)』 등이다.

당시의 인도에는 정치적으로 남쪽에 안드라(Āndhra), 북쪽에 쿠샤나의 양대국이 세력을 나누어 가지고 있었고, 중간에 개재하는 소국의 제왕은 그 어느 한편의 종주권을 인정했다. 그리고 이 두 나라는 서인도의 중심 문화도시 웃제니를 통해서 연결된 통로를 거쳐, 서로 왕래하고 있었다. 당시 불교가 성하던 지방은 모두 이 통로상에 분포하고 있었던 것이다. 즉 안드라국 안에서는 아탸카타카—프라티슈타나—나식을 연결하고, 쿠샤나국 안에서는 카피샤—푸루샤푸라—마투라를 연결하는 것이었다.

초기의 대승경전은 처음에 속어(俗語)로 전해진 것으로 추측된다. 뒤에 대승운동이 각지에 퍼지게 되면서, 경전의 용어로도 산스크리트어가 채용되게 되었다. 이는 그 시대의 사회적 추세를 따라간 것으로 그 결과 경전의 권위가 높아지게 되었고, 그리하여 불교는 브라흐만교의 제 종파와 철학적, 종교적으로 대항하는 태세를 갖추었다.

대승경전을 대표하는 『반야경』은 그 사상이 남에서 북으로 보급해 가는 과정에서 극히 오래된 작은 부분에 새로운 부분이 차례차례로 추가되어, 7세기경에는 일대총서(一大叢書)의 형태를 취하기에 이르렀다. 이 경전에 실린 반야의 공(空)사상은 대승불교의 기초교리로서 불교의 근본사조를 이루었다. 이 공사상을 철학적으로 기초지운 이는 남인도 출신의 나가르주나(Nāgārjuna, 龍樹, 150~250경)였다. 그는 남인도의 여러 왕가(王家)의 귀의를 받았으며, 그의 주저(主著) 『마디야마카리카(Madhyamakārika, 中論頌)』는 부파소승이 빠진 그릇된 견해를 비판하고 부처님이 깨달은 법인 중도를 연기(緣起), 무자성(無自性), 공이라는 것으로 나타내려고 하였다.

3세기에 들어서자 쿠샤나 제국은 쇠망하고, 안드라 왕국도 또 분열하였다. 남쪽 크리슈나 강 이남에는 팔라바(Pallava) 왕조가 생기고, 데칸고원의 북부에는 바카타카(Vākāṭaka) 왕조가 일어났다. 이런 혼란 중에 마가다에는 찬드라굽타(320 즉위)가 나타나 굽타(Gupta) 왕조를 창시하였다. 이 왕은 마우리야 왕조의 빛나는 전통을 부활시키는 자로서 환영받았다. 둘째 왕 사무드라굽타(Samudra-gupta, 330~380) 때에 이르러 이 왕국은 데칸 고원을 그 지배 밑에 넣고, 전 인도에 군림하는 대제국이 되었다.

굽타시대 마투라의 불상.

나가르주나 이후에 나타난 중기의 대승경전에는 『열반경(涅槃經)』, 『승만경(勝鬘經)』, 『해심밀경(解深密經)』, 『능엄경(楞嚴經)』 등이 있다. 그 중 『해심밀경』이 설하는 유식설(唯識說)은 대략 270년부터 480년까지의 사이에 마이트레야(Maitreya, 彌勒), 아상가(Asaṅga, 無着), 바수반두(Vasubhandu, 世親)에 의해서 조직적으로 정리되었다. 앞서 나가르주나나 그 제자 아리야데바(Āryadeva, 提婆, 170~270)의 중관설(中觀說)에서는 제법(諸法)의 실상(實相)이 무자성(無自性), 공(空)임을 논증하였으나, 그것을 체계적으로 설하지는 않았었다. 그런데 마이트레야의 『대승장엄경론(大乘莊嚴經論)』, 아상가의 『섭대승론(攝大乘論)』, 바수반두의 『유식삼십송(唯識三十頌)』 등 일련의 대표적 저작은 식(識, 心)을 주체적으로 취급함으로써 제법의 실상을 체계적으로 파악하려고 하였다. 특히 간다라 출신의 바수반두는 처음에 부파소승의 입장에서 『아비달마구사론(阿毘達磨俱舍論)』를 저작했으나, 나중에 형인 아상가의 영향을 받아 대승으로 전향하였다. 그리하여 유식에 관한 저작을 비롯하여

『심성론(心性論)』, 『정토론(淨土論)』 등 각 방면에 걸친 여러 가지 논서를 냈다. 그는 470년경에 굽타 왕조의 푸루굽타 및 나라싱하굽타, 두 왕의 정신적 스승이 되었다고 전한다.

중관과 유식의 두 사상은 바수반두 이후 유력한 학파를 형성하여 계승되었고, 7세기에 있어서도 이 두 파는 인도 대승불교의 주요 학파로서 존재했다. 중관학파는 붓다팔리타(Buddhapālita, 佛護, 470～540)의 계통과 바바비베카(Bhāvaviveka, 淸辨, 490～570)의 계통으로 나뉘었는데, 전자는 프라상기카(Prāsaṅgika, 必過空性派)라고 불렸으며 찬드라키르티(Candrakīrti, 月稱, 600～650) 및 샨티데바(Śāntideva, 寂天, 650～760)가 이를 계승했다. 후자는 스바탄트리카(Svātantrika, 自意立宗派)라고 불렸고, 샨타락시타(Śāntarakṣita, 寂護, 680～740) 및 카말라실라(Kamalaśīla, 蓮華戒, 700～750)가 계승하였다.

유식학파 쪽은 바수반두를 계승한 디그나가(Dignāga, 陳那, 400～480)의 계통과 구나마티(Guṇamati, 德慧, 420～500), 스티라마티(Sthiramati, 安慧, 470～550)의 계통으로 나뉘었다. 전자를 유상유식파(有相唯識派)라고 부르고, 후자를 무상유식파(無相唯識派)라고 불렀다. 전자를 계승한 사람으로 다르마팔라(Dharmapāla, 護法, 530～561), 다르마키르티(Dharmakīrti, 法稱, 643～673)가 있다. 이런 제 학파는 외교(外敎)인 힌두교나 자이나교의 제파(諸派)와 논쟁을 했을 뿐만 아니라, 불교 안에서도 각파 상호간에 활발한 논전을 전개하였다.

중국에는, 날란다 사원을 무대로 하는 다르마팔라(護法)와 바바비베카(淸辨)간의 공(空) · 유(有)의 논쟁이 단순한 한낱 사전(史傳)으로서 전해지고 있다. 그러나 그 공 · 유의 논쟁은 중관과 유식이 각자의 입장에 서서 비교연구를 하고 난 뒤, 양자의 성격을 분명히 알고 각자의 역사적 사명을 밝히는 데 매우 중요한 의미를 가졌던 것이다.

이 시대에 날란다 사원에서는 여러 가지 종류의 주석서가 만들어졌다. 어떤 사람들은 이 시대에 생긴 것이 주석서뿐이고 새로운 체계의 수립이 없었기 때문에 불교 이해를 미궁으로 빠뜨린 결과가 되었다고 주장하는 이들도 있으나, 이 시대의 주석서들은 원전 이해상 매우 중요한 가치를 가진다.

이와 같이 하여 인도의 불교는 대승불교가 그 주류를 이루어 갔으나 아직도 각지에는 유력한 부파들, 유부, 대중부, 정량부(正量部), 상좌부, 법장부 등이 그 세력을 유지하고 있었다.

이 시대에 불교는 인도와 실론뿐만 아니라 남해의 여러 지역, 서역의 여러 나라, 중국, 우리나라 등 각 지방으로 전파하였고, 그 여러 지역과 인도 사이를 왕래하는 순례자나 학승(學僧)의 수도 점차 증가하고 있었다. 굽타 왕조의 쿠마라굽타 1세(415~455) 때에, 마가다에 앞서 말한 날란다 사원이 생겼고, 그곳은 불교학의 중심지로서 8세기경에 그 극성기를 맞았다. 그와 같은 중심지는 서부 인도의 발라비나, 부처님이 성도한 붓다가야에도 있었다. 붓다가야에서는 앞서 사무드라굽타 시대에 스리랑카 불교도의 손으로 세워진 마하보디 비하라(Mahābodhi Vihāra, 大覺寺)가 중요한 역할을 하였다. 그 부근 부락의 출신인 붓다고사(Buddhaghosa, 佛音)는 스리랑카로 건너가 상좌부 불교 발전을 위해 대단한 활약을 했다. 남인도의 아마라바티(Amarāvatī)는 훌륭한 불교미술의 중심지인 동시에 버마나 말라야 방면과 교섭을 가진 불교기지(基地)이기도 하였다.

인도에 다녀간 구법승(求法僧)인 중국의 법현(法顯, 340~421), 현장(玄奘, 602~662), 의정(義淨, 635~713), 그리고 우리나라의 혜초(慧超) 등은 그 당시 인도 불교계의 동정을 기록하여 우리에게 남겨 주고 있는데, 당시 인도에서는 다만 불교만이 성행하고 있었던 것은 아

날란다의 대승원. 5세기 이후 인도 불교 교학의 가장 중요한 중심지였다.

니다. 불교에 대한 힌두교 각파의 사상적 공세, 의례상의 영향은 심한 바가 있었고, 또 타 종교인으로부터 불교도에 대한 박해도 있었다.

굽타 제국은 5세기 말엽에 쇠미하고 인도는 정치적으로 혼란상태에 들어갔다. 그 뒤 7세기 초에 하르샤 왕(Harṣa, 606~647)이 나와 한때 북인도를 통일하였으나, 이 왕이 죽은 후 다시 분열 상태가 나타났다. 하르샤 왕 때에 날란다사원에는 실라바드라(Śīlabhadra, 戒賢) 등의 학승이 나타나 활약했고, 한편 판차파리샤드(pañcapāriṣad, 無遮會, 5년마다 法財二施를 행하는 법회) 같은 대공양회도 행해졌으나, 불교는 옛날의 위세를 잃고 있었다.

부처님 자신은 세속 사람들이 주법(呪法)을 행하는 것을 금지하였으나 특수한 경우에 한해 주어(呪語)를 사용하는 것을 인정하고 있었다. 원시경전 가운데 「파릿타(paritta, 護呪)」라는 것이 있는 것은 그러한 사정을 말해 주는 것이다. 그리하여 독자부(犢子部)나 법장부와 같은 부파는 경(經) · 율(律) · 논(論)의 삼장(三藏) 외에 그러한 주어를 모은 「명주장(明呪藏)」이란 것을 전해 내려 왔다. 스리랑카의 상좌부도 상용(常用) 경전으로서 「파릿타」를 채용한 것이다.

이러한 주구(呪句)를 일컬어 만트라(mantra, 眞言)니 다라니(dhāraṇī, 陀羅尼, 呪語)라고 한다. 이런 만트라와 다라니를 송지(誦持)하고, 그것으로써 마음을 통일하고, 구경(究竟)의 경지에 도달하여 불(佛)이 되는 것을 설하는 불교를 밀교(密敎)라고 한다. 밀교사상은 7세기 중엽부터 말엽에 걸쳐 조직적으로 종합되어, 『대일경(大日經)』, 『금강정경(金剛頂經)』과 같은 문헌으로 체계화됨으로써 그 기초가 확립되었다. 이와 같은 경전은 후기의 대승경전으로 분류된다. 이렇게 밀교가 일어나게 된 이유는 바수반두 이후의 불교가 너무나 철학적, 이론적으로 되어 일반 대중에서 유리되고, 아비다르마 불교가 빠진 것과 꼭 같은 잘못에 빠져 있었기 때문에, 불교의 종교로서의 입장을 되살리려는 기운이 작용한 것이다. 그리고 이런 기운이 당시 인도의 탄트라 문학 유행의 일반적 풍조에 따라 불교의 밀교적 전개를 촉진하기에 이른 것이다. 7~8세기에 이르러서는 앞서 말한 중관사상도 밀교화하였다.

밀교는 힌두사회에서 환영되었기 때문에 급속히 보급되었으나 8세기 후반으로부터 대중화함과 동시에 비속화한 의례를 도입하기에까지 이르렀다. 밀교가 대중화한 것을 바즈라야나(Vajrayāna, 金剛乘)라고 불렀는데, 그 개조는 인드라부티(Indrabhūti, 8세기 전반)였다. 그 아들 파드마삼바바(Padmasambhava, 蓮華生)는 밀교를 티베트로 전한 사람으로서 유명하다. 그때 바로 인도로부터는 다수의 고승이 티베트로 들어가 밀교를 중심으로 하는 대승불교를 전파시키려고 노력하였다. 그러나 티베트에는 중국으로부터도 학승이 와 있었으며, 이들과

관음보살상, 인도의 날란다. 열두 개의 팔에 다양한 기물을 들고 있다. 밀교가 번성한 시대에 만들어진 상이다.

인도인 학승들 사이에 의견이 맞지 않은 점들이 있어 혼란이 생겼다. 그리하여 티손데첸 왕은 그 서울 라사에서 회의를 열어 양자를 대결 논의케 하였는데, 결국 인도의 카마라실라측, 즉 점문파(漸門派)의 설이 인정되고, 중국의 돈문파(頓門派)의 설은 배척을 받았다. 그 결과 티베트의 불교는 인도 후기불교의 조류를 그 주류로 삼게 되었다.

이와 같이 하여 인도의 불교는 티베트에 들어갔으며, 티베트의 밀교는 머지않아 라마교로 발전하게 되었다. 그때 인도에서는 미만사파의 쿠마릴라(Kumārila, 650~700)나 베단타파의 샹카라(Śaṅkhara, 700~750)가 나와 불교에 대해 논파(論破) 활동을 행했다. 그들은 열렬한 신앙을 아름다운 찬가로써 표현하고 간명한 사상을 권위 있게 대중에게 설하였다. 이에 반하여 불교측에서는 이들에 대항할 만한 사람이 나오지 않았던 것 같다. 때때로 고명한 학승이 나와도 그들은 네팔이나 티베트의 청을 받아 그 지방에서 활동했던 모양이다.

앞서 말한 바즈라야나는 팔라 왕조(Pāla, 약 750~1199)의 보호를 받아 마가다의 북쪽 갠지스 강변의 비크라마실라(Vikramaśīla) 사원을 근본 도량으로 삼고, 주로 마가다지방과 서벵골지방에서 영향력을 가졌다. 그 후 아티샤(Atīśa, 980~1052) 등의 활동이 있었지만, 힌두교나 거의 다를 바 없게 된 불교는 더 그 명맥을 유지하지 못하였다. 머지않아 세계원인(世界原因)으로서의 아디붓다(Ādibuddha, 本初佛) 신앙이 나타나고, 또 인도에 들어온 이슬람교의 영향을 받아 칼라차크라 탄트라(Kālacakratantra, 時輪教)와 같은 것도 생기게 되었다. 그런데 1203년에 이슬람교도의 군대에 의해 밀교의 근본 도량이던 비크라마실라 사원이 그 밖의 다른 사원들과 더불어 파괴되고, 그때 승려의 대부분은 박해를 받아 죽던가, 또는 네팔, 시킴, 티베트 방면으로 도망했고, 인도의 불교는 거의 궤멸에 가까운 타격을 받았다.

그러나 스리랑카, 버마, 태국, 중앙아시아를 비롯하여 티베트, 중국, 한국, 일본 등 광범한 지역으로 전파된 석가의 가르침은 각지의 민족문화와 융합하여 다채로운 종교문화의 꽃을 피우며 현재에 이르고 있다. 최근에는 불교의 본향(本鄕)인 인도에 석가의 정신을 다시 부흥시키려는 새로운 움직임이 싹트기 시작하여, 그 옛날의 '마하보디 비하라' 운동과 같은 운동이 활발히 전개되고 있는 것이 주목된다.

부록

불전 및 석가 칭호고

1

석가의 전기란 이름을 가진 책은 지금까지 상당히 많이 간행되었다. 서양의 학자들이 특히 근거로 삼은 원전은 팔리어로 된 『자타카』의 서문인 『니다나카타(Nidānakathā, 인연담)』라는 책이다. 이것은 전기로서는 가장 완비된 형태의 것이다. 그러나 이 책은 아마 5세기의 사람인 붓다고사(Buddhaghosa)가 지은 것이라고 생각되므로, 역사적 인물 석존의 시대로부터 약 천년 가까이 떨어져 있다. 따라서 그 내용을 어디까지 역사적 사실로 믿을 수 있느냐 하는 것은 큰 의문이다.

그 이전의 불전(佛傳)으로서 가장 잘 정돈되어 있는 것은 불교시인 아쉬바고샤(Aśvaghoṣa, 서기 2세기)가 지은 『붓다차리타(Buddha-carita)』(한역으로는 『佛所行讚』)가 있으나, 이것도 역시 고타마의 시대로부터 꽤 멀리 떨어진 시대의 것이기 때문에 그 신빙성에 대해서는 아직 큰 문제가 남아 있다.

또 그 이전의 불전으로서는 불교 특유의 산스크리트어로 씌어진 『마하바스투(Mahāvastu)』, 『랄리타비스타라(Lalitavistara)』라든가, 그 한역인 『보요경(普曜經)』(8권), 『방광대장엄경(方廣大莊嚴經)』(12권), 또는 그 밖에 『과거현재인과경(過去現在因果經)』(4권), 『불본행집경(佛本行集經)』(60권), 『중허마하제경(衆許摩訶提經)』(13권), 『불본행경(佛本行經)』(7권), 『중본기경(中本起經)』(2권) 등이 있다. 그러나 그 내용에 너무나 신화적, 전설적인 것이 많고, 석존이 극도로 초인화, 신격화되어 있으므로 믿기 어려운 점이 많다.

한편 어떤 학자들은 경전 속에 불전이 어떻게 반영되어 있나 하는 것을 탐구해 보려는 사람들이 있다. 팔리어로 된 『대본경(大本經)』과 그 경에 해당하는 한역에는 과거칠불의 사상이 나타나 있고, 그 중의 비바시불(毘婆尸佛)의 전기는 매우 상세하게 적혀 있는데, 그 내용은 후대에 기록된 석존의 전설과 매우 흡사한 점이 있다. 그래서 석존에 관한 전설이 비바시불의 전설에 영향을 미친 것이라고 생각하는 것은 충분히 이유가 있다. 그러나 논리적으로 말하자면 그 역(逆)도 가능한 것이다. 즉 과거칠불에 관한 전설이 먼저 생겨, 그것이 불전에 영향을 끼친 것이 아니라고도 할 수 없는 것이다. 또 어디까지가 역사적 사실이고, 어디서부터가 공상인가도 역시 분명하지가 않다.

2_

우리는 이 책의 제목에 『석가』란 이름을 달았다. 본래 불교의 개조를 붓다(Buddha)라고 부르는 것이 인도를 비롯해 남아시아 및 서양 여러 나라에서의 풍조다. 그 말을 중국에서는 옛날 불교가 도래할 때 이래로 '불(佛)'이란 글자로 음사(音寫)하였고, 후에는 '불타(佛陀)'란 두 글자를 썼으므로, 그것을 받아 우리나라에서도 붓다를 불타라고 쓰는 습관이 생겼다. 다만 이 한자에는 아무런 뜻이 없고, 인도말로 '붓다'란 '깨달은 사람'(覺者)이란 뜻을 가진다. 티베트 사람들은 'saṅs rgyas'라고 번역하는데, 그 뜻은 '정화 · 발전된 사람'이란 의미다. 그러므로 이 붓다란 말은 불교의 이상적 존재를 가리키는 보통명사로서 고유명사가 아니다. 불교에는 불타가 몇 사람 있든지 상관이 없는 것이다. 무수한 불타를 생각해 볼 수가 있는 까닭이다.

그래서 불교의 개조(開祖) 개인을 두고 말할 때에는 고타마 붓다(Gotama Buddha)란 이름이 쓰인다. 오래된 불전에 씌어 있고, 또 오늘날 서양의 학자들도 이와 같은 호칭을 많이 쓴다. 고타마란 그가 속해 있던 성(姓)을 말하는 것이다.

우리가 '석가(釋迦)'라고 하는 것은 석가모니(釋迦牟尼, 우리나라에서는 흔히 '서가모니'라고 발음함)의 약어로서, 원래의 인도음 샤캬무니(Śākyamuni, 산스크리트어) 또는 사캬무니(Sakyamuṇi, 팔리어)를 한자로 음사한 것이다. '석가'란 고타마 붓다가 탄생한 종족의 이름이고 '모니'란 '거룩하신 분'(聖者)이란 의미를 가진 것으로, 샤캬무니라고 하면 샤캬족 출신의 성자란 뜻이 되므로 고유명사로 쓸 수가 있다.

한역 경전들에서는 그를 존칭하여 석존(釋尊)이라고 자주 불렀는데, 그것은 석가세존(釋迦世尊)이란 말이 준 것이다. 세존이란 말은 인도말 '바가바드(bhagavad)'의 번역으로 우리말의 '님'에 해당한다고나 할까, 하여튼 '높은 어른'을 뜻하는 말이다. 영국 사람들은 'Lord', 프랑스 사람들은 'Seigneur'라고 번역한다.

우리는 이 책에서 고타마 붓다를 여러 가지로 호칭하였다. 왜냐하면 경우에 따라 그 여러 호칭들은 상이한 뉘앙스를 가지기 때문이다.

인명 및 지명 일람표

팔리어	산스크리트어	한역	비고
A			
Ajapāla Nigrodha	Ajapāla Nigrodha	阿踰波羅尼拘律	나무
Ajātasattu	Ajātaśatru	阿闍世, 未生怨	왕
Āḷara-Kālāma	Arāda-Kālāma	阿羅羅伽羅摩	브라흐만
Ambagāma	Āmragrāma	菴羅村	마을
Āmbapālī	Āmrapālī	菴婆羅女	여인, 비구니
Amitā	Amṛtā	阿彌多質多羅	왕녀
Anāthapiṇḍika	Anāthapiṇḍada	給孤獨	우바새, 장자
Aṅga	Aṅga	鴦伽	나라
Aṅgirasa	Aṅgirasa		부족
Aṇgulimāla	Aṇgulimālya	鴦堀魔, 鴦堀摩羅	강도
Anna-Kondanna	Ajna-Kaundinya	(阿若)憍陳如	비구
Anomā	Anavamā	阿奴摩	강
Anupiyā	Anupriyā	阿奴夷	읍
Anuruddha	Aniruddha	阿那律	비구
Aparagaya	Aparagayā		장소
Asita	Asita	阿私陀	브라흐만
Asoka	Aśoka	阿育王	왕
Assaji	Aśvajit	阿奢婆闍, 馬勝	비구
Avanti	Avanti	阿槃提	나라
B			
Bāhiya-dārucīriya	Bāhiya-dārucīriya	婆呬迦	비구
Bākula, Vakkula	Dvākula	婆拘羅	비구
Bandhula	Bandhula		장군
Bhaddākapilānī	Bhadrakapilānī	跋陀迦比羅	비구니

Bhaddiya	Bhadrika, Bhadraka	跋提, 賢善	비구
Bhaddiya Kālīgodhīputta	Bhadrika Kīligodhīputrika	跋提	비구
Bhagu	Bhṛgu	婆拾	비구
Bhalliya	Bhallika	跋梨(迦)	비구
Bhaṇḍagāma	Bhaṇḍagrāma	犍荼	읍
Bhāradvāja	Bhāradvāja	婆羅婆	비구
Bimbisāra	Bimbisāra	頻婆娑羅	왕
Buddhapālita	Buddhapālita	佛護	비구
C			
Caṇḍapajjota	Caṇḍapradyota	梅陀波殊提	왕
Channa	Chanda, Chandaka	車匿	마부
Ciñcā	Ciñcā	梅遮	외도
Cūḷapanthaka	Kṣullapanthaka	周利槃毒, 般特	비구
Cunda (-Kammāraputta)	Cunda (-Karmāraputra)	淳陀	우바새
Cundaṭṭhila?	Cundadvīla		장소
D			
Daṇḍapāṇi	Daṇdapāṇi	執杖	왕자
Devadatta	Devadatta	提婆達多, 調達	비구
Dhammadinnā	Dharmadinnā	曇摩提那, 法樂	비구니
Dhammapāla	Dharmapāla		비구
Dīgha-kārāyaṇa	Dīrgha-kārāyana	長作	장군
Dīghanakha	Dīrghanakha	長爪	비구
G			
Gandhapura	Gandhapura		읍
Gavaṃpati	Gavāṃpati	伽梵婆提	비구
Gayā	Gayā	伽耶	도시
Gayāsīsa	Gayāśīrṣa	象頭山	산
Gijjhakūṭa	Gṛdhrakūṭa	耆闍堀山, 靈鷲山	산

Girimekhala	Girimekhala		코끼리
Gopa	Gopa	瞿波	비구
Gotama	Gautama	喬答摩, 瞿曇	석가모니의 異名

H

Hatthigāma	Hastigrāma	授手村, 象村	마을
Hiraññavatī	Hiraṇyavatī	凞連禪河	강

I

Indasālaguha	Indrasālaguha	帝釋窟	굴
Isigiri	Ṛṣigiri	伊私耆梨	산

J

Jambugāma	Jambugrāma	闍浮村	마을
Jīvaka (-komārabhacca)	Jīvaka (-Komarabhṛtya)	耆婆	의사

K

Kakudha-Kaccāyana	Kakuda-Kātyāyana	迦羅拘陀迦旃延子	비구
Kakuṭṭha	Krakuṣṭha?	拘留(孫)	강
Kāḷadevala	Kāḷadevala		아시타의 異名
Kalaṇḍaka	Kalandaka	迦蘭陀	장자
Kāḷudāyī	Kāḷodāyī	迦留陀夷	비구
Kaṅkhā-Revata	Kāṅkṣā-Revata	頡離伐多	비구
Kanthaka	Kanthaka, Kaṇṭhaka	犍陟	말
Kapilavatthu	Kapilavastu	迦維羅城	도시
Kāsapura	Kāśapura	迦奢布羅	읍
Kāsi	Kāśi	迦尸	나라
Katamorakatissaka	Katamorakatiṣyaka	迦留羅提舍	비구
Khantideva	Kṣantideva	忍天	브라흐만
Khemā	Kṣemā	差摩, 讖	왕비, 비구니
Kimbila	Kimbila	金毗羅	비구

Kisāgotamī	Kṛśāgautamī	翅舍喬答彌	비구니
Kokālika	Kokālika	拘迦利	비구
Kolita	Kolika	拘離迦	목련의 異名
Koḷiya	Koliya	拘利	종족
Kosalā	Kosalā, Kośalā	憍薩羅	나라
Koṭigāma	Koṭigāma	拘利村	마을
Kumāra Kassapa	Kumāra Kaśyapa	鳩摩羅迦葉	비구
Kuṇḍadhāna	Kuṇḍadhāna	軍頭波漢	비구
Kusaggapura	Kuśāgrapura	上茅宮(城)	도시
Kusinārа	Kusinagara	拘尸那伽羅, 上茅宮	도시
L			
Lakuṇṭaka-Bhaddiya	Lakuṇṭaka-Bhadriya	羅婆那拔提	비구
Lohitavatthuka	Lohitavastuka		용궁
Lokāyata	Lokāyata	順世外道	외도의 일파
Lumbinī	Lumbin?	藍毘尼	정원
M			
Māgadha	Māgadha	摩揭陀	나라
Mahāgovinda	Mahāgovinda		왕
Mahākaccāyana	Mahākātiyāyāna	(大)迦旃延	비구
Mahākappina	Mahākalpina	摩訶劫賓那	비구
Mahākassapa	Mahākāśyapa	(大)迦葉	비구
Mahākoṭṭhita	Mahākauṣṭila	摩訶俱稀羅	비구
Mahākāḷa	Mahākāḷa	摩訶迦羅	용왕
Mahāmoggallāna	Mahāmaudgalyāyāna	(大)目犍連, 目連	비구
Mahānāma	Mahānāma	摩訶那摩	비구
Mahāpajāpatī	Mahāprajāpatī	憍曇彌	석가모니의 이모
Mahāpanthaka	Mahāpanthaka	摩訶槃陀	비구
Mahāvana	Mahāvana	大林	숲
Makkhali-gosāla	Maskarī-gosāliputra	末迦利瞿舍梨子	외도

Mallā	Mallā	末羅	나라
Māyā	Māyā	摩耶	석가모니의 母
Mogharāja	Mogharāja	摩訶羅倪	비구
Mucalinda	Mucalinda	目眞隣陀	용왕
Muṇḍa	Muṇḍa	文茶	왕

N

Nādika	Nāḍakantha	那提揵	마을
Nāladā	Nālandā	那難陀, 那羅	마을
Nanda	Nanda	難陀	비구
Nārada	Nārada	那羅陀	아시타의 조카
Nerañjarā	Nairañjanā	尼連禪河	강
Nigaṇṭha Nātaputta	Nirgrantha Jnātaputra	尼迦陀若提子	외도
Nigrodha	Nyagrodha	尼拘律陀	비구
Nigrodhārāma	Nyagrodhārāma	尼拘律園	정사

O

Okkāka	Ikṣvāku	甘蔗	왕

P

Paṇḍava	Pāṇḍava	班茶婆山	산
Pasenadi	Prasenajit	波斯匿王	왕
Paṭācārā	Paṭācārā	波羅遮那	비구니
Pāṭaliputta	Pāṭaliputra	華氏城	도시
Pāvā	Pāvā	波婆	읍
Pilinda-vaccha	Pilinda-vatsa	畢陵伽婆蹉	비구
Piṇḍola-Bhāradvāja	Piṇḍola-Bhāradvāja	賓頭羅	비구
Pippalīguhā	Pippalīguhā	畢鉢羅窟	굴
Piyā	Priyā		왕비
Pukkusa	Pukkuśa	弗迦娑	우바새
Puṇṇaji	Pūrṇajit	富樓那	비구
Purāṇa-Kassapa	Purāṇa-Kāśyapa	富蘭那迦葉	외도

R

Rādha	Rādha	羅陀	비구
Rājagaha	Rājagṛha	王舍城	도시
Rāma	Rāma		왕
Raṭṭhapāla	Rāṣṭrapāla	賴吒和羅	비구
Revata-khadiravaniya	Revata-khadiravaniya	離波多	비구
Rohiṇī	Rohiṇī	盧奚多	강

S

Sāgata	Sāgata	娑竭陀	비구
Sakyamuṇi	Śākyamuni	釋迦牟尼	붓다
Samuddadatta	Samudradatta	三聞達多	비구
Saṅghabhadda	Saṅghabhadra	僧伽跋陀羅	비구
Sañjaya	Sañjaya		비구
Sappasoṇḍikapabbhāra	Sarpasauṇḍikapragbhāra	蛇頭巖	굴
Sārathipura	Sārathipura		읍
Sāriputta	Śāriputra	舍利弗	비구
Savattha	Savastha		브라흐만
Sāvatthī	Śrāvastī	舍衛城	도시
Senāni	Senani	斯那	촌
Siddhattha	Siddhārtha	悉達多	석가모니의 이름
Sivali	Sīvali	尸婆羅	비구
Sobhita	Śobhita	輸毗多	비구
Soṇa-Kolivīsa	Śrona-viṃśatikoṭi	二十億耳	비구
Soṇa-koṭikaṇṇa	Śrona-koṭikoṭikarṇa	俱胝	비구
Subhadda	Subhadra	須跋陀, 善賢	비구
Subhūti	Subhūti	須菩提	비구
Suddhodana	Suddhodana	淨飯王	왕
Sujātā	Sujātā	善生女	우바이
Sunāparanta	Sunāparantaka	輸那	나라

Sunidha	Sunidha	須尼陀	대신
Suppabuddha	Suprabuddha	善覺	왕
T			
Takkasilā	Taksaśilā	竺叉尸羅	도시
Tapussa	Trapusa	帝梨富娑	우바새
U			
Udayabhadda	Udayabhadra	優陀耶跋陀	왕
Uddaka-Rāmaputta	Udraka-Rāmaputra	鬱頭藍弗	외도
Udena	Udyana	優陀延, 優塡	왕
Ujjenī	Ujjayanī	鄔闍衍那	나라
Upagutta	Upagupta	優波崛多	비구
Upāli	Upāli	優波離	비구
Upasena Vaṅgantaputta	Upasena Vaṅgantaputra	優波斯那 婆檀提子	비구
Upatissa	Upatiṣya		마을
Upavattava	Upavartava	恝跋單	숲
Uppalavaṇṇā	Utpalavarṇā	優婆羅華	비구니
Uruvelā	Uruvilvā	鬱鞞羅	읍
Uruvela-Kassapa	Uruvilva-Kāśyapa	鬱鞞羅迦葉	비구
V			
Vajjī	Vṛji	跋耆	나라
Vajjiputta	Vṛjiputra	跋耆子	비구
Vakkali	Vakkali	跋迦梨	비구
Vaṃsā	Vatsā	跋蹉	나라
Vaṅgīsa	Vaṅgīsa	婆耆舍	비구
Vappa	Vāṣpa	婆破	비구
Varaṇa	Varaṇa	跋蘭那	강
Vassakāra	Varśakāra	禹舍	우바새
Vāsabhakhattiyā	Vṛṣabhakṣatriyā	禹翅刹利	왕비

Vasālā	Vaśālā		강
Vebhāra	Vaibhāra	毗訶羅	도시
Vedehī	Vaidehī	韋提希	왕비
Vepulla	Vipula	毘富羅	산
Viḍūḍabha	Viḍūḍabha	毗婁勒	왕
Vimala	Vimala	毗摩羅	비구
Vipassī	Viparśya	毘婆尸	붓다
Visākha	Viśākha	毗舍佉	우바새

Y

Yasa	Yaśa	耶舍	비구
Yasavatī	Yaśovati	耶舍越提	왕비
Yasodharā	Yaśodharā	耶輸陀羅	석가모니의 비

서기전

565년	중부 인도 카필라성의 성주 정반왕의 아들로 탄생. 어머니 마야 왕비가 룸비니 꽃동산에서 낳음.
552년(14세)	성 밖에 나가 병자 등을 보고 무상(無常)을 깨달음.
547년(19세)	야쇼다라 비를 맞아 결혼함.
537년(29세)	라훌라 출생함. 출가하여 수도생활을 시작함.
536~31년(30~35세)	산림에서 고행을 함.
531년(35세)	붓다가야의 보리수 밑에서 도를 이룸.
530년(36세)	바라나시에서 최초의 설법을 함. 바라나시의 장자의 아들 야사를 제도함. 네란자라 강가에서 캇사파 형제를 제도함. 붓다가야 산정에서 설법함. 왕사성으로 유행하여 빔비사라 왕의 영접을 받음. 왕이 칼란다카의 죽림(竹林)을 희사하여 거기에 정사를 지어 줌.
529년(37세)	왕사성에서 하좌(夏坐)함.
528년(38세)	왕사성 영취산에서 하좌함. 사위성으로 유행함.
527년(39세)	왕사성 영취산에서 하좌함. 사리풋타와 목갈라나가 제자들과 함께 부처님께 귀의함. 바이샬리성으로 가서 카필라 · 콜리야 양 도시민의 불화를 조정하고 화해시킴.
526년(40세)	바이샬리 대림정사에 하좌함. 수닷타 장자가 제타 태자와 의논하여 기원정사를 세움. 부왕의 부름에 따라 카필라성으로 감. 라훌라, 난다, 아누룻다, 데바닷타 등이 출가함. 숫도다나 왕 죽음. 바이샬리성 대림정사에 돌아감.
524년(42세)	친차 브라흐만의 딸, 증언으로 부처님을 비방함.

522년(44세)	코삼비국에 하좌함.
	승중이 분쟁, 이를 피하여 파리야사라 동산으로 감.
521년(45세)	여러 제자들, 개회함.
	사위성으로 돌아갔다가 다시 마가다국으로 감.
519년(47세)	마가다국의 한거처에 하좌함.
	사위성으로 가 라훌라를 위해 설법함.
517년(49세)	사위성 기원정사에 하좌함.
	라훌라, 구족계를 받음.
516년(50세)	니그로다 아라마 동산에서 마하나 마왕을 위해 설법함.
514년(52세)	왕사성 죽림정사에서 하좌함.
513년(53세)	왕사성에서 하좌함.
512년(54세)	자리(柘梨)산중에서 하좌함.
511년(55세)	아난다, 부처님의 상시(常侍)가 됨.
510년(56세)	자리산중에서 하좌함.
	자리산에서 경행하다가 흉적 앙굴리말라를 재도함.
509년(57세)	빔비사라 왕의 태자 아자타삿투 출생함.
504년(62세)	488년(78세)까지 매년 사위성에서 하좌함.
493년(73세)	아자타삿투, 부왕을 죽이고 마가다국의 왕위에 오름.
490년(76세)	사위성의 비두다바 왕, 부왕 파세나디를 쫓아내고 왕위에 오름.
487년(79세)	왕사성 영취산으로 유행함.
	아자타삿투, 밧지를 치고자 사신을 보내어 부처님에게 그 시비를 물음.
	목갈라나 살해됨. 사리풋타 입적함.
	이모 마하파자파티 입적함.
486년(80세)	니르바나에 듦.

참고문헌

Bacot, J., *Le Bouddha*, Paris, 1947.

Bareau, A., *Recherches sur la biographie du buddha dans les sūtrapiṭaka et les Vinayapiṭaka anciens*, 全 2部, 1963, 1970, 1971.

Beal, S., *The Romantic Legend of Sakyamuni Buddha*, London, 1875.

Brewster, E. H., *The Life of Gautama the Buddha*, London, 1926.

Burnouf, E., *Introduction à l'histoire du Buddhisme indien*, Paris, 1845.

Filliozat, J., *L'Inde classique*, II, Paris, 1953.

Foucher, A., *La vie du Bouddha d'après les textes et les monuments de l'Inde*, Paris, 1949.

Glasenapp, H. von, *Buddha: Geschichte und Legende*, Zurich, 1950.

Herold, A.F., *La vie du Buddha, d'après les textes de l'Inde ancienne*, Paris, 1923.

Kern, H., *Der Buddhismus und seine Geschichte in Indien*, 1882-1884.

Kern, H., *The Manual of Indian Buddhism*, Strassburg, 1896.

Ladner, M., *Gotama Buddha, sein Werden, seine Lehre, seine Gemeinde, Zurich*, 1948.

Lamotte, E., *Histoire du Bouddhisme indien*, Louvain, 1958.

Law, B.C., *A Study of the Mahāvastu*, 1930.

Oldenberg, H., *Buddha, sein Leben, seine Lehre, seine Gemeinde*, Berlin, 1881, 제9판 1921.

* [편자 주] 원판에서 저자는 말미에 실린 '문헌' 항에서 다음과 같은 말과 함께 팔리어 삼장, 그 번역과 연구서 등을 상세히 열거하고 있다. "석가와 석가의 교리에 관한 연구 문헌은 그것만으로도 충분히 한 책이 될 수 있는 양에 달한다. 여기에는 이 책에 실린 불전(佛傳)의 근본자료가 되는 팔리 원전들의 내용에 관한 상세한 리스트를 적는 것으로 만족하려 한다. 팔리 삼장과 그 밖에 장외(藏外)의 문헌들의 종류와 그 출판 및 번역 상황을 아울러 적기(摘記)해 둔다. 연구자의 참고가 되리라고 믿는다." 그러나 40여 년 전과 달리 요즘은 이 문헌들을 다른 불교 연구서들을 통해 쉽게 접할 수 있고 이 책을 읽는 대부분의 독자들은 그 문헌들에 그다지 관심이 없을 듯하여 생략하였다. 다만 말미에 '참고문헌' 항에 제시된 책들을 보완하여 싣는다.

Pischel, R., *Leben und Lehre des Buddha*, Leipzig, 1905.

Rhys Davids, T.W., *Buddhism, a sketch of the life and teaching of Gautama the Buddha*, London, 1878.

Rockhill, W.W., *The Life of the Buddha*, London, 1884.

Saunders, K.J., *Gotama Buddha, a biography based on the canonical book of the Theravadin*, London, 1922.

Schweitzer, A., *Les grands penseurs de l'Inde*, Paris, 1950.

Senart, E., *Essai sur la légende du Buddha, son caractère et ses origines*, Paris, 1882.

Thomas, E.J., *Life of the Buddha as Legend and History*, London, 1927.

Wieger, L., *Les vies chinoises de Bouddha*, Paris, 1951.

사진 목록(괄호 안은 출처)

제1장 석가의 탄생

네팔의 틸로라 콧. (이주형)

〈붓다의 탄생〉, 간다라, 3세기, 워싱턴의 프리어-새클러 갤러리.

룸비니의 아쇼카 석주 잔해. (이주형)

〈붓다의 관상을 보는 아시타 선인〉, 중국의 운강석굴 제6굴, 북위 480년경. (『中國石窟 雲岡石窟』 1卷, 圖75.)

〈붓다의 목욕〉, 간다라, 1~2세기, 페샤와르박물관. (I. Lyons and H. Ingholt, *Gandharan Art in Pakistan*, New York: Pantheon Books, 1957, pl. 16.)

제2장 석가 탄생 이전의 인도

브라흐만 수행자, 간다라, 1~3세기, 페샤와르박물관. (Lyons and Ingholt, pl. 434.)

로마쉬 리시 석굴, 기원전 3세기. (『世界美術大全集』〔小學館, 2000〕 東洋編 第13卷, 圖116.)

〈시비왕 본생〉, 간다라, 2~3세기, 런던 대영박물관. (W. Zwalf, *A Catalogue of the Gandhara Sculpture in the British Museum*, London: British Museum Press, 1996, vol. 1, color pl. 5.)

나가(龍), 인도의 바르후트 불탑, 기원전 100년경, 콜카타 인도박물관. (이주형)

제3장 석가의 젊은 시절

〈태자의 선정〉, 간다라, 2~3세기, 페샤와르박물관. (『간다라미술』, 예술의 전당, 1999, 도 60.)

〈태자의 학습〉, 간다라, 2~3세기, 페샤와르박물관. (Lyons and Ingholt, pl. 25.)

〈태자의 결혼〉, 간다라, 2~3세기, 페샤와르박물관. (Lyons and Ingholt, pl. 33.)

〈사문출유(四門出遊)〉, 인도네시아의 보로부두르 대탑, 8~9세기. (이주형)

〈궁중의 환락〉(상), 〈출가의 결의〉(하), 간다라, 2~3세기, 카라치 국립박물관. (『간다라미술』, 도 90.)

〈성을 나서는 태자〉, 간다라, 2~3세기, 콜카타 인도박물관. (A. Foucher, *L'Art gréco-bouddhique du Gandhâra*, tome 1, Paris 1905, fig. 182.)
〈머리를 자르는 태자〉, 인도네시아의 보로부두르 대탑, 8~9세기. (이기영)

제4장 수도 고행

영취산에서 내려다 본 왕사성. (이주형)
〈스승을 찾아간 태자〉, 인도네시아의 보로부두르 대탑, 8~9세기. (이기영)
〈마왕의 군대〉(부분), 간다라, 2~3세기, 라호르박물관. (『パキスタン・ガンダーラ彫刻展』, NHK, 2002, 圖25.)
고행하는 붓다, 간다라, 2~3세기, 라호르박물관. (『パキスタン・ガンダーラ美術展』, NHK, 1984, 圖I-1.)

제5장 성도

〈풀을 공양받는 붓다〉, 시크리 스투파, 간다라, 1~2세기. (이주형)
〈마왕의 공격〉, 간다라, 3세기, 워싱턴의 프리어-새클러 갤러리. (A. Lippe, *The Freer Indian Sculptures*, Washington DC, 1970, pl. 11.)
〈마왕의 공격〉, 간다라, 1~2세기, 페샤와르박물관. (『간다라미술』, 도 94.)
붓다(보리수 밑의 선정), 스리랑카의 아누라다푸라. (A.K. Coomaraswamy, *History of Indian and Indonesian Art*, reprint, New York: Dover, 1965, pl. 295.)
보드가야의 대불당. (J. Leoshko)
붓다, 태국의 롭부리, 13세기, 롭부리박물관. (이주형)
〈범천권청〉, 시크리 스투파, 간다라, 1~2세기, 라호르박물관. (이주형)

제6장 최초의 설법

사르나트의 녹야원. (EPIBM)
〈첫 설법〉, 간다라, 2~3세기, 런던 대영박물관. (Zwalf, vol. 1, color pl. 9.)
초전법륜 불상, 인도의 사르나트, 470년경, 사르나트박물관. (EPIBM)
비구들, 간다라(핫다), 3~4세기, 파리 기메박물관. (M. Bussagli, *L'Arte del*

Gandhara, Torino: UTET, 1984, p. 11.)
〈독룡을 보이는 붓다〉, 간다라, 2~3세기, 페샤와르박물관. (『간다라미술』, 도 96.)

제7장 왕사성에서의 교화

왕사성의 죽림정사. (EPIBM)

산치 제3탑, 기원전 1세기. (이주형)

영취산. (EPIBM)

〈공중을 나는 붓다〉, 간다라, 2~3세기, 콜카타 인도박물관.

〈난다의 출가〉, 간다라, 핫다 출토, 2~4세기, 런던 대영박물관. (Zwalf, vol. 1, color pl. 9.)

〈라훌라의 출가〉, 인도의 아잔타 석굴 제17굴, 470~480년경.

제8장 기원정사에서의 설법

〈기원정사의 보시〉, 인도의 바르후트 불탑, 기원전 100년경, 콜카타 인도박물관.

사위성의 기원정사 터. (EPIBM)

〈붓다의 설법〉, 간다라, 3~4세기, 페샤와르박물관. (『간다라미술』, 도 77.)

제9장 제자들과의 대화

〈앙굴리말라의 조복〉, 간다라, 2~3세기, 페샤와르박물관. (Lyons and Ingholt, pl. 118.)

〈붓다와 제자들〉, 시크리 스투파, 간다라, 1~2세기, 라호르박물관. (이주형).

〈여인의 출가를 간청하는 마하파자파티와 아난다〉, 간다라, 3~4세기, 런던 대영박물관. (Zwalf, vol. 2, pl. 206.)

마하캇사파 존자, 중국의 돈황석굴 제328굴, 성당(盛唐). (『中國石窟 敦煌莫高窟』 3권, 도117.)

아난다 존자, 중국의 돈황석굴 제328굴, 성당(盛唐). (『中國石窟 敦煌莫高窟』 3권, 도116.)

승려, 간다라, 2~3세기, 페샤와르박물관. (Lyons and Ingholt, pl. 423.)

〈붓다와 브라흐만 수행자들〉, 간다라, 2~3세기, 스와트 사이두샤리프박물관. (『간다라미술』, 도 102.)

제10장 석가의 만년과 입멸

〈술 취한 코끼리의 조복〉, 인도의 아마라바티, 2세기, 첸나이 주립박물관. (『世界美術大全集』〔小學館, 2000〕 東洋編 제13권, 도 116.)

쿠시나라. (이주형)

〈열반〉, 간다라, 2~3세기, 런던 대영박물관. (Zwalf, vol. 1, color pl. 11.)

〈붓다의 관 앞에서 애도하는 제자들〉, 간다라, 2~3세기, 일본 개인 소장. (栗田功, 『ガンダーラ美術』, 1권, 東京: 二玄社, 1988, PIV-4.)

제11장 불멸 후의 불교

사르나트의 4사자 주두, 기원전 3세기, 사르나트박물관. (EPIBM).

〈불탑의 경배〉, 간다라, 2~3세기, 런던 대영박물관. (Zwalf, vol. 1, color pl. 11.)

간다라 불상, 1~3세기, 베를린 인도미술박물관.

굽타시대 마투라의 불상, 5세기 중엽, 마투라박물관. (岩宮武二, 『佛像のイメジ寫眞展』, 1975.)

날란다의 대승원. (EPIBM)

관음보살상, 인도의 날란다, 8세기, 날란다박물관. (EPIBM)

불연 이기영 전집

불연 이기영 선생의 전(全) 저술을 모아 전집을 발간합니다. 1960년대 한국불교계에 혜성과 같이 나타나 한국불교 및 불교학의 현대화와 보살정신에 입각한 새로운 대승불교운동의 고취에 힘써 한국 현대불교사에 뚜렷한 족적을 남긴 불연선생은 생전에 정력적인 저술과 강의 · 강연 활동을 펼쳤습니다. 본 전집은 선생이 남긴 저서와 역서, 논문과 수필, 법문, 강의록 등을 총망라하여 선생의 업적을 일목요연하게 정리하고 후세에 전하는 의미가 있습니다. 아래와 같은 체제에 따라 각 권을 연차적으로 발간하여 앞으로 수년 내에 전집을 완간(完刊)하는 것을 목표로 하고 있습니다.

- • 1. 『원효사상 —세계관—』 (1967, 2002)
- • 2. 『원효사상 70講 —새벽의 햇빛이 말하는 의미—』 (1991, 2003)
- 3. 『원효사상연구 I』 (1994)
- • 4. 『원효사상연구 II』 (2001)
- • 5. 『한국불교연구』 (1982, 2006)
- 6. 『한국의 불교』
- 7. 『참회의 기원』(Aux origines du *Tchan-houei* 懺悔, Aspects bouddhiques de la pratique penitentielle)(1960)
- • 8. 『석가』 (1965, 1999, 2007)
- 9. 『종교사화』 (1978)
- 10. 『불전해설』 (1978)
- • 11. 『불교와 사회』 (1977, 1999)
- • 12. 『사색인의 염주』 (1977, 1999)
- • 13. 『하나의 의미』 (1977, 1999)
- 14. 『마음의 철학』 (1987)
- 15. 『영원히 하나가 되는 길』 (1987)
- 16. 『별처럼 달처럼 태양처럼』 (1991)
- • 17. 『내 걸음의 끝은 마음에 있나니 —이기영교수의 삶과 사색—』 (1997)
- • 18. 『다시 쓰는 한국불교유신론』 (1998)
- 19. 『금강삼매경론』 (1972, 1996)

20. 『한국의 불교사상』 (1976)
21. 『증도가 · 십우도』
• 22. 『진심직설 —역해 및 강의—』 (2001)
23. 『금강경 · 반야심경』 (1979)
• 24. 『불교개론 강의』 상 · 하권 (1998)
• 25. 『유마경 강의』 상 · 하권 (2000)
• 26. 『승만경 강의』 (2000)
27. 『법화경 강의』
• 28. 『대승기신론 강의』 상 · 하권 (2004)
29. 『섭대승론 강의』
• 30. 『임제록 강의』 상 · 하권 (1999)
31. 『전등록 강의』
• 32. 『무문관 강의』 (2000)
• 33. 『열반종요 강의』 (2005)
• 34. 『무량수경종요 강의』
35. 『원효사상 강의 I』
36. 『원효사상 강의 II』
37. 『우파니샤드 강의』
38. 『노장사상 강의』

※ 괄호 안의 연대는 초간 연도임.
• 는 전집 체제로 旣출간.
진행 상황에 따라 구성에 다소 변동이 있을 수 있음.

찾아보기

ㅅ

ㅇ

ㅈ

ㅊ

ㅋ

ㅌ

ㅍ

ㅎ

석가

지은이/이기영
펴낸이/정병조
펴낸곳/사단법인 한국불교연구원
만든곳/사회평론

초판 발행일/1965년 5월 25일
개정1판 1쇄 발행일/1999년 5월 20일
개정2판 1쇄 발행일/2007년 5월 23일
등록/제1-500호(1972. 9. 12)
주소/서울시 종로구 익선동 55 현대뜨레비앙 148호
전화/(02)762-5624~6, 전송/(02)762-5627

불연전집 편집/이주형, 고홍순, 서광구, 조문현, 정복선, 이수경, 이순광

값 13,000원

ISBN 978-89-7554-999-1 94220
ISBN 978-89-7554-014-1 (전집)
* 지은이와의 협약에 따라 인지는 생략합니다.
* 잘못된 책은 바꾸어 드립니다.

제작 • 공급/(주)사회평론(T. 02-326-1182, F. 02-326-1626)